国土空间规划丛书

战略性新兴领域"十四五"高等教育教材
教育部战略性新兴领域"十四五"高等教育教材体系建设团队编写

丛书主编　吴志强

国土空间总体规划编制
COMPREHENSIVE PLANNING FOR TERRITORIAL SPACE

彭震伟　张　立　王新哲　主编

同济大学出版社
Tongji University Press
·上海·

图书在版编目（CIP）数据

国土空间总体规划编制 / 彭震伟，张立，王新哲主编． — 上海：同济大学出版社，2024.8． — （国土空间规划丛书 / 吴志强主编）（战略性新兴领域"十四五"高等教育教材）． — ISBN 978-7-5765-1317-2

Ⅰ．F129.9

中国国家版本馆 CIP 数据核字第 2024CW5933 号

战略性新兴领域"十四五"高等教育教材
国土空间规划丛书

丛书主编　吴志强

国土空间总体规划编制

彭震伟　张　立　王新哲　主编

策划编辑：吕　炜　｜　责任编辑：吕　炜　孙　彬　｜　责任校对：徐春莲　｜　封面设计：完　颖

出版发行　同济大学出版社 www.tongjipress.com.cn
　　　　　（地址：上海市四平路 1239 号　邮编：200092　电话：021-65985622）
经　　销　全国各地新华书店、建筑书店、网书书店
印　　刷　上海安枫印务有限公司
开　　本　787mm×1092mm　1/16
印　　张　15.5
字　　数　286 000
版　　次　2024 年 8 月第 1 版
印　　次　2024 年 8 月第 1 次印刷
书　　号　ISBN 978-7-5765-1317-2
定　　价　68.00 元

本品若有印装质量问题，请向本社发行部调换　　版权所有　　侵权必究

《国土空间总体规划编制》编委会

主　编

彭震伟　张　立　王新哲

委员（按姓氏笔画排序）

王世福　王新哲　文超祥　刘　冰　李和平　张　立　张尚武

陈　晨　黄亚平　彭震伟　程　遥　曾　鹏　赫　磊　颜文涛

总 序

"智人"（*Homo sapiens*）之所以在动物界中脱颖而出超越动物本能，是因为其具有谋划共同愿景、在共同目标下创造复杂工具技术、展开语言沟通交流及大规模集体协同行动的能力。其中包含三种关键能力：

（1）具有想象愿景的能力。可通过协商想象，制定出一个共同认同的、尚未现实存在的愿景目标（visioning）。

（2）具有为实现目标设置路径的能力。对大规模个体进行系统分工，分头分段推进计划（approaching）。

（3）具有语言沟通、协同调整的能力。在实施愿景的过程中，对于没有发生的场景进行过程沟通，不断优化目标、优化途径、优化分工，直到实现愿景，甚至实现超出原本愿景的目标（coordinating）。

这三种能力是人类区别于其他动物的本质能力，也是规划的三大核心要素：目标愿景、实施路径、沟通协调。因此，只要理解人类与动物能力的本质区别，就可以理解人类为什么一定会进行规划。

土地是人类生存的根本基础，也是动植物的生存基础。人类在现代文明之前，几乎所有的生存、生活和生产活动都在土地上发生。因此，人类在进入现代文明之前，各种族之间的竞争几乎都可以理解为对生存土地及土地之上的生产、生活资料的竞争。马克思主义诞生以前，西方对于财富的认识一般为：土地是财富之母，劳动是财富之父。马克思主义诞生以后，资本主义产生财富的依托要素被扩展至除土地、劳动之外的资本等其他要素。

空间比土地的含义更多，也更复杂。空间之所以比土地复杂，可以从以下三个方面来认识：

（1）从空间维度上，空间有地下、地面、地上、空中的深度和高度。

（2）从生产维度上，除了包含第一产业之外，更重要的是第二产业和第三产业，以及更高维度的生产组织和生产关系。

（3）从构成要素维度上，除了自然物质空间和人造物质空间外，还有社会空间，以及正在诞生的数字智能空间的多要素空间复合。

因此，我们现在一般称空间是复合的，空间进入了三度空间：物质空间、社会空间和数字空间。而三度空间在某个时段中又是一体化运行推进的，这也说明人类文明正进入更高的维度，空间的规划也变得更加多维、更加系统、更加复合，要求更高的文明来规划和治理。

空间规划是文明的产物，不同的文明阶段也对应了不同的空间规划。进入工业文明后，随着城市空间的立体化和城市财富要素的高速流动，大城市的规划成为一种职业，也是现代空间规划的起源。现代空间规划从大城市区域的空间规划，逐步发展到中小城市的规划，并延续到农业地区的规划，使得空间规划包含了城市和乡村地区人类居住空间的整体规划。

当前，我们这套"国土空间规划丛书"第1期共有22个分册，包括《国土空间规划原理》《数字国土空间》《国土空间规划概论》《国土空间规划理论与方法》《国土空间治理学（上册）》《国土空间治理学（下册）》《国土空间规划实施与治理》《国土空间使用与管理（上册）》《国土空间使用与管理（下册）》《国土空间总体规划编制》《国土空间详细规划编制》《乡镇域国土空间规划》《村域国土空间规划》《国土空间专项规划编制》《国土空间健康规划》《国土空间遗产保护与复兴规划》《国土空间产业规划》《国土空间生态规划》《国土空间规划与空间形态设计》《国土空间规划相关知识：自然卷》《国土空间规划相关知识：人文卷》《国土空间规划相关知识：陆海统筹》，基本涵盖了空间规划的维度和层级。

这套丛书汇聚了清华大学、北京大学、东南大学、天津大学、同济大学、华中科技大学、中国人民大学等众多高水平教学团队的智慧和经验，除完成系统整理和传播国土空间规划领域的知识、厘清学科脉络这一书籍的历史使命之外，我们还期望这套丛书在指导实际规划工作中的决策和操作、推介最新技术和方法、了解和适应国土空间规划行业变化、扩展跨学科和国际视野方面能提供实际的帮助。

"国土空间规划丛书"作为开放体系，随着科技进步和城市规划理论的发展而不断更新和完善，可能会增加更多探讨新兴技术和方法的分册、更新前沿的实际案例研究。我们也希望这套丛书能够成为国土空间规划领域的一个开放平台，吸引更多的学者和实践者参与进来，激发更多关于构建更加智能、可持续和公平的城市的讨论和探索，共同推动国土空间规划学科的发展。

"国土空间规划丛书"总主编
中国工程院院士
教育部建筑类专业教学指导委员会副主任、城乡规划学分指导委员会主任

前　言

党中央、国务院对国土空间规划体系建设的总要求是将主体功能区规划、土地利用规划、城乡规划等空间规划融合，实现"多规合一"。这一重大改革的核心是推进我国生态文明建设、国家治理体系和治理能力的现代化建设，坚持新发展理念，实现其在我国国土上的高质量发展。

国土空间规划作为国土空间治理的重要手段，强调不同层级的传导与落实。在全国、省、市、县到乡镇的国土空间地域层次（五级）和国土空间总体规划、详细规划、专项规划（三类）的"五级三类"体系中，国土空间总体规划是指导国土空间可持续发展的总图，既需要强调不同层级总体规划间的传导，又要转译和深化为国土空间用途管制的具体落实手段，因此，可以被看作国土空间治理的灵魂。

国土空间规划体系建设同样推动着高校相关学科专业和人才培养体系的建设，要求既进一步完善国土空间规划的理论体系，又不断强化国土空间规划编制的知识传授与能力培养。在国土空间规划的编制体系中，国土空间总体规划编制相关知识单元、知识点的构建，对国土空间规划知识体系的构建起到了极其重要的作用，因此也成为国土空间规划相关专业人才培养体系中的核心。我国高校规划专业的核心课程体系建设历来都将总体规划的相关理论与编制类课程作为教学改革与课程建设的重点。多年来，同济大学不断加大和加深在城市总体规划课程建设上的投入和探索，系统地总结和提炼出具有特色的教学理念和方法。城市总体规划课程于2009年获批为国家级精品课程，此后又获批为国家级精品资源共享课程、国家级一流本科课程等。同时，全国城乡规划专业教学指导委员会多次组织全国各高校的规划专业开展城市总体规划课程建设的学术交流，不断提高该门课程的教学质量并促进人才培养。《国土空间总体规划编制》教材的编写，汇集了国内在该门课程建设和教学上具有丰富经验和突出成果的同济大学、天津大学、重庆大学、华南理工大学、华中科技大学、厦门大学等知名高校的共同努力。

在国土空间规划的五级空间地域层次中，市县级的国土空间总体规划是对市县域范围内国土空间开发保护作出的总体安排和综合部署，更体现出国土空间开发保护的实施性特征。就高校规划专业人才培养的定位与目标而言，市县级的国土空间总体规划编制教学作为国土空间总体规划编制教学的核心内容，也是本教材所聚焦的重点。

根据市县级国土空间总体规划编制的特征，本教材共包括国土空间总体规划概述、基础工作、愿景定位与目标指标、国土空间格局、生态空间保护、耕地保护、城镇发展与城乡人居环境提升、中心城区规划、支撑体系、历史保护与城市更新、国土综合整治与生态修复、区域协同与陆海统筹、规划实施与保障、规划组织工作与成果表达14章,以及线上资源内容。作为战略性新兴领域教材,本教材的编写体现出有利于更新迭代、融会产学共识、凸显数字赋能等特色,教材的内容还包括了关键术语、思考题、课件演示文件、视频、案例库、实践课等。各参编高校的规划设计研究院等实践平台为教材内容的编写、优秀实践案例的遴选等提供了技术保障。各高校通过本教材的编写,充分发挥了战略性新兴领域教材作为人才培养关键要素的重要作用,带动国土空间总体规划相关领域核心课程、重点实践项目和高水平教学团队的建设,着力促进国土空间规划相关人才的培养。

战略性新兴领域教材建设是一项全新的工作,虽然我们在教材编写过程中不断加深对此项目建设任务与要求的理解,并在教材内容上不断探索创新,但难免存在许多不足,因此需要各高校在使用本教材开展教学的过程中帮助我们共同完善内容,从而持续提升本教材的质量和教学成效。

作为教育部战略性新兴领域"十四五"高等教育教材"国土空间规划丛书"建设项目的组成部分,本教材在编写过程中始终得到了重点领域教学资源建设项目管理办公室的各位领导、专家,特别是丛书主编吴志强院士的悉心指导和大力帮助,在此表示衷心感谢!同时,也感谢同济大学出版社各位编辑的辛勤工作!

彭震伟 张 立 王新哲
2024年8月

目 录

总　序 ... V
前　言 ... VII

第 1 章　国土空间总体规划概述 ... 001
1.1　定位与作用 ... 001
1.2　层级与任务 ... 004
1.3　强制性内容 ... 007
1.4　规划传导 ... 010
　　参考文献 ... 013

第 2 章　基础工作 ... 014
2.1　基础资料准备 ... 014
2.2　前期研究 ... 018
2.3　重大专题研究 ... 026
　　参考文献 ... 032

第 3 章　愿景定位与目标指标 ... 033
3.1　愿景与定位 ... 033
3.2　目标与指标 ... 035
　　参考文献 ... 042

第 4 章　国土空间格局 ... 043
4.1　总体格局优化 ... 043
4.2　国土空间功能结构 ... 047

4.3	三条控制线	054
	参考文献	059

第 5 章　生态空间保护　　060

5.1	生态资源分析	060
5.2	生态空间格局	061
5.3	自然资源保护与利用	065
	参考文献	070

第 6 章　耕地保护　　071

6.1	耕地保护政策	071
6.2	耕地质量调查监测和评价	076
6.3	耕地布局优化	078
	参考文献	082

第 7 章　城镇发展与城乡人居环境提升　　084

7.1	城镇体系规划	084
7.2	城镇产业空间布局	088
7.3	城乡公共服务设施布局	091
7.4	城镇建设用地集约利用	095
7.5	城乡人居环境	099
	参考文献	103

第 8 章　中心城区规划　　104

8.1	中心城区的确定	104
8.2	空间结构优化	106
8.3	城市品质提升	110
8.4	城市控制线划定	112
	参考文献	116

第9章　支撑体系　　117

- 9.1　综合交通规划　　117
- 9.2　城市交通规划　　131
- 9.3　市政基础设施规划　　136
- 9.4　综合防灾规划　　141
- 参考文献　　146

第10章　历史保护与城市更新　　147

- 10.1　历史文化资源分类与评价　　147
- 10.2　历史文化保护传承　　152
- 10.3　城乡风貌管控与设计引导　　155
- 10.4　城市更新　　162
- 参考文献　　167

第11章　国土综合整治与生态修复　　168

- 11.1　国土综合整治　　168
- 11.2　生态修复　　175
- 参考文献　　182

第12章　区域协同与陆海统筹　　183

- 12.1　区域协同　　183
- 12.2　陆海统筹规划　　195
- 参考文献　　207

第13章　规划实施与保障　　208

- 13.1　规划审批　　208
- 13.2　实施监督　　213
- 13.3　动态维护　　218
- 13.4　实施保障　　219
- 参考文献　　221

第14章 规划组织工作与成果表达   222

  14.1   规划组织工作   222

  14.2   规划成果   226

  14.3   规划成果表达   228

        参考文献   234

后 记   235

第 1 章 国土空间总体规划概述

1.1 定位与作用

1.1.1 定位

2019年,《中共中央 国务院关于建立国土空间规划体系并监督实施的若干意见》(本章简称《意见》)提出,"国土空间规划是国家空间发展的指南、可持续发展的空间蓝图,是各类开发保护建设活动的基本依据",明确了国土空间规划的整体定位。《意见》同时提出,"建立国土空间规划体系并监督实施,将主体功能区规划、土地利用规划、城乡规划等空间规划融合为统一的国土空间规划,实现'多规合一',强化国土空间规划对各专项规划的指导约束作用",明确了建立新时期国土空间规划体系的主要任务。

国土空间规划是对一定区域国土空间开发保护在空间和时间上作出的安排,包括总体规划、详细规划和相关专项规划。国土空间总体规划是一定时期内,特定地域国土空间保护、开发、利用、修复、治理的综合部署和行动纲领。国家、省、市、县编制国土空间总体规划,各地结合实际编制乡镇国土空间规划。国土空间详细规划是对具体地块用途和开发建设强度等作出的实施性安排,是开展国土空间开发保护活动、实施国土空间用途管制、核发城乡建设项目规划许可、进行各项建设等的法定依据。相关专项规划是指在特定区域(流域)、特定领域,为体现特定功能,对空间开发保护利用作出的专门安排,是涉及空间利用的专项规划。国土空间总体规划是详细规划的依据、相关专项规划的基础。国土空间总体规划要统筹和综合平衡各相关专项领域的空间需求。详细规划要依据批准的国土空间总体规划进行编制和修改。相关专项规划要遵循国土空间总体规划,不得违背总体规划强制性内容,其主要内容要纳入详细规划。

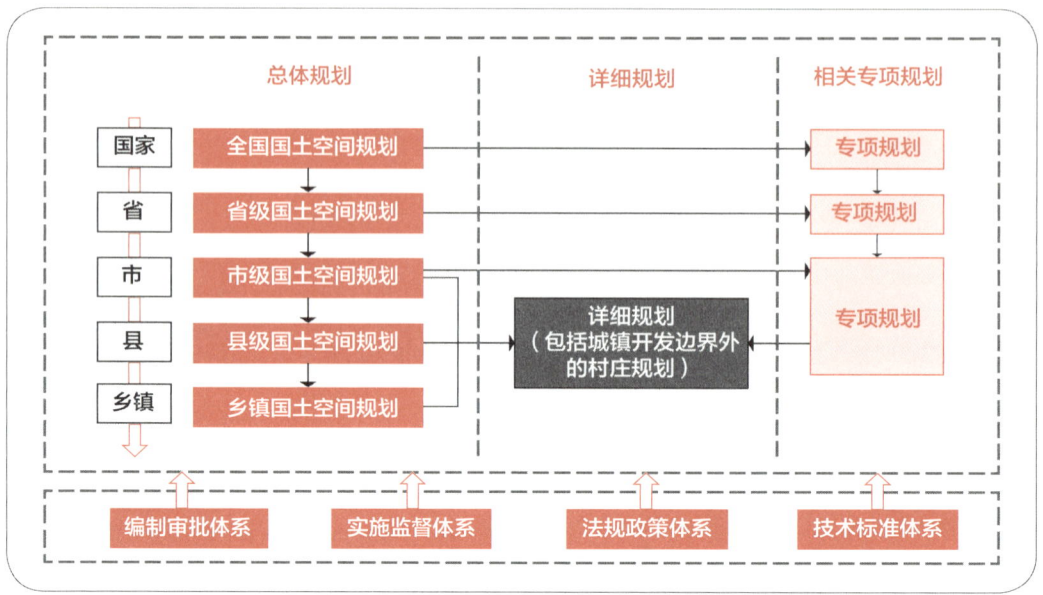

图 1-1 "五级三类"国土空间规划体系示意

1.1.2 作用

全国统一、权责清晰、科学高效的国土空间规划体系是加快形成绿色生产方式和生活方式、建立生态文明体制、建设美丽中国的关键举措，是坚持以人民为中心、实现高质量发展和高品质生活、建设美好家园的重要手段，是保障国家战略有效实施、促进国家治理体系和治理能力现代化、实现"两个一百年"奋斗目标和中华民族伟大复兴中国梦的必然要求。在国土空间规划体系中，国土空间总体规划发挥了整体谋划新时代国土空间开发保护格局，科学布局生产空间、生活空间、生态空间的基础性作用，系统地体现在战略引领、底线管控、品质提升、治理高效四个主要方面。

1. 战略引领

国土空间总体规划是对未来发展的一种谋划、预判和前瞻，需要展示一定区域范围未来发展的意愿、目标和使命，战略引领是其内生的要求。战略引领意味着总体规划要考虑长远性和全局性发展，要对规划地区全部国土空间要素的战略部署做出重要决策，做好本地区国土空间顶层设计，实现国土空间开发保护更高质量、更有效率、更加公平、更可持续。

国土空间总体规划综合考虑人口分布、经济布局、国土利用、生态环境保护等因素，科学布局生产空间、生活空间、生态空间，形成绿色生产方式和生活方式，推进生态文明建设，是国土空间发展的指南、可持续发展的空间蓝图，对空间开发保护做出系统性长远安排，具有重大的战略指导作用。

2. 底线管控

由于国土空间的位置具有固定性和稀缺性，其在数量、质量、类型、潜力等方面都是有限的，必然存在着约束性。国土空间总体规划为了应对资源环境的约束性，平衡经济发展与环境保护的矛盾，控制由市场盲目性所导致的无序性开发和碎片化开发，必须体现约束和管控的作用。

国土空间总体规划作为一种着力于底线安全控制的规划，要立足资源承载能力、环境容量和生态系统服务功能，优先划定生态保护红线、永久基本农田保护红线、城镇开发边界和历史文化保护线等关系到国家安全和可持续发展的底线，起到保障粮食安全、生态安全、经济安全、社会安全、文化安全和国防安全等底线管控作用。

3. 品质提升

国土空间规划的核心使命是处理好人与自然之间的相互作用关系，以实现国土空间的高质量生产、高品质生活和持续性演进为最终目标。因此，国土空间总体规划不能仅仅关注刚性的管控，而是要更多地通过总体规划来促进区域均衡发展、城乡协调发展、人与自然和谐发展，实现资源的合理配置、科学布局、高效和可持续利用，从而塑造高品质的国土空间。

国土空间总体规划作为提升生态质量和品质功能、促进绿色发展的规划，要坚持以人为本、生态优先、绿色发展、尊重规律，满足人民群众对美好生活向往的需求，塑造美丽宜居的城乡人居环境，不断提高广大群众的幸福感、获得感。

4. 治理高效

国土空间规划的本质属性从过去进行空间开发与保护规制的技术工具，逐渐转向空间化的公共政策，其本质上就是通过空间公共政策来实现国家治理目标的手段与过程，也就是所谓的空间治理。因此，国土空间总体规划也承担着引领发展转型、推进国家治理体系和治理能力现代化的责任。

国土空间总体规划是协调国土空间开发和保护矛盾的规划。城市建设与永久基本农田保护、地上建设与地下矿产开发、农业开发与水资源保护等，都要通过国土空间总体规划的统筹安排，解决各类空间规划重叠、各种空间利用矛盾的问题。用统一的国土空间总体规划建立适应社会发展需要的合理的国土空间要素结构，在部门间合理统筹安排空间资源，克服过去部门间各自为政、自成系统的不足，从而实现全域全要素的国土空间用途管制，依托国土空间基础信息平台建立国土空间监测预警机制，推动国土空间治理体系和治理能力现代化。

1.2 层级与任务

1.2.1 层级

在"五级三类"国土空间规划体系中，国土空间总体规划的层级分为国家级、省级、市级、县级和乡镇级五个层级，与我国单一制国家五级行政管理体系高度契合，向上可以服务于区域宏观战略的落实，向下可以对关键要素实施垂直管理。各级国土空间总体规划依据行政管理层级的差异，编制重点有所不同。

全国国土空间规划是对全国国土空间作出的全局安排，是全国国土空间保护、开发、利用、修复的政策和总纲，侧重战略性，由自然资源部会同相关部门组织编制，由党中央、国务院审定后印发。省级国土空间规划是对国家级国土空间规划的落实，指导市县国土空间规划编制，侧重协调性，由省级政府组织编制，经同级人大常委会审议后报国务院审批。市县和乡镇国土空间规划是本级政府对上级国土空间规划要求的细化落实，是对本行政区域开发保护作出的具体安排，侧重实施性。须报国务院审批的城市国土空间总体规划，由市级人民政府组织编制，经同级人大常委会审议后，由省级人民政府报国务院审批；其他市县及乡镇国土空间规划由省级人民政府根据当地实际明确规划编制审批内容和程序要求。各地可因地制宜，将市县与乡镇国土空间规划合并编制，也可以几个乡镇为单元编制乡镇级国土空间总体规划。

1.2.2　任务

1. 全国国土空间规划

2022 年,《全国国土空间规划纲要（2021—2035 年）》正式印发。全国国土空间规划为国家发展规划确定的重大战略任务落地实施提供空间保障，为其他规划涉及的开发保护活动提供指导和约束，对国土空间开发、资源环境保护、国土综合整治和保障体系建设等作出总体部署与统筹安排。全国国土空间规划明确国家级空间开发的政策指南和空间治理的总体原则，明确较长时间内全国国土空间开发、利用、保护、修复的重点地区和重大项目，制定和分解规划约束性指标，对省级国土空间规划进行规划传导。

2. 省级国土空间规划

省级国土空间规划是对全国国土空间规划的落实和深化，是一定时期内对省域国土空间保护、开发、利用、修复的政策和总纲，指导约束省级相关专项规划和市县级国土空间总体规划编制，在国土空间规划体系中发挥承上启下、统筹协调作用，具有战略性、综合性、协调性和约束性，是编制省级相关专项规划、市县级国土空间总体规划的基本依据。

省级国土空间规划的主要任务是落实国家级国土空间规划的目标任务，做好规划传导，明确省域国土空间保护、开发、利用、修复的战略目标；统筹落实耕地和永久基本农田、生态保护红线和城镇开发边界三条控制线，优化国土空间开发保护格局和土地利用结构，明确农业、生态、城镇、海洋等功能空间布局优化方向、重点任务和主要指标，优化完善县级行政区主体功能定位；提出保障和支撑省域新型城镇化和乡村振兴、促进区域协同发展的城镇空间布局，保护、传承、利用文化遗产和自然遗产，明确省域内国家遗产保护的空间框架和彰显地域自然人文特色的总体方案；明确省域地震、地质灾害、洪涝等自然灾害综合风险重点防控区域，强化交通、水利、能源、防灾减灾等支撑体系建设；提出促进区域协调发展的空间指导约束政策，加强省际之间的协调对接和省域重点地区的协调指引，提出有效的规划传导和规划实施保障措施。

3. 市级国土空间总体规划

市级国土空间总体规划是城市空间发展蓝图和战略部署，是城市落实新发展理念、实施高效能空间治理、促进高质量发展和高品质生活的空间政策，是市域国土空间保护、开发、利用、修复以及促进和指导各类建设的行动纲领。市级国土空间总体规划要体现综合性、战略性、协调性、基础性和约束性，落实和深化省级国土空间规划要求，为编制下位国土空间总体规划、详细规划、相关专项规划和开展各类开发保护建设活动、实施国土空间用途管制提供基本依据。

市级国土空间总体规划一般包括市域和中心城区两个层次。中心城区指市级国土空间总体规划关注的城市现状集聚和未来拓展的重点地区，根据现状实际和本地规划管理需求等确定。市域层次要统筹全域全要素规划管理，侧重国土空间开发保护的战略部署和总体格局；中心城区要细化土地使用和空间布局，侧重功能完善和结构优化；市域与中心城区要落实重要管控要素的传导和衔接。

市级国土空间总体规划的任务包含落实主体功能定位，明确空间发展目标战略；优化空间总体格局，强化资源环境底线约束；优化空间结构，完善公共空间和公共服务功能；保护自然与历史文化，塑造具有地域特色的城乡风貌；完善基础设施体系，推进国土整治修复与城市更新，建立规划实施保障机制等内容。

市级国土空间总体规划应结合城市实际，落实国家级、省级国土空间规划传导要求，发挥空间引导功能和承上启下的控制作用，注重保护和发展的底线划定及公共资源的配置安排，重点突出中心城区的空间规划，合理确定中心城区的规模、范围和结构。

4. 县级国土空间总体规划

县级国土空间总体规划是各县（区、市）在行政辖区范围内对国土空间保护、开发、利用、修复的总体安排和综合部署，是县域的空间发展蓝图和战略部署，是落实新发展理念、实施高效能空间治理、促进高质量发展和高品质生活的空间政策，是对市级国土空间总体规划的细化落实，与市级国土空间总体规划相比更加注重操作性，是编制县级专项规划、乡镇国土空间规划、详细规划以及实施全域国土空间治理和国土空间用途管制的重要依据。

县级国土空间总体规划的主要任务包括科学评估国土空间开发保护现状问题和风险挑战；确定城市性质、国土空间开发保护目标和战略，统筹划定落实三条控制线；确定自然灾害综合风险防控、历史文化遗产保护等安全底线；优化国土空间开发保护格局，提出资源节约集约利用和国土空间结构调整重点，确定全域农业、生态、城镇、海洋等各类空间规划分区和空间管制要求；确定中心城区范围、规模、规划分区、布局方案和城市重要控制线，保护历史文化资源，优化蓝绿空间网络，塑造有地方特色的城乡风貌；完善基础设施和公共服务设施布局，提出生态修复和国土整治的目标任务和工作重点；明确规划传导要求，完善规划实施保障体系。

县级国土空间总体规划除了落实上位规划的战略要求和约束性指标以外，应重点体现突出空间结构布局，突出生态空间修复和全域整治，突出乡村发展和活力激发，突出产业对接和联动开发等重要任务。

5. 乡镇级国土空间规划

乡镇级国土空间规划是对乡镇域国土空间保护、开发、利用、修复作出的总体部署与统筹安排，是对省级、市级、县级国土空间总体规划和相关专项规划的细化落实，是编制详细规划和实施国土空间用途管制的基本依据。

乡镇级国土空间规划的主要任务包括摸清乡镇域自然本底，评估国土空间开发保护现状问题和风险挑战；确定城镇性质，提出乡镇域国土空间开发保护目标；落实上位规划开发保护格局、重要控制线和规划要求，优化国土空间布局；深化上位空间规划分区，明确用途管制要求；确定乡镇域规划分区和布局方案，划定城镇开发边界范围内重要控制线；保护历史文化资源，优化蓝绿空间网络，塑造富有地方特色的城乡风貌；完善基础设施和公共服务设施布局，夯实国土空间支撑体系；落实上位规划整治修复要求，提出国土整治修复重点任务和实施区域；明确规划传导要求，完善规划实施保障体系。

乡镇级国土空间规划作为五级国土空间总体规划的底层规划，是总体规划中直接面向实施管理的蓝图，更加注重上位规划管控要求的传导落地、乡镇域国土空间格局和用途管制的深化细化、规划的具体实施引导和近期安排。

1.3 强制性内容

1.3.1 作用与形式

国土空间总体规划的强制性内容是指在国土空间总体规划中必须严格执行、不容违反或变更的明确规定和要求。这些内容具有法定性和权威性，对于保障国土空间合理利用、生态环境保护、公共利益维护以及规划实施的稳定性和严肃性等方面起着至关重要的作用，是确保国土空间总体规划目标得以实现的关键要素。强制性内容通常涉及对重要资源、生态保护红线、永久基本农田、重大基础设施布局等关键领域的明确限定和规定。

强制性内容通常以明确的文字表达形式、特定的约束性指标要求、规划图纸中相应的空间布局位置进行表达。文字表达形式包含了对相关内容或特定区域的建设标准、保护措施、准入或限制条件等强制性要求，指标要求通常体现为永久基本农田保护红线、生态保护红线等具体空间面积以及人均城镇建设用地等量化评价标准等约束性指标，文字表达形式和指标要求通过规划图纸中的空间布局位置直观性地展示，落实具体空间管控边界。强制性内容应当可实施、可检查、可监督，需要下位规划落实的强制性内容应当满足可落实、可监管的要求，实现规划强制性内容的有效传导。

1.3.2　内容分类

国土空间总体规划强制性内容的选取主要来自于四个方面。首先，是耕地、林地、湿地等重要自然资源保护的要求，随着国家粮食安全和生态安全重要性日益凸显，永久基本农田保护红线、生态保护红线、自然保护地等保护要求将更加明确和细化。其次，基于约束城镇建设无序扩张、促进城市空间合理布局和功能提升的要求，城镇开发边界、公共服务设施和基础设施配置标准等强制性内容将逐步完善和优化。再次，在应对气候变化、资源环境约束等新挑战的背景下，资源能源节约利用、应对灾害风险等方面的强制性内容将不断强化。最后，随着历史文化保护意识的增强，历史文化遗产保护的措施和要求也会不断加强和明确。

在当前五级国土空间总体规划中，国家级和省级国土空间规划主要侧重战略性和协调性，通过重点约束性指标的落实来保障规划目标的实现。市级、县级、乡镇级国土空间总体规划愈发重视实施性和操作性，对强制性内容的选取更加系统和完善，同时强制性内容根据不同的地区差异和不同时期的政策导向也会有所不同。随着技术进步和管理理念的更新，强制性内容的监测、评估和调整机制将不断优化，以更好地适应不同时期的发展需求和实际情况。

根据自然资源部和各省级自然资源主管部门相关规定，当前市县级国土空间总体规划包含以下强制性内容。

（1）三条控制线的空间范围和规模。主要是指永久基本农田、生态保护红线的保护规模和空间范围，城镇开发边界的扩展倍数。

（2）涉及国防和外交的重大工程项目等空间安排。主要针对由国家统一安排、基于国家总体安全需要部署的重大国防和外交类项目。

（3）涵盖各类历史文化遗存的历史文化保护体系，历史文化保护线及空间管控要求。主要包含国家级及以上文化遗产和自然遗产保护对象的数量、范围、空间管控要求，各级历史文化名城名镇名村、传统村落、文物保护单位、历史街区、历史建筑等的数量、范围和空间管控要求，非物质文化遗产的数量和名称。

（4）生态屏障、生态廊道和生态系统保护格局，自然保护地体系所含各级自然保护地的数量、规模和空间管控要求。主要针对具有重要生态安全价值的生态屏障、生态廊道、生态系统保护格局的空间范围和管控要求，包含了国家公园、自然保护区、自然公园等各级自然保护地和风景名胜区的名称、数量、规模和空间管控要求。

（5）生态、交通、水利、能源、防灾减灾、城乡公共服务等对城市空间结构有重大影响的设施安排和空间布局，特别是需要跨区域协同布局的重大设施和空间布局。主要包含生态、交通、能源、水利、防灾减灾、城乡公共服务等内容。

（6）城乡公共服务设施配置标准，城镇政策性住房和教育、卫生、养老、文化体育等城乡公共服务设施布局原则和标准。主要针对城乡公共服务均等化原则下公共服务设施的总体配置标准，以及各类公共服务设施的布局原则和专项配置标准，城镇政策性住房体系及政策性住房的配置安排和标准等。

（7）重大交通枢纽、重要线性工程网络、城市安全与综合防灾体系、地下空间、邻避设施等设施布局。主要针对具有重大城市安全保障意义、重大城市发展支撑作用的交通、市政、地下、防灾等重大设施的空间安排，包含设施配置标准、空间位置和规模范围等。

（8）其他重要空间控制线的内容、范围和空间管控要求。主要包含除三条控制线以外，洪涝风险控制线、蓄滞洪区、地质灾害防控等灾害防治的空间管控要求，城市四线划定的内容、范围、空间管控引导要求。

（9）其他约束性指标落实及分解情况。主要针对除"三区三线"外的其他约束性指标，包括用水总量、人均城镇建设用地、湿地保护率等其他多项指标。

（10）其他底线管控、重大设施和空间安排等内容，城市认为有必要列入强制性内容的。

在不同的地区和不同时期的政策导向下，强制性内容在县级和乡镇级国土空间总体规划编制中有所不同，包含并不仅限于以上的基本内容。例如在草原地区对基本草原相关约束性指标和空间管控要求的补充，涉海地区对海洋生态保护相关约束性指标和空间管控要求的补充等，均体现了因地制宜、实事求是、科学合理的工作原则。

1.3.3 实施要求

国土空间总体规划的强制性内容在规划期末必须达到或不得超出，涉及调整强制性内容的必须启动国土空间总体规划修编工作。规划强制性内容的实施要求主要包括以下几点。

第一，必须严格遵守法律法规。确保各项强制性内容的落实有法可依，任何违反都要承担相应法律责任。在规划实施管理过程中，把强制性内容作为硬指标严格把关，不符合要求的坚决不予通过。对于违反强制性内容的行为，要及时进行严肃处理，包括责令整改、行政处罚等，并建立相应的惩戒机制，以起到警示作用。

第二，要建立完善的监督管理机制，包括多部门联合监管、全过程动态监督等，及时发现和纠正违反强制性内容的行为。这就要求强制性内容必须满足可落实、可监管、可检查、可监督的基本要求。

第三，加强规划的公开透明，让公众充分了解强制性内容，发挥公众监督作用。同时，提升相关部门和人员高度的责任意识和专业素养，准确理解和执行强制性内容。

第四，定期对强制性内容的实施情况进行评估和反馈，根据实际情况及时调整和完善，以保障其科学性和有效性。还要注重各规划之间的衔接协调，确保强制性内容在不同规划层面的一致性和连贯性。

1.4 规划传导

规划的落实和传导是国土空间规划体系运行的重要工作逻辑，国土空间总体规划编制中需要严格落实上位国土空间规划和相关专项规划的传导要求，并开展对下位总体规划、详细规划和相关专项规划的传导工作。

1.4.1 向下位总体规划的传导

国土空间总体规划对下位总体规划的传导内容主要包括：分解下达永久基本农田保护红线面积、生态保护红线面积、城镇开发边界扩展倍数等约束性指标，明确"三区三线"以及历史文化保护线、地质灾害防控线、工业用地保护线等其他重要控制线的划定落实与管控要求，下位市（县、乡镇）国土空间发展的目标定位、发展规模、规划用途分区，下位市（县、乡镇）的发展定位、职能分工，本级中心城区范围内下位规划的主要空间安排，如框架性交通网络、重要蓝绿空间与公共空间、重要公共服务设施、市政基础设施、防灾减灾设施等。

市级国土空间总体规划可在不打破行政边界的前提下，将市辖区全域作为一个或若干个分区单元编制国土空间分区规划，明确各分区的规划控制指标，并对下位县级、乡镇级国土空间总体规划作出统筹引导。县级国土空间总体规划可在不打破行政边界的前提下，将县（市、区）全域划分为若干个片区编制乡镇（片区）国土空间规划并实施传导。

1.4.2 向详细规划的传导

详细规划单元是国土空间总体规划向详细规划传导的空间载体和管理载体，是开展详细规划编制和管理的基础单元，也是传导落实上位国土空间总体规划的战略目标、底线管控、功能布局、空间结构、资源利用、设施配置等方面要求，统筹规划实施和监测评估，以及对接经济社会管理和基层治理的基本空间载体。市级国土空间总体规划应在市辖区范围内、县级国土空间总体规划应在全域范围内划定详细规划单元，包含城镇开发边界内详细规划单元、城镇开发边界外村庄规划单元、其他类型详细规划单元。

城镇开发边界内详细规划单元主要在城镇开发边界内划定，少量位于城镇开发边界外与城镇功能密切相关的紧邻区域以及城镇开发边界内零星"开天窗"非建设用地可整体划入邻近的城镇单元。

城镇开发边界内详细规划单元主要考虑行政管理边界、自然地理边界、主要道路和河流、单元主导功能、用地权属15分钟社区生活圈等因素综合划定。城镇开发边界外村庄规划单元一般以一个或多个行政村的行政管辖范围为依据划定。其他类型详细规划单元主要在自然保护地、资源能源区、国有农林牧场、重要区域性基础设施、旅游发展区、边境口岸等特殊功能地区，依托管理边界及实际需求划定。

详细规划传导分为以上三类详细规划单元的传导工作。市级、县级国土空间总体规划应开展中心城区城镇开发边界内详细规划传导工作，对中心城区详细规划作出传导指引，在功能布局、空间形态、开发强度、建筑高度、景观风貌、城市更新等方面提出引导要求，明确单元指标控制、用途管制、重要设施配置、社区生活圈构建、结构性路网布局以及城市绿线、蓝线、黄线、紫线等控制线划定等的管控要求。乡镇级国土空间规划应在城镇开发边界内详细规划传导基础上，开展城镇开发边界外村庄规划单元的传导工作，对村庄规划单元的定位和规模、控制线和规划分区、村庄用地布局、设施配置、历史文化保护与风貌引导、生态修复与国土综合整治等重点内容进行传导。其他类型详细规划单元依据单元类型、功能等因地制宜开展传导工作。

1.4.3 对专项规划的指导

国土空间总体规划应明确本级相关空间性专项规划编制清单。不在专项规划编制清单内、确有需要编制的，应由主管部门提出申请，经本级人民政府同意后方可编制。

除法律法规已经明确编制审查要求的专项规划以外，其他专项规划一般由自然资源主管部门或相关行业主管部门牵头组织编制，经国土空间规划"一张图"审查核对后报本级人民政府审批，批复后叠加到国土空间规划"一张图"上。

专项规划应在国土空间总体规划的指导和约束下编制，对国土空间总体规划提出的相关专项要求进行深化和细化。各类专项规划应将国土空间总体规划中相应的专项指标纳入规划指标体系，明确指标类型和预期目标。

关键术语

国土空间总体规划、"五级三类"、国土空间总体规划强制性内容、规划传导

思考题

1. 请结合中国当前发展背景，简述国土空间总体规划的作用。
2. 简述县级国土空间总体规划的主要任务。

3. 简述国土空间总体规划中强制性内容的作用及涉及的主要方面。
4. 请举例说明国土空间规划不同层级或不同类型的规划传导主要内容。

参考文献

[1] 彭震伟.国土空间规划理论与前沿[M].上海：同济大学出版社，2023.
[2] 张京祥，黄贤金.国土空间规划原理[M].南京：东南大学出版社，2021.
[3] 吴次芳，叶艳妹，吴宇哲，等.国土空间规划[M].北京：地质出版社，2019.
[4] 孙施文.国土空间规划的知识基础及其结构[J].城市规划学刊，2020（6）：11-18.
[5] 张占录，张正峰.国土空间规划学[M].北京：中国人民大学出版社，2023.
[6] 自然资源部国土空间规划局.新时代"多规合一"国土空间规划理论与实践[M].北京：商务印书馆，2023.

第 2 章 基 础 工 作

2.1 基础资料准备

2.1.1 基础资料收集

基础资料收集是国土空间总体规划编制的基础工作，需要通过文献阅读、现场踏勘、访谈、问卷、大数据分析等方法收集和整理自然地理、资源条件、生态环境、经济产业、人口社会、历史文化、基础设施、城乡发展、区域协调、灾害风险、水土污染、海洋空间保护和利用、地籍信息等方面的基础数据和资料，以及相关规划成果和规划管理数据等。

1. 基础数据资料

国土空间总体规划编制涉及的基础数据资料包括：地方统计年鉴以及区域（省、市）统计年鉴，地方年鉴及地方经济社会研究报告，国土调查成果和国土变更调查成果、遥感影像、地理国情监测数据、行政区划信息以及图纸等相关资料，上位国土空间规划下达的重要控制线（永久基本农田保护红线、生态保护红线、城镇开发边界、城市绿线、蓝线、紫线、黄线等）划定成果数据，上位规划资源环境承载力评价和国土空间开发适宜性评价（本章简称"双评价"）成果数据，粮食生产功能区和重要农产品生产保护区划定成果数据，等等。

2. 自然地理资料

主要包括地理位置、地形地貌、气象水文、土壤植被种类及分布等基础资料。其中，气象资料主要包括温度、湿度、降水、蒸发、风向、风速、日照、冰冻等；水文资料主要包括地区江河湖海水位、流量、流速、水量、洪水淹没界线等。重要河道两岸的城镇应重点收集防洪专项规划及河道整治规划等；山区城镇应收集山洪、泥石流等灾害相关资料。

3. 自然资源资料

主要包括耕地资源、矿产资源、水资源、能源资源、农业资源、森林资源、湿地资源、海洋资源、地下资源等自然资源的分布、数量以及开采利用价值等。

4. 生态环境资料

主要包括自然保护地（含国家公园、自然保护区、自然公园）、湿地公园、森林公园、草原、重要水域等生态空间的分布、等级、规模、保护要求及相关规划资料和政策文件等，以及空气质量、水体质量、声环境等生态环境指标监测数据和主要工业企业的污染排放情况，还包括区域野生动物、植物资源分布情况等。

5. 经济产业资料

主要包括近年国民经济和社会发展规划、政府工作报告、重点项目资料等，收集城镇经济产业规模、产业结构、产业发展情况、就业、产业发展趋势等基础资料。

6. 人口社会资料

主要通过现状及历次人口普查和人口抽样调查数据、历年统计年鉴等，收集城乡常住人口、暂住人口、外出人口、年龄结构、劳动力构成等基础信息。

7. 历史文化资料

主要包括城镇历史沿革、城址变迁、文化遗产和非物质文化遗产、各级文物保护单位名录和分布、地下文物埋藏区、历史建筑、工业遗产、农业遗产、历史文化名镇名村，以及传统村落名录及各项相关历史文化保护专项规划等资料。

8. 基础设施资料

主要包括交通设施、市政基础设施及公共服务设施三部分，通过收集相关专项规划或专项研究报告，获取设施数量、等级、规模、容量、位置、服务人口和用地情况等基础资料。交通设施主要包括航空、铁路、公路、水运等对外交通现状，城镇道路交通系统、公共交通、慢行交通现状，重要交通设施位置、规模及等级基础资料。市政基础设施主要包括给水、排水、供电、燃气、供热、通信等设施的场站及其设施的位置与规模、管网系统及其容量等资料。公共服务设施主要包括行政办公、教育、医疗、文化、体育、社会福利、监狱、墓地等设施的等级、位置、规模、服务范围等资料。

9. 灾害风险和综合防灾资料

主要包括灾害防治和灾害监测资料，具体指抗震、防洪、消防、地质灾害、气象灾害、公共卫生与防疫、海洋灾害等单灾种防灾规划和综合防灾专项规划，地质灾害隐患点、地震断裂带、危险源等灾害风险隐患重点区域的位置、规模、等级，以及洪涝风险控制线等资料。

10. 相关规划和管理数据

主要包括相关的区域规划、市县总体规划、乡镇总体规划、详细规划、村庄规划、专项规划等基础资料，以及规划体检评估报告等。

2.1.2 统一底图底数

"底图底数"一般指国土空间规划基期土地利用现状空间分布图和各类用地现状规模统计数值[1]。统一底图底数既是国土空间规划"一张图"建设的要求，也是科学编制市、县、乡镇国土空间总体规划的重要基础工作。

国土空间总体规划编制应以全国国土调查成果和规划基期年法定国土变更调查成果为基础，并充分结合地理国情、森林、草原、湿地、海洋等专项调查数据以及其他测绘地理信息数据，采用2000国家大地坐标系和1985国家高程基准作为空间定位基础，形成坐标一致、边界吻合、上下贯通的工作底图，用于支撑国土空间总体规划编制（沿海地区需要增加所辖海域海岛的底图底数）。乡镇规划可结合地方实际，镇区可使用现势性较好、精度较高的大比例尺地形图或正射影像图作为参考工作底图。

在此基础上，考虑到规划成果数据的准确性和地方管理的需要，应以全国国土调查成果和规划基期年法定国土变更调查成果为基础，依据《自然资源部办公厅关于规范和统一市县国土空间规划现状基数的通知》（自然资办函〔2021〕907号）的附件《规划现状基数分类转换规则》及各地国土空间总体规划基数转换及审定规则（表2-1），不改变全国国土调查成果数据，对全国国土调查数据进行归并、对应、细分、调整和补充等基数转换，形成用地用海基期现状数据。

---

1. 赵毅，郑俊，徐辰，等. 县级国土空间总体规划编制关键问题［J］. 城市规划学刊，2022（2）：54-61.

表 2-1 各地基数转换标准规范列举

文件名称	主要内容
《湖北省国土空间总体规划基数转换技术指南（试行）》	"多对一"类型归并转化、"一对一"类型对应转换、"一对多"类型细分转换、附加规划管理属性的地类转换
《浙江省国土空间总体规划基数转换及审定办法（修订试行）》	地类的对应、地类的归并、地类的细分、附加规划属性的地类调整、地类的补充
《江西省国土空间总体规划基数转换技术指南（征求意见稿）》	"三调"工作分类与规划用途分类衔接、国土空间规划用途分类转换（已验收耕地、农转用、批而未用、绿地与广场用地、河流湖泊水面）
《广西壮族自治区国土空间规划基数转换技术指南（试行）》	地类细化要求、地类的归并与细化、海域和地下空间的数据补充、涉及管理属性数据的转化要求、规划现状基数应用和汇总统计口径

注：2019年印发《自然资源部关于全面开展国土空间规划工作的通知》，启动编制全国、省级、市县和乡镇国土空间规划，2024年陆续批复，这轮规划的基期年为2021年，本书称为"2021版国土空间总体规划"。在2021版国土空间总体规划开始之前，已经按照相关标准进行了国土调查，而国土空间规划体系确立后发布的《国土空间调查、规划、用途管制用地用海分类指南》与调查标准存在不对应的情况，应进行基数转换。基数转换应该在统一的规则下进行，按照全国、各省直辖市发布的标准进行转换，在2021版的转换中一般存在"一对一""一对多"及"多对一"三种类型的关系，应据此进行地类转换。

截至2024年，国土调查成果地类与自然资源部《国土空间调查、规划、用途管制用地用海分类指南》地类一般存在"一对一""一对多"及"多对一"三种类型的关系，应据此进行地类转换，"一对一"可直接转换、"多对一"需要归并转换地类、"一对多"需要细分转换地类。细分地类的处理，主要是依据卫星遥感影像、地形图等辅助数据，辅以外业补充调查，对用地进行细分，具体要求可参照地方基数转换规则及总体规划编制用地深度要求等。

按照当前自然资源部的政策要求，未体现在全国国土调查成果中的管理属性数据不纳入底图底数以作为国土空间规划的工作基础，主要包含已审批未建设用地、未审批已建设用地、已拆除建（构）筑物的原建设用地、已审批为建设的用海、未确权用海五种情形。部分省市要求在底图底数的梳理工作中同步开展相关管理属性数据的整理，在后续规划编制过程中提出针对性的解决方案。

2.1.3 现状调查

现状调查是国土空间总体规划编制必备的前期工作，也是国土空间总体规划编制的重要支撑，具体包括现场踏勘、基础资料收集与整理、分析研究等工作。现状调查鼓励从问题导向出发，在自然资源、地质条件、土地利用、地籍信息、设施配置、空间品质、历史文化、发展诉求等方面开展工作。

1. 现场踏勘

包括实地考察、座谈走访（含重点区域、重点企业等）、问卷调查等工作，全面了解城镇风貌及周围环境。首先依据规划编制重点内容，选择自然保护地、湿地公园等生态环境重要区域、文物保护单位、历史文化名城名镇名村等历史文化保护重点区域、重点工业企业、重要工程或设施、重要公共服务设施等开展实地考察。其次，对各级政府、相关部门、相关专家学者及社会公众等开展座谈交流与问卷调查，可结合实地考察开展或单独组织，深入了解地区发展实际和诉求。现场踏勘中，应注重收集现场照片、座谈记录、问卷、宣传图册等资料，作为下一步分析研究的重要基础。

2. 基础资料整理

基础资料整理应依据编制重点，资料汇编应注明资料的来源、属性（是否印发）、类型等信息。相关资料应来自当地政府、自然资源主管部门或相关主管部门提供的专业性资料，其他渠道获取的基础数据资料应与相关主管部门核实确定。

3. 分析研究

分析研究是现状调查中的关键步骤，也是制定国土空间总体规划方案的核心基础。分析研究应定性与定量研究方法结合，对基础资料进行深入分析，去伪存真、由表及里，判断城镇发展基础、存在的问题、动力因素以及未来发展方向等。若基础资料不足以支撑规划编制需要时，可适时开展专项补充调查和资料收集。

2.2　前期研究

国土空间规划编制的前期研究主要是在自然地理格局分析的基础上，开展"双评价"、现行空间性规划实施评估、灾害风险评估、国土空间总体城市设计研究等，并在此基础上开展重点专题研究。

2.2.1 资源环境承载能力和国土空间开发适宜性评价[1]

按照《中共中央 国务院关于建立国土空间规划体系并监督实施的若干意见》要求，"双评价"是国土空间规划编制的前提和基础。其中，资源环境承载能力是基于一定发展阶段、经济技术水平和生产生活方式，一定地域范围内资源环境要素能够支撑的农业生产、城镇建设等人类活动的最大规模；国土空间开发适宜性是在维系生态系统健康前提下，综合考虑资源环境要素和区位条件，特定国土空间进行农业生产、城镇建设等人类活动的适宜程度。在国土空间规划中开展"双评价"工作，是为了分析区域资源环境禀赋条件，研判国土空间开发利用问题和风险，识别生态保护极重要区（含生态系统服务功能极重要区和生态极脆弱区），明确农业生产、城镇建设的最大合理规模和适宜空间，为编制国土空间规划，优化国土空间开发保护格局，完善区域主体功能定位，划定三条控制线，实施国土空间生态修复和国土综合整治重大工程提供基础性依据，促进形成以生态优先、绿色发展为导向的高质量发展新路子。"双评价"的作用不仅仅只是为了支撑"三区三线"划定，更要挖掘不同层级的国土空间具有的一些普遍性问题。例如，水资源供需平衡问题，要明确水资源利用上限，按"以水定城、以水定人、以水定地"的原则，优化生产生活生态用水结构和空间布局。突出问题导向、体现问题诊断功能是"双评价"要达成的目标，"双评价"应为空间规划的底线约束提供直接依据。

编制县级以上国土空间总体规划，应先行开展"双评价"，形成专题成果，随同级国土空间总体规划一并论证报批入库。县级国土空间总体规划可直接使用市级评价运算结果，强化分析，形成评价报告；也可有针对性地开展补充评价。乡镇级国土空间规划一般依据上位评价结果落实，也可结合地方实际，视需求采用更高精度数据进行边界校核和局部修正。国土空间总体规划修编时，可以直接使用上一轮总体规划编制时形成的"双评价"成果，并根据实际需要对其进行适当修正。

"双评价"工作流程包括四个环节，分别为工作准备、本底评价、综合分析和成果应用。本底评价是将资源环境承载能力和国土空间开发适宜性作为有机整体，主要围绕水资源、土地资源、气候、生态、环境、灾害等要素，针对生态保护、农业生产（种植、畜牧、渔业）、城镇建设三大核心功能开展本底评价。综合分析包括资源环境禀赋分析、现状问题和风险识别、潜力分析和情景分析四个方面。"双评价"成果报告应重点说明评价方法及过程、评价区域资源环境优势及短板、问题

---

1. 具体内容可参考：自然资源部《关于印发〈资源环境承载能力和国土空间开发适宜性评价指南（试行）〉的函》（自然资办函〔2020〕127号）。

风险和潜力，对国土空间格局、主体功能定位、三条控制线、规划主要指标分解方案等提出建议。

1. 资源环境承载能力评价

资源环境承载能力是指基于特定发展阶段、经济技术水平、生产生活方式和生态保护目标，一定地域范围内资源环境要素能够支撑农业生产、城镇建设等人类活动的最大合理规模，包括资源承载能力和环境承载能力。资源承载能力是指一定数量的土地、矿产、水等自然资源能够支撑的最大人口数量和建设规模，强调自然资源的支撑能力；环境承载能力是指容纳及消解人类活动排放的废弃物的能力。

资源环境承载能力评价是对自然资源和生态环境本底的相对客观的评价，是国土空间总体规划编制的前提和基础。评价的目的在于判断区域内土地资源、水资源、矿产资源、能源、旅游资源、水环境、大气环境等资源环境要素，对区域经济社会发展的最大人口规模、经济规模和建设规模的支撑能力，即：判断资源（利用）、环境（质量）、生态（基线）、灾害（风险）四类要素，定量测度国土空间发展的综合潜力，人类活动的承载能力，以及为人的经济、社会活动提供的生态系统服务能力。

资源环境承载力评价的关键在于对国土空间开发中的"短板"要素承载规模进行评价[1]。应基于现有经济技术水平和生产生活方式，以水资源、土地资源等为主要约束，对照国内外先进水平，在技术进步、生产生活方式转变的情景下，分别评价各评价单元在不同约束条件下，相应可承载农业生产、城镇建设的最大合理规模。各地可结合环境质量目标、污染物排放标准和总量控制等因素，评价环境容量对农业生产、城镇建设约束要求，如：缺水地区重点考虑水平衡及水资源约束、干旱地区重点考虑土地资源约束等。按照短板原理，取各约束条件下的最小值作为可承载的最大合理规模。一般省级以市级（或县级）行政区为单元评价承载规模，市级以县级（或乡级）行政区为单元评价承载规模。

1）农业生产承载规模

包括耕地承载规模、牲畜承载规模、渔业承载规模，一般考虑水资源、水环境、土地资源、土壤环境容量等短板要素的约束。

耕地承载规模应考虑水资源和空间约束。从水资源约束的角度，可承载的耕地规模包括可承载的灌溉耕地面积和单纯以天然降水为水源的耕地面积。从空间约束

---

1. 贾克敬，何鸿飞，张辉，等.基于"双评价"的国土空间格局优化［J］.中国土地科学，2020，34（5）：43-51.

的角度，一般将生态保护极重要区和种植业生产不适宜区以外区域的规模，作为空间约束下耕地的最大承载规模。取上述约束条件下的最小值，作为耕地承载的最大合理规模。

牲畜承载规模分牧区和农区两类确定。牧区畜牧业应通过测算草地资源的可持续饲养生产能力来确定草原合理载畜量（以标准羊计）；农区畜牧业应通过测算农区养殖粪肥养分需求量和供给量来确定农区合理载畜量（以猪当量计）。

渔业承载规模分捕捞和养殖两类确定。渔业捕捞应以可供捕捞种群的数量或已开发程度为依据，以维护渔业资源再生产能力和持续渔获量为目标确定渔业合理捕捞规模；渔业养殖应以控制养殖尾水排放和水质污染为前提，以保证鱼、虾、藻、参类正常生长、繁殖和水产品质量为目标，确定渔业养殖的合理规模。

2）城镇建设承载规模

应从水资源和空间约束两个角度考虑，按照短板原理，取两个约束条件下的最小值作为可承载的最大合理规模。个别重要城市可以通过工程性引水来提升水资源约束值和通过土地平整等工程技术手段来提高空间约束值，从而提高城镇建设承载规模。

从水资源的角度，以区域城镇可用水量除以城镇人均需水量，确定可承载的城镇人口规模，可承载的城镇人口规模乘以人均城镇建设用地面积，确定可承载的建设用地规模。城镇可用水量要在区域用水总量控制指标基础上，结合区域供用水结构、三产结构等确定。城镇人均需水量需考虑不同发展阶段、经济技术水平和生产生活方式等因素，按照生活和工业用水量的合理占比综合确定。人均城镇建设用地面积，要基于现状和节约集约发展要求合理确定。

从空间约束的角度，将生态保护极重要区和城镇建设不适宜区以外区域的规模，作为空间约束下城镇建设的最大规模。

确定农业和城镇用地合理规模后，还可同时考虑经济发展水平（GDP）、生态系统服务能力、生态保护重要性、森林覆盖率、基本农田保护要求、社会福利水平、人口结构、人口就业水平等，作为区域资源环境承载能力评价的约束条件。

2. 国土空间开发适宜性评价

国土空间开发适应性是指在维系生态系统健康和国土安全的前提下，综合考虑资源环境等要素条件，特定国土空间进行农业生产、城镇建设等人类活动的适宜程度，应同时考虑单一要素评价和多要素综合评价。

国土空间开发适宜性评价的目的是用于判断国土空间自然条件对城镇（开发）、

农业（生产）、生态（保护）三类利用方式的适宜程度及评判分级，是着重于从资源保护和开发利用关系、人地关系分析基础上的分析和判断。

评价内容具体包括生态保护重要性评价、农业生产适宜性评价、城镇建设适宜性评价，一般分省级、市县级两个层次开展评价，乡镇级可在省级、市县级评价基础上落实或修正。

1）生态保护重要性评价

生态保护重要性评价包括生态系统服务功能性和生态脆弱性评价，集成得出生态保护重要性，并据此识别生态保护极重要区和重要区。生态系统服务功能重要性评价主要涉及水源涵养、水土保持、生物多样性维护、防风固沙、海岸防护等生态系统服务功能重要性，取各项评价结果的最高等级作为生态系统服务功能重要性等级。生态脆弱性评价主要涉及水土流失、石漠化、土地沙化、海岸侵蚀及沙源流失等生态脆弱性，取各项结果的最高等级作为生态脆弱性等级。在此基础上，取二者评价结果的较高等级作为生态保护重要性等级的初判结果。

省级评价应从区域生态安全底线出发，在陆海全域评价生态系统服务功能重要性及生态脆弱性，综合形成生态保护极重要区和重要区。市县级评价，应在省级评价结果基础上，根据更高精度数据及实地调查进行边界校核。从生态空间完整性、系统性、连通性出发，结合重要地下水补给、洪水调蓄、河湖岸防护、自然遗迹、自然景观等进行补充评价和修正。

2）农业生产适宜性评价

农业生产适宜性评价包括种植业、畜牧业、渔业等农业生产适宜性评价。种植业生产适宜性一般以水、土、光、热组合条件为基础，结合土壤环境质量、气象灾害等因素，评价种植业生产适宜程度。畜牧业分牧区和农区两类，根据当地自然地理条件，确定其畜牧业类型并开展适宜性评价；牧区主要考虑自然条件的约束，农区主要考虑饲料供给能力及环境容量的制约。渔业生产可分捕捞和养殖两类，捕捞适宜程度主要取决于可捕获渔业资源、鱼卵和幼鱼的数量、天然饵料供给能力等；养殖适宜程度主要取决于水域环境和自然灾害等。

省级评价，应在生态保护极重要区以外的区域开展上述各项农业生产适宜性评价，识别农业生产适宜区和不适宜区。市县级评价中，省级评价内容和精度已满足市县国土空间总体规划编制需要的，可直接在省级评价结果基础上进行综合分析。根据农业生产相关功能的要求，可进一步细化评价单元、提高评价精度、补充评价内容。可结合特色村落布局、重大农业基础设施配套、重要经济作物分布、特色农产品种植等，进一步识别优势农业空间。

3）城镇建设适宜性评价

城镇建设适宜性评价应在生态保护极重要区以外的区域，着重识别不适宜城镇建设和海洋开发利用的区域。城镇建设不适宜区一般包括水资源短缺、地形坡度较大（>25度）、海拔过高、地质灾害隐患较大、海洋灾害危险性极高的区域。在评价时应根据地区实际情况细化或补充限制性要素，确定具体的判断标准。海洋开发利用中应重点考虑港口、矿产能源等功能，将海洋资源条件差、生态风险高的区域，确定为海洋开发利用不适宜区。

省级评价应优先考虑环境安全、粮食安全和地质安全等底线要求，识别城镇建设不适宜区。沿海地区应针对海洋开发利用活动开展评价。市、县评价应进一步提高评价精度，对城镇建设不适宜区范围进行核校。根据城镇化发展阶段特征，增加人口、经济、区位、基础设施等要素，识别城镇建设适宜区。结合海洋资源优势，识别海洋开发利用适宜区。结合当地实际，可针对矿产资源、历史文化和自然景观资源等，开展必要的补充评价。

2.2.2　现行空间性规划实施评估

现行空间性规划实施评估包含了对现行城市总体规划、土地利用总体规划、市级海洋功能区划等空间类规划及相关政策实施的系统评估，评估自然生态和历史文化保护、基础设施和公共服务设施、节约集约用地等规划实施情况，从而发现问题、分析原因、判断趋势、提出建议。

实施评估的内容一般包括：①现状概况；②现行各类空间规划回顾；③战略目标执行情况；④城镇建设发展格局实施情况；⑤耕地与基本农田保护情况；⑥空间管控情况；⑦要素配置实施情况；⑧现行各类空间规划方案合理性分析；⑨发展的新形势与新要求分析；⑩其他专项类空间规划实施情况；⑪评估结论与建议，总结性阐述规划强制性内容的执行情况，分析规划实施的主要成效和存在的主要问题，并针对下一步国土空间总体规划的编制和实施提出优化建议。

2.2.3　灾害风险评估

国土空间规划应结合自然地理本底特征和"双评价"结果，针对不确定性和不稳定性，分析区域发展和城镇化趋势、人口与社会需求变化、科技进步和产业发展、气候变化等要素，系统梳理国土空间开发保护中存在的问题，识别生态保护、资源利用、自然灾害、国土安全等方面可能面临的风险，开展灾害风险评估。乡镇国土空间规划应以落实市（县）灾害风险评估结果为主，结合乡镇客观存在的灾害种类，明确乡镇安全风险隐患。

灾害风险评估一般包括评估体系构建、风险等级研判、风险综合评估、风险举措应对四个步骤。评估内容主要包括：地震灾害、地质灾害、水旱灾害、气象灾害、海洋灾害、生物灾害、火灾、重大危险源事故、公共卫生安全等灾害风险，应综合分析灾害风险的主要类型、风险程度及空间分布特征，系统判别城镇面对灾害风险威胁的应对能力，并提出针对性的空间策略建议。

地震灾害评估应重点考虑地震易发程度、活动断层避让范围等内容。地质灾害评估应包括山体崩塌、滑坡、泥石流、地面塌陷、地裂缝和地面沉降等灾害影响评估。水旱灾害评估应基于地形地貌及降雨量等，应包括洪（潮）涝、山洪及干旱等灾害影响评估。气象灾害评估应包括台风、暴雨、寒潮、大风、冰雹、雪灾、冰冻、低（高）温、雷电、沙尘暴等灾害影响的评估。海洋灾害评估应重点考虑风暴潮、海冰、海浪、海啸等灾害影响评估；有条件地区可开展海平面上升等风险评估。生物灾害评估应包括病虫害、疫病、草害等灾害影响评估。火灾风险评估应包括森林火灾、草原火灾及城镇火灾影响评估。重大危险源评估应重点关注核设施、一级危险化学品重大危险源、一等尾矿库等重大危险源的风险等级、空间分布等内容。公共卫生安全风险评估应重点考虑疫病（传染病）等级、防控体系、应急响应机制等内容。

同时，国土空间规划的灾害风险评估不应忽视社会经济等其他方面的风险。区域经济社会的健康运行需要资源、环境和产业的支撑。比如甘肃省玉门市因石油资源枯竭而导致城市搬离，吉林省白城市万宝镇因煤炭资源枯竭而导致集镇规模迅速衰减80%，黑龙江省大庆市因产业乏力导致城市人口减少，以及2010年前后东莞市因传统产业衰退导致人口减少30%等。因此，国土空间总体规划的编制鼓励结合规划方案进行城市经济社会风险评估，主要内容包括：①城市产业的可持续性，城市的产业是否具有周期性特征，产业创造的就业岗位是否与城市人口结构变化相匹配，在外部环境变化的情势下城市的多元产业保障，等等；②城市人口结构的可持续性，老龄化趋势下城市人口是否能维持一定活力，人口结构变化趋势下的城市基础设施运行是否可持续，比如中小学幼儿园的资源配置等；③在达成规划确定的城市规模的过程中的风险识别，包括用地结构的紧凑性、基础设施的经济性、空间拓展的韧性等。结合地方实际，可以形成经济社会风险评估报告。

国土空间总体规划的编制除了解决现实问题以外，更重要的是面向未来。经济社会风险评估要对市县和区域未来发展的趋势、可能遇到的问题和风险进行评估，要准确把握未来态势，在规划中予以提前布局应对，比如气候变化、科技革命、能源革命、社会转型等对经济、社会和空间组织的影响等。

2.2.4　国土空间总体城市设计研究

国土空间总体城市设计是以生态文明思想为指导，以促进城乡风貌和谐共生、人与自然和谐相处为目标，对一定区域内国土空间规划布局的各类要素功能进行的系统构思和安排，包含了城市和乡村两种空间设计类型。

国土空间总体城市设计的核心是将城市设计贯穿规划全过程。基于人与自然和谐共生的原则，研究全域生产、生活、生态的总体功能关系，优化开发保护的约束性条件和管控边界，协调城镇乡村与山水林田湖草海等自然资源的布局关系，塑造具有特色和比较优势的全域国土空间总体格局和空间形态。基于本地自然和人文禀赋，加强自然与历史文化遗产保护，研究城市开敞空间系统、重要廊道和节点、天际轮廓线等空间秩序控制引导方案，提高国土空间的舒适性、艺术性，提升国土空间品质和价值。国土空间总体城市设计的作用主要在于通过对山水林田湖草沙等各类要素的设计，推动国土空间品质提升和城乡环境改善，保护山水自然格局，传承历史文化特质，彰显空间风貌特色，优化城市形态轮廓，创造宜人公共空间，充分发挥国土空间设计在国土空间规划体系中的价值提升与技术支撑作用。

国土空间总体城市设计在全国和省级层次，侧重于国土空间特色塑造；在市县级和乡镇级层次，对国土空间规划布局、风貌特色等的影响更为深入，并区分为全域和中心城区（镇区）两个层次开展工作。

国土空间总体城市设计在市县域、镇域层次侧重于通过对自然山水、城乡风貌、乡土特色、历史文化等方面的研究，定位城市形象，强化农业、生态和城镇空间的全域全要素统筹，构筑全域风貌格局框架，优化整体空间秩序。市县域层次应明确乡村区域层次设计引导要求，提出乡村整体风貌分区，明确乡村历史文化、风貌保护和总体布局等内容。

国土空间总体城市设计在中心城区、镇区层次，梳理城镇和自然山水格局的关系，挖掘城市历史人文特色，研究城市景观风貌特征、城市形象定位和城市空间景观设计目标，确定城市总体形态格局、景观框架和公共空间体系，对空间景观要素系统分类分级提出控制和引导要求。

针对乡村地区，国土空间城市设计应侧重保护其自然本底和延续乡村特色，通过对当地"田水路林村"景观格局、空间基因和空间特色等研究和挖掘，确定自然环境、农业空间、农房聚落和服务设施等的风貌管控和引导要求。

2.3 重大专题研究

2.3.1 专题研究内容

国土空间总体规划应当在编制前开展重大专题研究，为国土空间总体规划在关键议题、重点问题和重大战略方向等领域提供解决路径，为国土空间规划的定位、布局、路径等提供基础性解决方案，保障国土空间总体规划编制的科学性、合理性。

各个层次的国土空间规划专题研究所关注的尺度和命题须因地制宜，具有较大的差别。总体上，在全国、省级层次，重点关注农业、生态、产业、乡村、海洋、城镇化等总体格局相关内容的研究。在市县级层次的重大专题研究可包括但不限于：①研究人口规模、结构、分布以及人口流动等对空间供需的影响和对策；②研究气候变化及水土资源、洪涝等自然灾害等因素对空间开发保护的影响和对策；③研究重大区域战略、新型城镇化、乡村振兴、科技进步、产业发展等对区域空间发展的影响和对策；④研究交通运输体系和信息技术对区域空间发展的影响和对策；⑤研究公共服务、基础设施、公共安全、风险防控等支撑保障系统的问题和对策；⑥研究建设用地节约集约利用和城市更新、土地整治、生态修复的空间策略；⑦研究自然山水和人工环境的空间特色、历史文化保护传承等空间形态和品质改善的空间对策；⑧研究资源枯竭、人口收缩城市振兴发展的空间策略；⑨综合研究规划实施保障机制和相关政策措施。

下文对省级和市县级的部分重点专题研究的工作任务作出了简要说明。

2.3.2 国土空间发展战略研究

国土空间发展战略研究是落实上位国家和区域重大发展战略，科学谋划中长期国土空间开发保护格局，致力于实现国土空间科学保护、合理利用和可持续发展的基础性专题研究。国土空间发展战略研究脱胎于传统的城市空间发展战略研究，并在国土空间规划体系的整体框架下衍生为着眼于全域国土空间可持续发展的全局性、综合性战略研究，发挥了科学指导国土空间总体规划编制、识别聚焦重大空间战略和重要战略空间、避免国土空间规划成为单纯资源保护型规划的重要作用。

开展国土空间发展战略研究，需要重点明确城市在区域协同发展中的定位、作用和需求，贯彻落实国家和上位国土空间规划以及上位重大区域发展战略等提出的区域协同发展要求，谋划和分析本区域在上位国土空间乃至更大范围区域中的发展定位和方向，提出区域协同发展的重点措施，重点加强与周边行政区域在产业合作、生态保护治理、重大设施共建共享、自然文化资源开发保护等方面的衔接，在重大产业发展、城镇功能布局、重要基础设施特别是交通及邻避设施等方面加强区域协同。

开展国土空间发展战略研究，需要针对国土空间开发保护存在的重大问题以及面临的形势，综合分析国土空间规划总体格局，以及生态、农业和城镇格局基于高质量发展的内在诉求和面临的发展挑战，充分了解政府、市场、公众对城市长远发展的思考建议，整体研判城市愿景，聚焦重点，对标先进，加强空间协同，加强全域统筹发展，加强山水林田湖草资源要素的统筹与保护，加强人本理念下的宜居城市建设及和美乡村建设，研究构建有地方特色的城镇体系格局、生态网络格局、重大生产力布局以及人口与城镇化路径，建立全域重大平台、重要基础设施与公共服务设施布局的统筹协调机制，为城市长远发展提供清晰的发展路径与选择。

国土空间规划时期，城市空间发展战略应与国土空间规划体系耦合，将其战略方向、战略空间、战略路径等贯穿于总体规划、专项规划、详细规划等各层次，深度贯穿于法定规划全过程，将空间战略塑造成为推动区域协同、实现资源整合、优化结构的抓手，将各层次法定规划统合成为承载和落实城市空间发展战略的平台，从而充分发挥国土空间发展战略的战略性、综合性、长期性作用。

2.3.3 产业发展与产业空间布局研究

产业发展和产业空间布局专题研究主要在省级和市县级国土空间规划编制中开展。根据自然资源部《省级国土空间规划编制指南（试行）》和《市级国土空间总体规划编制指南（试行）》的要求，省级国土空间规划编制中要求加强产城融合，完善产业集群，为战略性新兴产业预留发展空间；市级国土空间总体规划编制中要求产业空间应优化建设用地结构和布局，推动人、城、产、交通一体化发展，促进产业园区与城市服务功能融合，保障实体经济发展空间，在确保环境安全的基础上引导发展功能复合的产业社区，促进产城融合、职住平衡等。由此可见，省级产业发展和产业空间布局研究重点关注产业集群布局和战略性新兴产业空间预留，市级产业发展和产业空间布局研究重点关注产城融合、保障实体经济发展等内容。

市级国土空间总体规划编制中的产业发展和产业空间布局研究，遵循"特征问题—目标格局—提升策略"的研究路线。首先，应聚焦于特征问题识别。在明确产业相关发展要求的基础上，基于对产业发展基础、资源禀赋条件、区位设施条件、产业特性的认识，总结产业发展规律，形成对产业发展的总体判断。梳理产业空间现状，将其与产业发展总体判断、耕地保护、生态环境、交通区位、城市布局和上位规划等要求进行校核，识别产业空间的规模、结构、布局等问题。其次，确定产业发展和产业空间布局的目标格局。重点落实产业发展规划中的目标定位、产业体系相关内容，解决识别出的产业空间问题，形成支撑产业高质量发展的总体产业空间格局。最后，提出产业发展和产业空间布局的提升策略。基于产业空间格局，明确空间优化策略，将策略细化为分区分类的空间管控指引，并将空间管控指引与产业分类发展指引相衔接，进而将其作为产业发展的重要指引，为国土空间发展战略和产业空间布局提供前期研究支撑。

国土空间规划编制中的产业发展和产业布局专题研究应突出与产业规划的差异。一方面，专题研究应当重点落实国家发展规划对国土空间各项开发保护工作的要求；另一方面，专题研究对产业规划实施应起到本底约束、布局引导、用地支撑等作用，使产业规划能够精准落地实施。

2.3.4　人口预测与新型城镇化研究

人口与新型城镇化路径研究主要探讨人口发展和用地的关系，通过分析人口规模、结构、分布的变化，推动城乡空间布局演变，规划新型城镇化的目标、路径和策略。具体而言，人口与新型城镇化路径研究重点分析预测全域及各下位行政区划的户籍人口和常住人口的总量与结构变化趋势，提出规划期末户籍人口和常住人口的发展目标，提出鼓励吸纳集聚人口、优化人口结构、提升人口素质的行政措施和空间安排，并在此基础上谋划推动新型城镇化发展的路径策略，明确新型城镇化发展目标和具体措施。

开展人口分析和预测，须加强对区域人口流动的现状和趋势判断分析，合理确定人口基数和增长趋势，提出国土空间规划相关的核心指标，明确人口和城镇化发展战略和策略，支撑城市定位和经济产业目标，为制定合理的产业布局政策及基础设施布局，协调人口与经济、人口与社会以及人口与环境空间等关系提供科学依据。根据人口特征，采用合适的计算方法科学合理预测人口规模，合理分配各下位行政区域人口规模。合理预测中心城区规模，重点关注年龄构成、就业构成和流动人口。从人均指标、生产效率、生活品质等多个维度论证城市合理的用地规模，引导中心城区国土空间综合价值的提升，体现城市高质量绿色发展的理念。人口预测通常采用"户籍人口＋流动人口"统计口径。人口规模预测的主要方法一般包括趋势外推法、社会经济相关法和灰色系统法等，并采用资源环境承载力法进行验证，以"以水定人"的方法完善人口预测。

专题中人口预测部分，一般包括三部分内容：一是对城市人口现状、基本特征和关键人口问题的分析结论，需要明确判断城市人口发展所处的阶段，揭示与城市发展相关的主要问题；二是人口规模目标的结论，包括不同情景下的人口目标方案，以及针对各方案的多视角比选分析，应明确阐述不同视角下各规模情景方案对城市发展的正面或负面影响（优势或劣势），为规划决策提供依据；三是与人口空间分布相关的成果，提出未来人口空间分布的方案，并从人口分布优化引导角度提出空间优化的策略。第一、第二部分为专题成果必备内容，对有需要且具备条件的城市，可增加第三部分。

专题中城镇化路径研究部分，应依据坚持推进以人为核心的新型城镇化政策要求，科学认知新型城镇化高质量发展的特点与规律，厘清新型城镇化建设中的驱动因素、关键问题及其支撑路径，科学分析资源环境承载能力约束下新型城镇化发展的合理进程预测，包括速度、规模、结构和格局等，分析新型城镇化格局与国土空间开发格局的相互作用关系，科学预测与合理规划未来城镇化进程，提出促进城乡融合发展的特色城镇化模式。

2.3.5 城乡融合与乡村振兴研究

城乡融合与乡村振兴专题是落实国土空间发展战略、促进人口增长和新型城镇化建设的重要工作。城乡融合和乡村振兴也是彼此统一、相互作用、实现新型城镇化发展的科学路径，对开展国土空间规划工作有重要支撑作用。

1. 开展城乡融合研究

省域尺度的城乡融合是以省域整体协调发展来促进城乡各领域共同发展的宏观战略，既要明确省域内城乡融合的总体格局与一体化的设施网络，又要为县域单元的城乡融合提出差异化的路径指引和制度安排。市域尺度的城乡融合既需要包含对市域城乡关系、乡村价值的总体把控，又需要对城乡要素配置做出具体安排与全面综合的制度设计，突出对城乡空间的整体规划与资源统筹。县域尺度是我国连接城市、服务乡村的重要纽带，是乡村振兴的主战场，也是新型城镇化的末梢节点，需要同时提升"城"的能力和促进"乡"的发展。在促进经济融合方面，研究建立适合当地经济发展需要同时有利于充分吸纳农村劳动力就业的产业结构，谋划多元化发展的乡村经济体系与县城—镇村的农业产业链体系，建立城乡一体的商贸流通体系与培育乡村消费市场。在促进空间融合方面，城乡空间系统呈现大乡村、城乡混合的特征，强化小城镇的支撑性作用和有效服务，建立以县城、中心镇为龙头，以一般镇、特色小镇为辅助，以农村社区为补充的多层次县域城乡融合发展体系。省、市、县和乡镇国土空间规划的城乡融合研究要提出城镇体系或镇村体系布局。

2. 开展乡村振兴研究

衔接脱贫攻坚和乡村振兴，提出实现乡村振兴的政策举措和空间安排。落实村庄布局规划，提出村庄居民点调整优化的空间方案；研究集体经营性用地入市的准备工作。在此基础上，提出乡村振兴新产业新业态发展定位、空间布局、配套设施等，提出农村人居环境改造工作要求，完善村庄绿化美化工作。

2.3.6　历史文化遗产保护研究

《自然资源部、国家文物局关于在国土空间规划编制和实施中加强历史文化遗产保护管理的指导意见》提出了加强历史文化遗产保护工作，把文物保护管理纳入国土空间规划编制和实施的指示要求。这一要求夯实了历史文化遗产保护研究在国土空间规划专题研究中的基础性地位，也明确了国土空间规划中历史文化遗产保护的基本原则，即对历史文化遗产及其整体环境在国土空间规划编制中实施严格保护和管控。

依据《国土空间历史文化遗产保护规划编制指南》（TD/T 1090-2023），省级国土空间规划、市县级国土空间总体规划中注重历史文化遗产保护专题研究的前置开展。前者重在落实国家战略、明确本省资源特色、制定区域整体保护措施、提出发展利用的空间格局，通过政策要求、指标控制等手段向下传导，体现综合统筹和重点协调的作用。后者要"研究自然山水和人居环境的空间特色、历史文化保护传承等空间形态和品质改善的问题"，"识别和发掘本地自然和人文资源禀赋，保护自然和历史文化遗存，塑造具有本地特色和优势的魅力空间"，"划定包括城市紫线在内的各类历史文化保护线，对历史城区、历史文化街区以及历史文化资源富集地区，制定区域整体保护措施"。可见，市级层面历史文化保护利用的研究要注重塑造区域魅力空间、彰显城市特色，同时更要做好上承下达，落实省级政策要求，再以区域整体保护措施和指标控制等手段向县级传导，体现底线管控和具体实施的作用。而乡镇级国土空间规划中的历史文化遗产保护研究更侧重细化安排和保护乡土特色的作用。

历史文化遗产保护专题研究应遵循问题导向、整体保护、活化利用、加强管理的原则，对保护名录、历史文化保护线、地域特色分区、遗产本体及其环境安全韧性、非物质文化遗产、基础设施、地上空间地下空间统筹等给出基础性研究建议。针对历史文化资源富集、空间分布集中的地域，以及非物质文化遗产高度依存的自然环境和历史文化空间，明确区域整体保护和活化利用的空间管控要求；提出初步的历史文化保护线划定及空间形态控制指标和要求，作为后续纳入国土空间规划强制性内容，以及实施用途管制和规划许可的重要依据。

关键术语

资源环境承载能力、国土空间开发适宜性

思考题

1. 简述国土空间总体规划编制的基础工作包括的环节，需要收集的材料。
2. 简述国土空间总体规划需要开展的前期研究和各研究的主要内容。
3. 简述国土空间总体规划重大专题研究的作用、涉及的方面。

参考文献

[1] 自然资源部办公厅.关于印发《市级国土空间总体规划编制指南（试行）》的通知：自然资办发〔2020〕46号［EB/OL］.（2020-09-22）［2024-05-05］.https：//gi.mnr.gov.cn/202009/t20200924_2561550.html.
[2] 自然资源部办公厅.关于印发《资源环境承载能力和国土空间开发适宜性评价指南（试行）》的函：自然资办函〔2020〕127号［EB/OL］.（2020-01-19）［2024-05-05］.https：//gi.mnr.gov.cn/202001/t20200121_2498502.html.
[3] 自然资源部.国土空间综合防灾规划编制规程：TD/T 1086-2023［S/OL］.（2023-10-31）［2024-05-05］.http：//www.nrsis.org.cn/mnr_kfs/file/read/7f93baed845aed306240019d8a335758.
[4] 自然资源部办公厅.关于开展国土空间规划"一张图"建设和现状评估工作的通知：自然资发〔2019〕38号［EB/OL］.（2019-07-18）［2024-05-05］.https：//gi.mnr.gov.cn/202111/t20211129_2708446.html.
[5] 自然资源部.国土空间规划城市体检评估规程：TD/T 1063-2021［S/OL］.（2021-06-18）［2024-05-05］.http：//www.nrsis.org.cn/mnr_kfs/file/read/21d2d1d71032b84ea772e1ad0dcbe127.
[6] 赵毅，郑俊，徐辰，等.县级国土空间总体规划编制关键问题［J］.城市规划学刊，2022（2）：54-61.
[7] 贾克敬，何鸿飞，张辉，等.基于"双评价"的国土空间格局优化［J］.中国土地科学，2020，34（5）：43-51.

第 3 章
愿景定位与目标指标

3.1 愿景与定位

3.1.1 发展愿景

城市发展愿景是城市政府依据其对城市性质与功能的判定，所设想的城市整体长期发展方向的意向概念及其描述。城市发展愿景既可能表现为战略理念，又可能表现为战略目标，还可能表现为战略措施。例如，绍兴把"向杭州湾迈进""接轨上海"作为发展的战略理念，体现了绍兴市政府"接轨上海"的愿景；广州市将城市发展的目标愿景确定为"美丽宜居花城、活力全球城市"；上海提出在 2050 年全面建成卓越的全球城市，令人向往的创新之城、人文之城、生态之城，体现了上海市政府打造"具有世界影响力的社会主义现代化国际大都市"的愿景。

城市发展愿景具有四个方面的作用。第一是对城市发展长远目标的呈现，体现了规划主体在较长时间跨度后期望达成的整体状态或成就；第二是对城市发展理想蓝图的描绘，描画出一个令人向往、充满希望的未来景象；第三是凝聚公众共识的作用，帮助规划涉及的各方人员形成共同的目标追求，增强凝聚力和协同性；第四是提供城市发展方向引领的价值，为整个规划提供明确的方向引导，确保各项具体行动和策略与之相符。

3.1.2 城市定位

城市发展愿景和城市定位存在一定的区别。城市发展愿景更具前瞻性和理想性，是对城市未来理想状态的一种宏观想象和期望，侧重于表达一种长远的、美好的目标和景象，具有相当的战略性和激励性。城市定位相对更注重现实性和功能性，明确城市在当前及未来一段时间内的主要角色和功能，强调城市在区域、国家乃至全球范围内的独特地位和作用，往往通过具体的功能表述、特色提炼来确定城市的发展方向和重点，具有较强的针对性和可操作性。例如，一个城市的愿景可能是"世界上最具幸福感的城市"，而其定位可能是"区域物流中心城市""文化创意名城"等。愿景更多是一种激励人心的目标指向，而定位则直接指导城市在经济、社会等方面的具体行动和策略安排。

城市定位是指城市在对自身各种资源条件、所处的国内外经济社会发展大环境进行深入分析的基础上，明确城市在区域中以及更大范围的地位和作用。城市定位包含多个方面的判断，包含了确定城市在区域或国家经济体系中主要产业方向和经济功能的经济定位、强调城市文化特色和底蕴的文化定位，以及交通枢纽、物流中心等特定的职能定位。例如，北京被定位为全国政治中心、文化中心、国际交往中心、科技创新中心，这一定位明确了北京在国家政治、文化、国际交往和科技创新领域的核心地位和独特作用，对北京城市规划的发展方向、策略制定、资源配置等具有重要的指导意义。

城市定位的作用从区域层面而言，能促进区域间城市的分工协作和互补发展，明确城市在区域内的特色和共识，凸显城市知名度和美誉度，推动城市差异化、特色化发展；从城市本身而言，能指明城市发展的方向、路径和重点，根据定位吸引相关外部投资和产业集群聚集，促进各类要素资源根据定位有针对性地投入，更有效地推动城市规划和建设持续发展。

3.1.3 城市性质

城市性质是指城市在一定地区、国家以至更大范围内的政治、经济与社会发展中所处的地位、所发挥的作用和承担的主要分工，是对城市发展愿景和城市定位的高度概括，是城市发展的目标总纲。在编制国土空间总体规划时，要结合目标愿景和城市定位来确定城市的性质，这是确定城市发展方向以及一系列策略措施及其相适应的规划指标的前提和基础，对确定城市规模、主体功能区划、国土空间功能结构、城市用地布局以及各种设施的配置水平起着重要作用。

城市性质确定的主要依据有：上位规划的要求、本级国民经济与社会发展五年规划、城市形成与发展的基础条件、经济地理位置和交通运输条件等。上位规划和本级国民经济与社会发展五年规划等规划文件为城市性质确定提供宏观的政策导向和发展目标；城市的自然地理条件、资源能源状况、历史发展背景为城市性质确定提供基础；城市地理位置、交通便利程度以及与周边城市的经济联系为城市性质确定提供区域环境条件。

城市性质的确定要跳出"就城市论城市"的观念，使用区域分析方法和城市对比分析方法。城市性质一般可以从以下三个方面来认识和确定。

一是城市的宏观综合影响范围和地位。宏观影响范围即城市的区域功能作用的范围，如可以分为国际性的、全国性的、地方性的或流域性的等，再明确城市在其中的地位，如全国政治中心、北方经济中心、西南地区综合交通枢纽等。

二是城市的主导产业结构。通过对主要部门经济结构的系统研究，拟定具体的发展部门和行业方向，如医药工业基地、汽车工业基地、能源基地等。

三是城市其他主要特点。一般包括历史文化属性、风景旅游属性、科技属性、军事防御属性等，如国家历史文化名城、旅游中心城市、科学城、重要的边境口岸等。

城市性质应契合城市在国家、区域及省发展战略中的功能定位，突出城市的独特性，不宜将畅想性、愿景式的城市发展目标作为城市性质，表达上应简明扼要、避免罗列。

3.2 目标与指标

3.2.1 国土空间开发保护目标

国土空间开发保护目标是对一定时期内国土空间开发与保护的总体方向和预期成果的设定，更多侧重于自然资源和空间规划层面的目标表述。国土空间开发保护目标的核心导向是要形成主体功能明显、优势互补、高质量发展的国土空间开发保护新格局，可以视为城市发展目标在国土空间开发利用中的具体落实，往往和国土空间开发保护战略相呼应。国土空间开发保护目标一般采用定性和定量相结合的形式描述。定性一般表述为对区域协同发展、农业空间保护、生态空间保护、城乡建设发展、底线管控等方面的蓝图式描述。定量形式的目标表述即为具体的规划指标。国土空间开发保护目标包括近期目标和规划末期目标，前者一般是5年目标，后者一般是15年目标，此外还可以提出远景展望目标。国土空间开发保护目标与通常的城市发展目标有所不同。城市发展目标是在综合分析城市发展现状和趋势的基础上，围绕事关全局和长远发展的关键环节和主要矛盾，以着眼解决现实问题、应对风险挑战、明确社会经济发展等为主要方面的中长期目标。国土空间开发保护目标一般结合城市发展目标、国土空间开发利用现状和方向，明确在国土空间开发保护方向、格局、特征等方面的具体表现，确保自然资源可持续利用，支撑经济社会全面协调可持续发展。

3.2.2 指标作用与确定方法

在国土空间规划改革前的多规并行时期，城市总体规划的指标分类服务于城市发展，土地利用总体规划指标分类服务于用地管控，目标不同分类管理逻辑也有所差异。经过多规并行时期的积累，目前已形成较为全面的规划指标库，涵盖社会、经济、生态、国土、海洋等多个方面。

新时期国土空间治理逻辑下，国土空间规划全域全要素统筹的基本特征十分突出，国土空间的发展与保护逻辑融为一体。因此，建构符合新时期国土空间治理逻辑的规划指标体系必须充分发挥国土空间规划的战略性和基础性作用，从战略目标导向与国土空间治理两方面予以整体统筹。为适应社会经济发展形势和要求的变化，国土空间开发保护目标和国土空间治理均需要通过具体的指标来量化并分解，即规划指标体系。将规划指标作为规划目标和策略前后耦合的关键组成，在总体目标之下明确分目标，分目标之下遴选核心指标，构建起目标与指标之间的逻辑关系，并提出明确的规划策略、空间导向和规划手段。

"对标+反馈"是确定指标值的基本方法。由于国土空间总体规划的期限一般为15年，在规划期内存在较多不确定性和不可预见性，因此传统的趋势外推法和模型预测等方法并不适用于总体规划指标值的确定工作。由于指标体系是由规划目标衍生出来的，因此首先应达到上级规划要求的核心标准、国家相关文件要求的基本标准；其次，根据规划目标要求，参照对标城市的平均水平，依据城市自身实际情况和各职能部门的专项要求，广泛征求各方意见，对指标值进行修正、优化和校核，保证规划指标与行政事权的衔接，提高规划的严肃性、权威性和可实施性。

3.2.3 指标属性

国土空间总体规划指标按指标性质分为约束性指标、预期性指标和建议性指标三类。约束性指标是为实现规划目标，在规划期内不得突破或必须实现的指标；预期性指标是指按照经济社会发展预期，规划期内努力实现或不突破的指标；建议性指标是指可根据地方实际选取的规划指标。

根据《中共中央 国务院关于建立国土空间规划体系并监督实施的若干意见》和《自然资源部关于全面开展国土空间规划工作的通知》，约束性指标是国土空间规划"五级三类"体系当中的重要组成部分，是量化落实规划目标、刚性管控要求和评估规划实施成效的主要手段。因此，约束性指标必须随规划层级逐层分解至最低层级的国土空间规划中，这些约束性指标主要包括：耕地保有量、永久基本农田保护面积、用水总量、生态保护红线面积、城镇开发边界扩展倍数。

3.2.4　指标类别

各级总体规划定位和编制重点不同，对应指标体系的分类会有所差异。省级国土空间规划将主体功能定位作为重要依据，针对不同主体功能区类型，实施国土空间资源的差别化配置，提出了耕地保有量、永久基本农田保护面积、生态保护红线面积等 14 项基本指标（表 3-1）。

表 3-1　截至 2024 年 5 月部分已公开发布的省级国土空间规划指标体系

序号	指标	属性
1	耕地保有量（万亩）	约束性
2	永久基本农田保护面积（万亩）	约束性
3	生态保护红线面积（万平方千米）	约束性
4	城镇开发边界扩展倍数	约束性
5	大陆自然岸线保有率	约束性
6	自然保护地陆域面积占陆域国土面积比例	预期性
7	森林覆盖率	预期性
8	湿地保护率	预期性
9	水域空间保有量（亿亩）	预期性
10	用水总量（亿立方米）	约束性
11	单位地区生产总值建设用地使用面积下降	预期性
12	"三旧"改造完成面积（万亩）	预期性
13	草原综合植被盖度	预期性
14	公路与铁路网密度（千米/平方千米）	预期性

注：大陆自然岸线保有率是涉海省份才有的指标。"三旧"改造完成面积（万亩）是广东省增加的指标。草原综合植被盖度为山西省、甘肃省增加的指标。公路与铁路网密度（千米/平方千米）是吉林省、四川省增加的指标（吉林省、四川省仍然将指标按主体功能区定位作为指标分类依据）。

市县级、乡镇级国土空间规划指标紧密结合规划层级，将规划指标分为全域和中心城区或镇区两个层级。基于国土空间规划改革提出的绿色发展、促进资源节约集约利用、优化空间结构、高品质生活追求的价值取向，市县级、乡镇级国土空间规划指标分为空间底线指标、空间结构与效率指标和空间品质指标，主要包含了城镇开发边界扩展倍数、自然保护地陆域面积占陆域国土面积比例、森林覆盖率、湿地保护率、水域空间保有量（平方千米）、单位地区生产总值建设用地使用面积下降等规划指标（表3-2）。

表3-2 市县、乡镇级国土空间规划指标体系

序号	指标名称	指标属性	指标层级
一、空间底线			
1	生态保护红线面积（平方千米）	约束性	全域
2	用水总量（亿立方米）	约束性	全域
3	永久基本农田保护面积（万亩）	约束性	全域
4	耕地保有量（万亩）	约束性	全域
5	城镇开发边界扩展倍数	约束性	全域
6	自然保护地陆域面积占陆域国土面积比例	预期性	全域
7	建设用地总面积（平方千米）	预期性	全域
8	城乡建设用地面积（平方千米）	预期性	全域
9	森林覆盖率	预期性	全域
10	基本草原面积（平方千米）	预期性	全域
11	湿地面积（平方千米）	预期性	全域
12	湿地保护率	预期性	全域
13	水域空间保有量（平方千米）	预期性	全域
14	自然和文化遗产（处）	预期性	全域
15	地下水水位（米）	建议性	全域
16	新能源和可再生能源比例	建议性	全域
17	本地指示性物种种类	建议性	全域
二、空间结构与效率			
18	常住人口规模（万人）	预期性	全域、中心城区
19	常住人口城镇化率	预期性	全域
20	人均城镇建设用地面积（平方米）	约束性	全域、中心城区
21	人均应急避难场所面积（平方米）	预期性	中心城区
22	道路网密度（千米/平方千米）	约束性	中心城区
23	轨道交通站点800米半径服务覆盖率	建议性	全域
24	都市圈1小时人口覆盖率	建议性	全域

续表

序号	指标名称	指标属性	指标层级
25	每万元地区生产总值用水量（立方米）	预期性	全域
26	单位地区生产总值建设用地使用面积下降	预期性	全域
27	每万元地区生产总值地耗（平方米）	预期性	全域
三、空间品质			
28	公园绿地、广场步行5分钟覆盖率	约束性	中心城区
29	卫生、养老、教育、文化、体育等社区公共服务设施步行15分钟覆盖率	预期性	中心城区
30	城镇人均住房面积（平方米）	预期性	全域
31	每千名老年人养老床位数（张）	预期性	全域
32	每千人口医疗卫生机构床位数（张）	预期性	全域
33	人均体育用地面积（平方米）	预期性	中心城区
34	人均公园绿地面积（平方米）	预期性	中心城区
35	绿色出行比例	预期性	中心城区
36	工作日平均通勤时间（分钟）	建议性	中心城区
37	降雨就地消纳率	预期性	中心城区
38	城镇生活垃圾回收利用率	预期性	中心城区
39	农村生活垃圾处理率	预期性	全域

3.2.5 指标涵义

生态保护红线面积：在生态空间范围内具有特殊重要生态功能、必须强制性严格保护的陆域、水域、海域等面积。

用水总量：全年各类用水量的总和，包括生产用水、生活用水和生态用水等。

永久基本农田保护面积：为保障国家粮食安全，按照一定时期人口和经济社会发展对农产品的需求，依法确定不得擅自占用或改变用途、实施特殊保护的耕地的面积。

耕地保有量：规划期内必须保有的耕地面积。

城镇开发边界扩展倍数：一定时期内因城镇发展需要，可以集中进行城镇开发建设、完善城镇功能、提升空间品质的区域边界面积与基期年城镇建设用地规模的比例。对于确需划入城镇开发边界的村庄用地、交通运输用地、区域基础设施用地、采矿用地等现状建设用地以及纳入自然资源部系统备案已依法批准且落实占补平衡即将建设的用地，在计算扩展倍数时予以从城镇开发边界面积中扣除。

自然保护地陆域面积占陆域国土面积比例：自然保护地的陆域面积占陆域国土面积的比例。

建设用地总面积：市（县、乡镇）域范围内的建设用地的总面积。

城乡建设用地面积：城市、建制镇、村庄范围内的建设用地的面积。

林地保有量：规划期内必须保有的林地面积。

森林覆盖率：指郁闭度 0.2 以上的乔木林地和竹林地以及国家特别规定的灌木林、农田林网以及四旁（村旁、路旁、水旁、宅旁）林木的覆盖总面积占土地总面积的比例。

基本草原面积：依据《中华人民共和国草原法》第四十二条规定，划定的基本草原总面积。

湿地面积：红树林地，天然的或人工的、永久的或间歇性的沼泽地、泥炭地，滩涂等。

湿地保护率：生态保护红线和自然保护地内的湿地面积占全域湿地面积的比例。其中全域湿地面积按照《自然资源部办公厅关于确定全口径湿地范围意见的函》（自然资办〔2022〕1961号）确定的全口径湿地统计。

水域空间保有量：水域及水利设施用地扣除水工建筑用地之后的土地面积。

大陆自然海岸线保有率：大陆自然海岸线（砂质岸线、淤泥质岸线、基岩岸线、生物岸线等原生海岸线，及整治修复后具有自然海岸形态特征和生态功能的海岸线）长度占大陆海岸线总长度的比例。

自然和文化遗产：由各级政府和部门依法认定公布的自然和文化遗产数量。一般包括：世界遗产、国家文化公园、风景名胜区、文化生态保护区、历史文化名城名镇名村街区、传统村落、文物保护单位和一般不可移动文物、历史建筑，以及其他经行政认定公布的遗产类型。

地下水水位：含浅层和深层，依托国家地下水监测工程监测点测量的地下水面高程（以黄海高程为准）。

新能源和可再生能源比例：在消费的各种能源中，新能源和可再生能源折算标准量累计后占能源消费总量的比例。

本地指示性物种种类：反映本地生态系统的保持情况的指示性物种的种类。

常住人口规模：实际经常居住半年及以上的人口数量。

常住人口城镇化率：城镇常住人口占常住人口的比例。

人均城镇建设用地面积：城市、建制镇范围内的建设用地面积与城镇常住人口规模的比值。

人均应急避难场所面积： 应急避难场所面积与常住人口规模的比值。

道路网密度： 快速路及主干路、次干路、支路总里程数与中心城区面积的比值。

轨道交通站点 800 米半径服务覆盖率： 轨道交通站点 800 米半径范围内覆盖的人口与就业岗位占总人口与就业岗位的比例。

都市圈 1 小时人口覆盖率： 都市圈 1 小时通勤圈范围内覆盖的人口占总人口的比例。

每万元地区生产总值用水量： 每万元地区生产总值产出消耗的水资源数量。

每万元地区生产总值地耗： 每万元第二、三产业产出增加值消耗的建设用地面积。

单位地区生产总值建设用地使用面积下降： 与规划基期年相比，单位地区生产总值建设用地使用面积的降低幅度。

公园绿地、广场步行 5 分钟覆盖率： 400 平方米以上公园绿地、广场用地周边 5 分钟步行范围覆盖的居住用地占所有居住用地的比例。

卫生、养老、教育、文化、体育等社区公共服务设施步行 15 分钟覆盖率： 卫生、养老、教育、文化、体育等各类社区公共服务设施周边 15 分钟步行范围覆盖的居住用地占所有居住用地的比例（分项计算）。

城镇人均住房面积： 城镇住房建筑总面积与城镇常住人口规模的比值。

每千名老年人养老床位数： 每千名 60 岁及以上老年人拥有的养老机构床位数。

每千人口医疗卫生机构床位数： 每千名常住人口拥有的各类医疗卫生机构床位数。

人均体育用地面积： 体育用地总面积与常住人口规模的比值。

人均公园绿地面积： 公园绿地总面积与常住人口规模的比值。

绿色出行比例： 采用步行、非机动车、常规公交、轨道交通等绿色方式出行量占所有方式出行总量的比例。

工作日平均通勤时间： 工作日居民通勤出行时间的平均值。

降雨就地消纳率： 通过减少硬化面积，增加渗水、蓄水、滞水空间，使多年平均降雨量的 70% 实现下渗、储存、净化、回用的城市建成区占总建成区的比例，是反映海绵城市建设水平的指标。

城镇生活垃圾回收利用率： 城镇经生物、物理、化学转化后作为二次原料的生活垃圾处理量占生活垃圾产生总量的比例。

农村生活垃圾处理率： 农村经收集、处理的生活垃圾量占生活垃圾产生总量的比例。

关键术语

城市定位、城市性质、国土空间开发保护目标、规划指标体系

思考题

1. 简述城市发展愿景与城市定位的区别。
2. 请结合具体案例说明城市性质的确定方法。
3. 请举例说明约束性指标和预期性指标的作用。

参考文献

［1］吴志强，李德华. 城市规划原理（第四版）[M]. 北京：中国建筑工业出版社，2010.
［2］国土资源部. 市（地）级土地利用总体规划编制规程：TD/T 1023-2010 [S/OL]. （2010-06-27）[2024-05-05]. http://www.nrsis.org.cn/mnr_kfs/file/read/a678b04375f38abf9fbf3fe765944660.
［3］国土资源部. 县级土地利用总体规划编制规程：TD/T 1024-2010 [S/OL]. （2010-06-27）[2024-05-05]. http://www.nrsis.org.cn/mnr_kfs/file/read/a678b04375f38abff1d808a616d56256.
［4］岳隽，范朋灿. 新时期国土空间治理的价值传导与目标演进——市县国土空间规划指标体系的响应[J]. 热带地理，2021，41（4）：676-684.
［5］范宇，石崧，张一凡，等. 目标与实施导向下的总体规划指标体系研究[J]. 城市规划学刊，2017（S1）：75-81.
［6］自然资源部办公厅. 关于印发《省级国土空间规划编制指南》（试行）的通知：自然资办发〔2020〕5号[EB/OL].（2020-01-17）[2024-05-05]. https://gi.mnr.gov.cn/202001/t20200120_2498397.html.
［7］自然资源部办公厅. 关于印发《市级国土空间总体规划编制指南（试行）》的通知：自然资办发〔2020〕46号[EB/OL].（2020-09-22）[2024-05-05]. https://gi.mnr.gov.cn/202009/t20200924_2561550.html.
［8］张泉，缪杨兵，邓东，等. 以目标和问题为导向构建规划指标体系——市级国土空间总体规划指标体系构建探索[J]. 城乡规划，2022（3）：27-37.
［9］自然资源部办公厅. 关于开展国土空间规划"一张图"建设和现状评估工作的通知：自然资发〔2019〕87号[EB/OL].（2019-07-18）[2024-05-05]. https://gi.mnr.gov.cn/202111/t20211129_2708446.html.

第 4 章

国土空间格局

4.1 总体格局优化

4.1.1 国土空间总体格局

国土空间总体格局是综合考虑人口分布、经济布局、自然资源利用、生态环境保护等因素，对城镇空间、生态空间和农业空间的科学布局，可区分为国土空间开发格局和保护格局。

国土空间开发格局重点关注城镇空间，是指为落实国家和省的区域发展战略、主体功能区战略，以"双评价"为基础形成的地区生产力布局与差异化的资源要素配置。国土空间开发格局的优化，需要从区域乃至全国的发展视角与全局利益出发，充分考虑资源禀赋、经济发展条件，揭示国土空间功能类型的分异规律，优化经济、社会、人口与环境等各种要素的配置，提高自然资源配置的整体效益。国土空间开发格局应提出城镇体系、发展轴带和重要产业区，以及不同区域的建议开发建设强度，为自然资源有效利用提供科学依据。

国土空间保护格局重点关注生态空间和农业空间，是指为维护重要生态屏障的稳定性，筑牢水资源、生态、粮食安全底板，提高国土空间安全韧性，强化生态系统服务功能，以自然地理格局和"双评价"为基础形成的生态保护布局与农业生产布局。国土空间保护格局需要依据区域自然环境和资源承载特点，综合考虑不同地区的生态功能、开发程度和保护方式。对于生态空间而言，应基于生态系统服务功能重要性、生态脆弱性评价结果，识别自然保护地等生态重要和生态敏感地区，构建重要生态屏障、廊道和网络，优先确定生态保护空间。对于农业空间而言，应开展种植业、畜牧业、渔业等农业生产适宜性评价，识别农业生产适宜区，重点保护集中连片的优质耕地、草地，明确具备整治潜力的区域，以及生态退耕、耕地补充的区域，保障农业发展空间。

国土空间总体格局优化应结合"双评价"成果，权衡国土空间开发与保护要求，落实上位国土空间规划要求，统筹山水林田湖草等保护类要素以及镇村、产业、交通等发展类要素布局，形成开放式、网络化、集约型、生态化的国土空间总体开发保护格局。例如，《福建省国土空间规划（2021—2035年）》提出构建以"两极两带三轴六湾区"为主体，"两屏一带六江两溪"为骨架的国土空间总体格局。《黄梅县国土空间总体规划（2021—2035年）》提出"一江一屏，两湖多廊"的保护格局和"城区引领，南北联动"的开发格局。

4.1.2 主体功能区

主体功能区是指立足资源环境承载能力、经济社会发展水平、战略区位等综合比较优势，划定的具有某种特定主体功能、实施差别化管控的地域空间单元。推进形成主体功能区，就是要根据不同区域的资源环境承载能力、现有开发强度和发展潜力，统筹谋划人口分布、经济布局、国土利用和城镇化格局，确定不同区域的主体功能，并据此明确开发方向，完善开发政策，控制开发强度，规范开发秩序，推动国土空间规划的逐级传导、分类精准施策，逐步形成人口、经济、资源环境相协调的国土空间开发保护格局。

主体功能区的主要类型为"3+N"："3"为农产品主产区、重点生态功能区和城市化地区3种基本功能类型，覆盖陆海全部行政辖区；"N"为能源资源富集区、边境地区、历史文化资源富集区等叠加功能类型。农产品主产区布局应落实《全国国土空间规划纲要》确定的农业战略格局，与地形地貌、水土光热条件、耕地和永久基本农田集中分布相匹配，与粮棉油生产基地、粮食安全产业带、产粮大县、养殖大县布局相衔接。重点生态功能区布局宜保持自然地理边界和生态系统的完整性，促进重要高原、山脉、河流、湖泊、岛屿等整体保护。各地可根据实际和分类精准施策需要，合理增加叠加功能类型。

《全国国土空间规划纲要》明确全国主体功能区战略格局，省、市、县各级国土空间总体规划衔接落实、优化完善各级主体功能区，但侧重点有所不同。省级国土空间规划以县级行政区为单元明确主体功能定位，保持各类国家级主体功能区数量相对稳定，而市县级国土空间总体规划可根据实际需要，细化部分或全部乡级行政区主体功能定位，指导规划分区落位。

落实和细化主体功能区的方法如下。①功能优势度评估：基于"三区三线"划定成果、第三次全国国土调查和最新年度变更调查结果、"双评价"成果，综合分析农业功能优势度、生态功能优势度、城镇功能优势度。②判定主体功能定位符合性：明确农产品主产区布局方向、重点生态功能区布局方向、城市化地区布局方向，综合判定县区主体功能定位的符合性。③衔接重大战略：衔接区域协调发展战略、区域重大战略等国家战略，合理优化主体功能定位。④自上而下分解指标：综合评定各行政单元主体功能定位，分解落实相关约束性指标规模，推动主体功能区战略在国土空间规划中逐级传导落地。例如，湖北省黄梅县在湖北省主体功能分区中为农产品主产区，《黄梅县国土空间总体规划（2021—2035年）》进一步将黄梅县各乡镇单元的主体功能定位细化为城市化发展区、农产品主产区、重点生态功能区。

4.1.3　国土空间开发格局

国土空间开发格局主要针对城镇空间格局展开，综合考虑人口分布、经济布局、国土利用、生态环境保护等因素，是坚持以人民为中心、实现高质量发展和高品质生活、建设美好家园的重要手段。

城镇空间是指以城镇居民生活以及进行城镇建设作为主要功能的区域，具有高人口聚集度、高土地开发强度的特点。城镇空间格局优化应在分析土地利用现状的基础上，综合考虑未来一段时期的社会经济发展对土地的需求，包括现状以及规划期内计划新增的城市、建制镇、采矿用地等。同时，为满足规划弹性需求，应将预留的近期可能发展为城镇用地的土地也划入城镇空间。

城镇空间格局优化的具体方法如下。①完善区域协调格局：注重推动城市群、都市圈交通一体化，发挥综合交通对区域网络化布局的引领和支撑作用，重点解决资源和能源、生态环境、公共服务设施和基础设施、产业空间和邻避设施布局等区域协同问题；城镇密集地区的城市要提出跨行政区域的都市圈、城镇圈协调发展的规划内容，促进多中心、多层次、多节点、组团式、网络化发展，防止城市无序蔓延。其他地区在培育区域中心城市的同时，要注重发挥县城、重点特色镇等节点城镇作用，形成多节点、网络化的协同发展格局。②完善城镇体系，明确城镇等级规模结构、地域空间结构、职能体系结构与城镇体系的网络结构。③完善城乡基础设施和公共服务设施网络体系，改善可达性，构建不同层次和类型、功能复合、安全韧性的城乡生活圈。例如，《广州市国土空间总体规划（2018—2035年）》提出以珠江为脉络，以生态廊道相隔离，以高快速路和快速轨道交通互联互通，以重大战略枢纽为支撑，形成"一脉三区、一核一极、多点支撑、网络布局"的空间发展结构。

4.1.4　国土空间保护格局

国土空间保护格局主要包含生态空间和农业空间[1]。在国土空间规划中构建国土空间保护格局，是加快形成绿色生产方式和生活方式、推进生态文明建设、建设美丽中国的关键举措。

1. 生态空间

生态空间指具有自然属性、以提供生态服务或生态产品为主体功能的国土空间，包括森林、草原、湿地、河流、湖泊、滩涂、岸线、海洋、荒地、荒漠、戈壁、冰川、高山冻原、无居民海岛等。生态空间格局优化应基于生态安全和生物多样性的维护，顺应自然地理特征，增强河湖水系、耕地、森林等生态要素的衔接连通，构建由重要生态功能区、自然保护地和生态廊道等组成的生态空间格局，形成健康、完整、连续的绿色网络。

生态空间主要分为绿色生态空间和其他生态空间。绿色生态空间包括天然草地、林地、湿地、水库水面、河流水面、湖泊水面；其他生态空间包括荒草地、沙地、盐碱地、高原荒漠等。具体来说，生态空间中的重点保护要素包括生态廊道、生态保育区、市级（含）以上等级公园、主要绿道、自然保护地、生态保护红线、重要湖泊及主干河道。国家在土地、森林、草原、湿地、水域、岸线、海洋和生态环境等调查标准基础上，制定调查评价标准，以全国土地调查成果、自然资源专项调查和地理国情普查成果为基础，按照统一调查时点和标准，确定生态空间用途、权属和分布。

生态空间格局优化方法如下。①明确重要生态要素：依据重要生态系统识别结果，维持自然地貌特征，改善陆海生态系统与流域水系网络的系统性、整体性和连通性，明确生态屏障、生态廊道和生态系统保护格局。②优先保护自然保护地：明确国家公园、自然保护区、自然公园等各类自然保护地布局、规模和名录。③构建生物多样性保护网络：为珍稀动植物保留栖息地和迁徙廊道。④分级规划：国家级、省级国土空间规划应明确全国和省域内生态系统保护目标、总体格局和重点区域，市县级国土空间规划进一步明确生态空间用途分区和管制要求。

2. 农业空间

农业空间是指用于农业生产和相关活动的区域。农业空间格局优化应综合分析地

---

1. 海洋空间的相关内容将在本书第 12 章阐述。

形地貌、水土光热特征和农田水利设施条件，结合本地粮食生产功能区和重要农产品生产保护区等农业空间的特点，因地制宜规划农业生产空间。同时，农业空间格局优化应落实乡村振兴及现代化建设的政策措施，协调好农业生产与乡村生活的关系，明确乡村生产、生活、服务的空间功能定位，提出实施乡村振兴的空间战略与推进路径。

农业空间主要分为农业生产空间和农村生活空间。农业生产空间包括耕地、改良草地、人工草地、园地、其他农用地（包括农业设施和农村道路）空间，农村生活空间即农村居民点空间。农业空间中的重点保护要素包括优质耕地集中连片区、粮食生产功能区、重要农产品生产保护区、高标准农田建设整治提升重点区、粮食种植引导区、特色农业产业区和省级农业园区。

农业空间优化的方法如下：①落实保护任务：严格落实《全国国土空间规划纲要》确定的耕地和永久基本农田保护任务，确保数量不减少、质量不降低、生态有改善、布局有优化。②推进农业规模化：以水平衡为前提，优先保护平原地区水土光热条件好、质量等级高、集中连片的优质耕地，实施"小块并大块"，推进现代农业规模化发展。③因地制宜优化结构和布局：综合考虑不同种植结构水资源需求和现代农业发展方向，明确种植业、畜牧业、养殖业等农产品主产区，优化农业生产结构和空间布局。④发展都市农业：引导布局都市农业，提高就近粮食保障能力和蔬菜自给率，重点保护集中连片的优质耕地、草地，明确具备整治潜力的区域，以及生态退耕、耕地补充的区域。⑤提出村庄布局优化的原则和要求，包括村庄类型划分、人均建设用地控制、宅基地与设施布局等。例如，《天津市国土空间总体规划（2021—2035年）》优先划定优质集中连片耕地，因地制宜布局特色农产品优势区，做优做强现代都市型高效农业，形成"一带、三区"的现代农业总体格局。

4.2 国土空间功能结构

4.2.1 国土空间用地用海分类与结构

1. 国土空间用地用海分类

依照《国土空间调查、规划、用途管制用地用海分类指南》，国土空间用地用海分类采用三级分类体系，共设置耕地、园地、林地、草地、湿地、农业设施用地、居住用地、公共管理与公共服务用地、商业服务业用地、工矿用地、仓储用地、交通运输用地、公用设施用地、绿地与开敞空间用地、特殊用地、留白用地、陆地水域、渔业用海、工矿通信用海、交通运输用海、游憩用海、特殊用海、其他土地和其他海域等 24 个一级类、113 个二级类和 140 个三级类，明确规定了各级各类用地的分类名称、代码以及各名称对应的含义。

《中华人民共和国土地管理法》将陆域土地分为农用地、建设用地和未利用地，结合《国土空间调查、规划、用途管制用地用海分类指南》统一用地用海分类的政策意图，衔接《中华人民共和国土地管理法》的陆域土地分类，用地用海分类可在以上 24 个一级类的基础上，区分为农用地、建设用地、未利用地、用海等四类。表 4-1 对农用地、建设用地、未利用地的定义、分类和结构调整作出说明。

表 4-1 《中华人民共和国土地管理法》"三大类"与用地用海分类对照

《中华人民共和国土地管理法》"三大类"	《分类指南》用地用海分类	
	一级类	二级类
农用地	01 耕地	
	02 园地	
	03 林地	
	04 草地	
	05 湿地*	0507 红树林地
		0501 森林沼泽
		0502 灌丛沼泽
		0503 沼泽草地
	06 农业设施建设用地	
	17 陆地水域*	1703 水库水面
		1704 坑塘水面
		1705 沟渠
	23 其他土地*	2302 田坎
建设用地	城镇村及工矿用地★	
	12 交通运输用地*	1201 铁路用地
		1202 公路用地
		1203 机场用地
		1204 港口码头用地
		1205 管道运输用地
		1206 城市轨道交通用地
	13 公用设施用地*	1311 水工设施用地
未利用地	上述之外的其他陆域地类	

注：1. 一级类不带"*"表示包括其下全部二级类，"二级类名称"栏不再逐一列出；一级类带"*"表示只包括"二级类"栏下所列二级类。

2. 带"★"的城镇村及工矿用地指城乡居民点、独立居民点以及居民点以外的工矿、国防、名胜古迹等企事业单位用地，包括其内部交通、绿化用地。

2. 国土空间用地用海结构

国土空间用地用海结构是用地用海系统的核心内容，是国民经济各部门用地面积的数量比例关系，是在不增加土地投入的条件下，实现土地产出增长以获得结构效应的有效途径，其核心内容就是资源约束条件下寻求最优的用地用海结构（表4-2）。

表4-2 国土空间功能结构调整表与用地用海分类对应关系

国土空间功能结构调整表		《国土空间调查、规划、用途管制用地用海分类指南》		
		代码	名称	备注
耕地		01	耕地	
园地		02	园地	
林地		03	林地	
草地		04	草地	
湿地		05	湿地	
农业设施建设用地		0601	乡村道路用地	村庄范围外的村道用地
		0602	种植设施建设用地	
		0603	畜禽养殖设施建设用地	
		0604	水产养殖设施建设用地	
城乡建设用地	城镇用地	07	居住用地	含城中村
		08	公共管理与公共服务用地	
		09	商业服务业用地	
		1001	工业用地	
		11	仓储用地	
		1207	城镇道路用地	
		1208	交通场站用地	
		1209	其他交通设施用地	
		1301—1310, 1313	公用设施用地	包括供水用地等11个二级类，不包括干渠和水工设施用地
		14	绿地与开敞空间用地	
		16	留白用地	
		2301	空闲地	
			城市、建制镇范围（201.202）内的其他用地	

续表

国土空间功能结构调整表		《国土空间调查、规划、用途管制用地用海分类指南》		
		代码	名称	备注
城乡建设用地	村庄用地	07	居住用地	
		08	公共管理与公共服务用地	
		09	商业服务业用地	
		1001	工业用地	
		11	仓储用地	
		0601	乡村道路用地	村庄范围内的村庄内部道路用地
		1208	交通场站用地	
		1209	其他交通设施用地	
		1301—1310，1313	公用设施用地	包括供水用地等11个二级类，不包括干渠和水工设施用地
		14	绿地与开敞空间用地	
		16	留白用地	
		2301	空闲地	
			村庄范围（203）内的其他用地	
区域基础设施用地		1201	铁路用地	
		1202	公路用地	
		1203	机场用地	
		1204	港口码头用地	
		1205	管道运输用地	
		1206	城市轨道交通用地	
		1311	干渠	
		1312	水工设施用地	
其他建设用地		15	特殊用地	
		1002	采矿用地	
		1003	盐田	
渔业用海		18	渔业用海	
工矿通信用海		19	工矿通信用海	
交通运输用海		20	交通运输用海	

续表

国土空间功能结构调整表	《国土空间调查、规划、用途管制用地用海分类指南》		
	代码	名称	备注
游憩用海	21	游憩用海	
特殊用海	22	特殊用海	
陆地水域	1701	河流水面	
	1702	湖泊水面	
	1703	水库水面	
	1704	坑塘水面	
	1705	沟渠	
	1706	冰川及常年积雪	
其他土地	2302	田坎	
	2303	田间道	
	2304	盐碱地	
	2305	沙地	
	2306	裸土地	
	2307	裸岩石砾地	
其他海域	24	其他海域	

注：建设用地 = 城乡建设用地 + 区域基础设施用地 + 其他建设用地。
来源：作者根据自然资源部《国土空间功能结构调整表》《国土空间调查、规划、用途管制用地用海分类指南》整理。

用地用海结构调整应根据国民经济发展的需要和区域的社会、经济与生态条件，在区域发展战略指导下，因地制宜地加以合理组织，并作为国土空间布局调整的基础和依据。其调整原则如下。

综合分析与持续发展的原则： 要充分考虑到国土空间用地用海的综合性和复杂性，全面考虑土地的各个构成因素。在自然属性方面因地制宜发挥土地的自然生产潜力，在经济属性方面考虑获取最大的土地使用经济效益，在土地的社会性方面妥善处理好个人、集体和国家的利益以及生活用地与生产用地间的关系，在环境组成方面注意土地开发与保护相结合，促进土地利用向着良性生态循环的方向发展。

完整性与系统性原则： 要把规划区域作为一个完整的系统考虑，不但要考虑工业、农业、交通、城镇等区域性功能用地的总体结构关系，还要考虑到居住、道路、商业等城市内部空间的系统性。

灵活性与动态性原则： 要有多方案设计和弹性余地，使之在实施过程中能够适应不确定因素的干扰，具有较好的应变和调整能力。

4.2.2　农用地结构

农用地结构调整主要是针对直接用于农业生产的土地，也称农林用地。这类土地的主要功能是支持农业生产活动，如耕作、种植、养殖等。其用途受到严格限制，通常不能用于非农业活动，如商业或工业开发。农用地涉及耕地、园地、林地、草地、湿地、农业设施建设用地、陆地水域和其他土地共 8 个一级类，包含 25 个二级类及 28 个三级类。

1. 农用地结构调整的原则

优先、集中保障基本林地：根据生态区位、生态脆弱性等研究生态公益林地保护等级和措施，严格划定天然林、生态公益林等基本林地集中保护区。对于尚未实现的规划林地，按照林地利用潜力和承载能力提出造林绿化的时序计划安排。

严格落实耕地保护要求：在调查评价的基础上，根据上级规划下达的耕地和永久基本农田保护任务，编制耕地和永久基本农田保护方案，确定耕地和永久基本农田的保护面积、占补规模和范围，拟定耕地和永久基本农田保护的实施措施。

充分发挥农田的生产、生态、景观和间隔的综合功能：协调农用地与建设用地的布局，防止城镇蔓延，促进生态功能完善和都市农业发展。

2. 农用地结构调整的主要方法

质量优先、集中连片：明确耕地和其他用地转换的管制规则及配套用地的保障措施。

耕地下山、林果上山：综合考虑农田基础设施配套程度、现状种植作物生长情况、森林覆盖率和郁闭度等因素，因地制宜地逐步将山上的耕地调整到山下，把山下的果树林木调整为上山上坡，使农业生产布局更加符合自然地理格局和农业生产规律，确保优质耕地集中连片、长期稳定利用，适度拓展农业空间。

耕地占补平衡：防治耕地非粮化，制止耕地非农化，耕地被建设用地或其他非建设用地占用时需按照"占补平衡"的原则进行补划，永久基本农田与永久基本农田储备区原则上不得占用，仅可以被经国务院批准后的难以避让的国家能源、交通、水利、军事设施等重点建设项目占用。

保护林地占补平衡：国家保护林地，严格控制林地转为非林地，实行占用林地总量控制，各类建设项目占用林地不得超过本行政区域的占用林地总量控制指标，确保林地保有量不减少。

4.2.3 建设用地结构

建设用地是指建造建筑物、构筑物的土地，是城乡住宅和公共设施用地，工矿用地，能源、交通、水利、通信等基础设施用地，旅游用地，军事用地等，付出一定投资（土地开发建设费用），通过工程手段，为各项建设提供的土地。是利用土地的承载能力或建筑空间，不以取得生物产品为主要目的的用地。建设用地涉及居住用地、公共管理与公共服务用地、商业服务业用地、工矿用地、仓储用地、交通运输用地、公用设施用地、绿地与开敞空间用地、特殊用地等共9个一级类，包含37个二级类及59个三级类。

1. 建设用地结构调整的原则

节约集约原则： 坚持节约集约优先，分析评价建设用地节约集约利用水平，落实上位规划相关安排，明确全域土地节约集约利用总体目标、策略路径、重点方向与区域。

存量优先原则： 按照"严格控制总量、优化配置增量、盘活利用存量、用好用活流量、着力提升质量"的要求，围绕城市更新、农村建设用地盘活、存量工矿用地再利用等，提出全域存量建设用地结构调整的总体布局以及存量建设用地再开发的重点工程、重点项目及时序安排。

2. 建设用地结构调整的方法

点轴模式与土地集聚： 城镇村工矿等用地的宏观布局，应当按照点轴发展规律，形成大城市组团式发展、中小城市紧凑发展、小城镇和农村居民点集聚发展的土地利用格局。

各类园区严控规模并协调布局： 各类园区必须在城镇开发边界内布局，并与周边其他用地布局相协调。

高污染性用地合理避让： 采矿、能源、化工、钢铁等生产仓储用地以及其他高污染性危险性用地，应当与居住、商业等人口密集的用地保持安全距离，高污染性工业用地布局要避让永久基本农田保护区域。

基础设施与城镇协调布局： 交通水利等基础设施用地，应当与规划的城乡建设用地空间格局相协调，主要用于满足工业化城镇化区域一体化和新农村建设的客观需求，部分用于改善落后地区的投资环境和发展能力。

新增用地依托现有设施： 城市（镇）新增用地，应当尽量依托城镇已有的基础设施，少占耕地和水域，避让永久基本农田、地质灾害危险区、泄洪滞洪区和重要生态环境用地。

"增减挂钩"方法： 农村居民点新增用地，应当主要用于中心村建设，并与旧村缩并相挂钩，控制自然村落的无序扩张，促进农村居民点适度集中。

"增存挂钩"方法： 在分解下达新增建设用地计划时，将批而未供和闲置土地数量作为重要测算指标，逐年减少批而未供、闲置土地多和处置不力的新增建设用地计划安排。

4.2.4 用海结构

用海包括渔业用海、工矿通信用海、交通运输用海、游憩用海和特殊用海等。用海结构调整应与时俱进，与特定阶段国家战略需求相匹配，要以生态保护为基础，建立大食物观，促进工矿通信、渔业、能源等海洋空间功能的复合利用。

4.3 三条控制线

4.3.1 耕地和永久基本农田

1. 耕地和永久基本农田的概念和划定原则

耕地，是自然土壤发育形成的，能够种植农作物的土地，并具备可供农作物生长、发育、成熟的自然环境。耕地保有量是指规划期内必须保有的耕地数量。永久基本农田即对基本农田实行永久性保护，2008 年党的十七届三中全会提出此概念。永久基本农田保护面积是指为保障国家粮食安全，按照一定时期人口和经济社会发展对农产品的需求，依法确定不得擅自占用或改变用途、实施特殊保护的耕地的面积。《中华人民共和国土地管理法》第三十五条规定，永久基本农田经依法划定后，任何单位和个人不得擅自占用或者改变其用途。国家能源、交通、水利、军事设施等重点建设项目选址确实难以避让永久基本农田，涉及农用地转用或者土地征收的，必须经国务院批准。

1）耕地划定原则

应保尽保： 与建设用地的布局和划定不同，耕地保护是基于现状格局的保护，并在实施中动态平衡。根据上级下达的保护指标，统筹协调整体格局，将符合质量等级标准的农田划入耕地保护。

占补平衡原则： 调整完善占用耕地补偿制度，将以往非农建设占用耕地落实占补平衡扩展到各类占用耕地均要落实占补平衡，统筹盐碱地等未利用地、其他农用地、低效闲置建设用地等各类非耕地作为补充耕地来源，新增加的可以长期稳定利用的耕地，用于落实补充耕地任务。

2）永久基本农田划定原则

划定落实到图斑地块： 依据《中华人民共和国土地管理法》和《中华人民共和国基本农田保护条例》有关规定，按照国土空间总体规划调整完善确定的目标任务，落实到用途管制分区，落实到图斑地块，与土地承包经营权确权登记颁证工作相结合，实现上图入库、落地到户。

涉及占用须严格补划： 重大建设项目难以避让确需占用永久基本农田，高标准农田建设、土地综合整治等确需对永久基本农田保护红线进行优化调整的，应当按照"数量不减、质量不降、布局优化"的原则调整并补划，补划的永久基本农田应当是可以长期稳定利用的耕地。

2. 耕地和永久基本农田的构成要素

耕地包含：以种植农作物（含蔬菜）为主，间有零星果树、桑树或其他树木的土地；平均每年能保证收获一季的已垦滩地和海涂；南方宽度1.0米，北方宽度2.0米固定的沟、渠、路和地坎（埂）；临时种植药材、草皮、花卉、苗木等的耕地，临时种植果树、茶树和林木且耕作层未破坏的耕地；以及其他临时改变用途的耕地。

永久基本农田包含：经国务院农业农村主管部门或者县级以上地方人民政府批准确定的粮、棉、油、糖等重要农产品生产基地内的耕地；有良好的水利与水土保持设施的耕地，正在实施改造计划以及可以改造的中、低产田和已建成的高标准农田；蔬菜生产基地；农业科研、教学试验田；国务院规定应当划为永久基本农田的其他耕地；因生产建设或者自然灾害严重损毁且不能恢复耕种的耕地，河道两岸堤防范围内不适宜或者难以稳定利用的耕地，坡度大于25度且未采取水土保持措施的耕地，根据国家有关规定需要退耕还林、还草、还湖以及还牧的耕地，不得划为永久基本农田；此外，依据《中华人民共和国土地管理法》，各省、自治区、直辖市划定的永久基本农田一般应当占本行政区域内耕地的80%以上。

永久基本农田储备区包含：土地综合整治新增加的耕地；与已划定的永久基本农田集中连片，质量高于本地区平均水平且坡度小于 15 度的耕地；有良好的水利与水土保持设施的耕地；从园地、林地等其他农用地恢复的优质耕地。

3. 永久基本农田的划定方法

基础数据收集整理： 收集划定的永久基本农田、最新的土地利用变更调查、耕地质量等别评定、耕地地力调查与质量评价等成果数据。

永久基本农田划出： 市县根据国家级重点建设项目占用需求和生态退耕要求等进行永久基本农田划出。依据土地利用变更调查、耕地质量等别评定、耕地地力调查与质量评价等成果数据，统计分析划出永久基本农田的数量和质量情况。

确定永久基本农田补划潜力： 根据最新的土地利用变更调查数据，充分考虑水资源承载力约束因素，明确在已划定永久基本农田范围外、位于农业空间范围内的现状耕地，作为规划期永久基本农田保护红线的补划潜力空间。依据土地利用变更调查、耕地质量等别评定、耕地地力调查与质量评价等成果数据，明确补划潜力的数量和质量情况。

形成划定方案： 校核划出永久基本农田和可补划耕地的数量和质量情况，按照数量不减少、质量不降低要求，确定永久基本农田划定方案。最终形成市县永久基本农田划定情况表、市县永久基本农田调整补划情况表、永久基本农田调整补划分析图、永久基本农田数据库等划定成果。

4.3.2 生态保护红线

1. 生态保护红线的概念和划定原则

生态保护红线指在生态空间范围内具有特殊重要生态功能、必须强制性严格保护的区域，是保障和维护国家生态安全的底线和生命线，通常包括具有重要水源涵养、生物多样性维护、水土保持、防风固沙、海岸生态稳定等功能的生态功能重要区域，以及水土流失、土地沙化、石漠化、盐渍化等生态环境敏感脆弱区域。

生态保护红线划定原则包括以下内容。

科学性与整体性： 生态保护红线的划定必须建立在科学评估的基础上，要从整体生态系统的角度出发，考虑山水林田湖等自然要素的相互联系和影响，实现生态系统的整体保护。

生态优先与可持续性： 生态保护红线的划定要以提高生态环境质量为核心，以保障和维护生态功能为主线，确保生态系统的可持续性。

刚性与动态管理： 生态保护红线一旦划定，就应具备刚性约束力，要能实现一条红线管控重要生态空间；生态保护红线可根据生态环境变化和保护需要，在确保生态功能不降低、面积不减少、性质不改变的前提下，适时进行调整和优化，以确保生态保护红线始终能够有效保护关键生态区域。

2. 生态保护红线构成要素

生态保护红线的构成要素包括以下几点。

重要生态功能区保护红线： 通过对地区水源涵养功能、水土保持功能、生物多样性保护功能、石漠化控制及防风固沙等因素的考量，对生态系统服务功能重要性实行综合评估，划定生态功能区保护红线。

生态敏感区保护红线： 针对那些对外界干扰和环境变化具有特殊敏感性或存在潜在自然灾害影响的区域而设定的保护线，包含水土流失敏感区、生态环境脆弱区和其他具有特殊生态价值的区域。

禁止开发区生态保护红线： 包括国家公园、自然保护区等。

3. 生态保护红线的划定方法

确保红线的连续性和完整性： 生态保护红线的划定应以全国国土调查和地理国情普查的工作成果为基础。结合已有自然保护地边界和自然边界划定红线，确保划定的生态保护红线具有连续性和完整性，便于后续的管理和保护工作。

基于生态系统健康与完整性的科学评估： 通过定量与定性相结合的评估方法，对研究区域内的生态系统进行全面评估，包括生物多样性的分析、生态脆弱性的评价以及生态系统服务功能的确定。利用科学评估体系来确定生态保护的重点类型和重要区域。

空间叠加与边界确定： 在科学评估的基础上，对识别出的生态保护重点区域进行空间叠加分析，形成生态保护红线空间叠加图。根据空间叠加图，通过边界处理、现状与未来规划的衔接、跨区域协调以及上下级政府对接等步骤，精确地确定生态保护红线的边界。

动态校验与优化调整： 在生态保护红线划定完成后，进行现场校验和必要的调整。通过实地考察和监测，验证生态保护红线的划定是否合理，并根据实际情况进行必要的调整和优化，以确保生态保护红线的有效性和可操作性。

4.3.3 城镇开发边界

1. 城镇开发边界的概念

城镇开发边界是指在国土空间规划中划定的，一定时期内指导和约束城镇发展，在其区域内可以进行城镇集中开发建设，重点完善城镇功能的区域边界。城镇开发边界内可分为城镇集中建设区、城镇弹性发展区和特别用途区。通过划定城镇开发边界，防止城镇盲目扩张和无序蔓延，促进城镇发展由外延扩张向内涵提升转变，优化城镇布局形态和功能结构，提升城镇人居环境品质，推动形成边界内城镇集约高效、宜居适度，边界外山清水秀、开敞疏朗的国土空间格局。

2. 城镇开发边界划定的主要原则

节约优先、保护优先的原则。 应优先考虑节约土地资源，避免无序蔓延和过度开发。同时，要保护生态环境、自然资源和文化遗产，确保可持续发展。

顺应城镇发展需求的原则。 基于城镇的发展需求，合理预测和规划城镇未来的发展方向和规模。

提升人居环境品质的原则。 应注重提升人居环境品质，通过合理规划绿地、公共空间、交通等设施，创造宜居、宜业、宜游的城镇环境。

为城镇发展留有空间的原则。 考虑到城镇未来发展的不确定性，预留一定的发展空间，以满足未来新的发展需求。

因地制宜划定的原则。 应结合不同地区不同的自然地理条件、经济社会发展水平和文化背景等实际情况具体分析，因地制宜地制定划定方案。

3. 城镇开发边界的划定方法

识别并尊重生态保护红线和永久基本农田保护红线。 确保城镇发展不侵犯生态保护红线和永久基本农田保护红线划定的区域，实现城镇发展与生态环境保护的平衡。

综合考虑资源环境承载能力与国土空间开发适宜性评价的结果。 "双评价"结果是划定城镇开发边界的重要依据，通过对地形、地质、水文等条件的评估，确定哪些区域适合城镇开发，哪些区域应予以保护，还需考虑土地的承载能力，确保城镇发展不会对环境造成不可逆的损害。

充分考虑经济社会发展的需求。 包括预测未来人口和经济增长趋势，以及根据这些趋势确定城镇对土地、基础设施等方面的需求。通过科学预测和规划，确保城镇开发边界的划定能够满足社会经济发展的需要。

保持刚性与弹性的平衡。 城镇开发边界的划定既要有一定的刚性，以确保生态环境的保护和城镇发展的有序性，又要保持一定的弹性，以适应未来城镇发展的不确定性。这需要在划定过程中科学预留一定比例的发展空间，同时强化城镇开发边界对开发建设行为的刚性约束作用。

实施动态调整与监管。 城镇开发边界并非一成不变，而是需要根据经济社会发展和生态环境保护需求的变化进行动态调整。因此，划定方法还应包括一套科学有效的监管机制，定期对城镇开发边界进行评估和调整，以确保其始终与城镇发展需求相匹配。

关键术语

主体功能区、生态保护红线、永久基本农田、城镇开发边界

思考题

1. 简述落实和细化主体功能区的主要方法。
2. 简述国土空间用地用海结构调整的主要原则。
3. 简述生态保护红线划定的主要原则及步骤。

参考文献

[1] 张兵，林永新，刘宛，等. 城镇开发边界与国家空间治理——划定城镇开发边界的思想基础[J]. 城市规划学刊，2018（4）：16-23.
[2] 胡飞，余亦奇，郑玥，等. 生态保护红线划定方法研究[J]. 规划师，2018，34（5）：108-114.
[3] 吴次芳，叶艳妹，吴宇哲，等. 国土空间规划[M]. 北京：科学出版社，2018.
[4] 自然资源部办公厅. 关于印发《省级国土空间规划编制指南》（试行）的通知：自然资办发〔2020〕5号 [EB/OL].（2020-01-17）[2024-05-05]. https://gi.mnr.gov.cn/202001/t20200120_2498397.html.
[5] 自然资源部. 关于印发《国土空间调查、规划、用途管制用地用海分类指南》的通知：自然资办发〔2023〕234号 [EB/OL].（2023-11-22）[2024-05-05]. https://www.gov.cn/zhengce/zhengceku/202311/content_6917279.htm.
[6] 中共中央办公厅，国务院办公厅. 印发《关于在国土空间规划中统筹划定落实三条控制线的指导意见》：国务院公报2019年第32号 [EB/OL].[2024-05-05]. https://www.gov.cn/gongbao/content/2019/content_5453396.htm.

第 5 章

生态空间保护

5.1 生态资源分析

5.1.1 生态资源调查

生态资源是指为人类提供生态产品和生态服务的各类自然资源，以及由基本自然要素组成的各类生态系统等，包括森林、水域、草原、湿地、海洋、冰川、荒漠等。生态资源具有物质产品价值和生态服务价值，国土空间总体规划对生态资源的价值实现起到重要的空间支撑作用，是践行"绿水青山就是金山银山"理念的关键抓手。

通过对某一地区生态资源的全面调查和研究，可以了解该地区生态资源的类型、分布及其价值，从而为国土空间总体规划提供科学依据。常用的生态资源调研方法包括资料收集、现场勘查、专家和公众咨询、生态监测、遥感调查法等。

生态资源调查可通过对政府相关部门的调研访谈，收集自然保护地、森林、水域、草原、湿地、野生动物等生态资源的空间分布、主导功能和保护要求等历史和现状资料。现场勘查应遵循整体与重点相结合的原则，重点踏勘具有重要生态功能或较敏感的生态资源分布区域。调查生态资源利用与保护现状情况，综合分析生态资源开发利用和生态环境保护之间的平衡，综合评估相关政策法规的实施情况。

5.1.2 生态资源价值评估

生态资源价值评估可以揭示生态资源在不同地区的价值差异，为制定科学合理的生态空间规划方案提供有力支持，为国土空间规划中的生态资源优化配置提供指导，从而降低人类对生态资源的过度消耗和破坏，促进生态资源的可持续利用和生态环境的持续改善，实现社会经济与生态环境的协调发展。对生态资源的价值评估，需要明确各类生态资源的分布、数量和质量，有助于确定生态空间保护的重点区域，如生态保护区、生态控制区等。

国土空间总体规划中的生态资源价值评估主要依托"双评价"结果，从生物多样性维护、水源涵养、水土保持、防风固沙、海岸防护等方面，评估生态资源的价值大小。市县级国土空间总体规划，还可以补充地方需求较大的其他各项生态系统服务的评估，如生态资源的洪水调蓄、水质净化、高温调节、游憩服务等。生态资源价值评估方法分为实物量评估法和经济价值评估法两种方法。实物量评估法是采用生态模型直接计算生态资源提供各项服务的物质量，评估结论客观但不同服务的可比性较差。经济价值评估法是指根据生态资源提供各项服务的物质量，运用市场价值法、替代成本法、支付意愿法等方法，计算生态资源的货币价值，评估的定价具有主观性但不同服务具有可比性。

5.2 生态空间格局

5.2.1 生态空间保护目标

生态保护是指人类为实现对生态资源的合理开发、利用，维持生态系统的平衡，保障人类社会的可持续发展而采取的各类行动的总称。这些行动旨在保护生态系统的完整性、稳定性和生物多样性，防止对自然环境造成过度破坏，从而确保生态资源的可持续利用和人类社会的永续发展。生态保护的概念范畴比较广泛，包括森林、草原、湿地、河流、海洋等自然生态系统的保护，以及生物多样性、野生动植物、珍稀濒危物种的保护。同时，包括对生态敏感区和脆弱区的保护，如沙漠化地区、石漠化地区、水土流失严重地区等。生态保护可以减少自然灾害的发生，提高生态系统的稳定性和自我恢复能力，为人类提供更多的生态系统服务，如清新的空气、干净的水源、丰富的食物等。

制定和实施国土空间总体规划时，应将生态保护作为重要目标，平衡国土空间的开发利用与生态保护的关系，实现生态资源的可持续利用和生态系统的健康稳定。国土空间总体规划中的生态保护主要是对自然环境和生态系统的保护和维护，重点是对涉及保护野生动物、植物、土壤、水源等生态资源要素的空间载体，以及具有重要价值的自然生态系统的空间载体的保护。

国土空间总体规划中的生态保护，应遵循四个基本原则。①保护优先和自然恢复为主：必须遵循自然生态演替规律，尽可能减少人为干预；②问题导向和突出重点：通过制定问题导向的保护和修复计划，能够更加有效地应对生态系统的退化和危机；③因地制宜和分类施策：生态保护规划必须充分考虑地区的自然地理条件和生态系统特征，采取科学的分区分类保护措施；④综合治理和科学部署：综合考虑山水林田湖草等生态系统的整体性，综合处理保护与发展、整体和局部、长远和当前的关系。除此之外，生态保护还应考虑社会公平，维护个人都能分享到生态保护带来的福祉，并建立生态保护和经济发展的协调关系。

国土空间规划中的生态保护目标包括以下三个方面。首先，提高生态环境质量。采取措施减少污染物排放、保护重要的生态资源、修复受损的生态系统等手段，提高国土空间的生态环境质量，实现生态资源的可持续利用。其次，维护生物多样性。建立自然保护地体系，确保生态系统的完整性，保护关键的自然生态过程和重要的栖息地，维护并提升生物多样性水平。最后，提升生态安全水平。通过加强重点区域和重要生态系统保护与修复，维护各类生态系统稳定性，提高生态系统服务水平，减轻自然灾害的影响，保障区域生态安全。

5.2.2 生态空间保护策略

国土空间总体规划中的生态保护策略，包括构建区域生态安全屏障、确定生态系统服务功能重要区和生态脆弱区、提升生态系统服务水平及优化生态源地的连通性等方面。

构建生态安全屏障是国土空间总体规划中生态保护的关键策略。生态安全屏障的构建不仅关系到区域内部的生态安全，而且对更广泛的区域甚至全国的生态安全产生影响。规划应顺应自然地理格局，通过加强重点生态区域的保护和修复，建立区域生态安全屏障体系，通过构筑对环境、安全等有害要素的阻碍、缓冲或防护作用，提高生态系统的抗干扰能力和稳定性。

明确生态系统服务功能重要区和生态脆弱区是国土空间总体规划中生态保护的重要策略。生态系统服务功能重要区和生态脆弱区构成了区域生态源地，是保护各类生态系统的完整性和稳定性的基础。通过明确国家公园、自然保护区、自然公园等自然保护地体系，以及划定生态保护红线，来严格控制生态系统服务功能重要区和生态脆弱区的各类开发活动，促进区域的生态安全和可持续发展。

提升生态系统服务水平是国土空间总体规划中生态保护的另一项重要策略。通过优化土地利用结构，促进生态修复和生态建设，来提升生态系统的固碳、水源涵养、土壤保持等生态服务功能。同时，加强生态系统监测和评估，为提升生态系统服务提供科学依据。优化生态源地的连通性是提升生态系统服务功能的重要措施。通过构建生态廊道、设置生态缓冲区等方式，加强生态空间之间的连接和互通。同时，加强跨区域生态保护合作，共同推动区域生态连通性的提升。

5.2.3　生态空间格局

生态空间指具有自然属性、以提供生态服务或生态产品为主体功能的国土空间，包括森林、草原、湿地、河流、湖泊、湿地、海洋、荒漠、冰川等生态资源要素。构建区域生态空间格局，一方面应落实国家层面和上位规划的生态保护战略要求，确定国家和区域的生态安全屏障；另一方面识别重要的生态源地，通过构建多层次、网络化及具有多重功能的生态空间网络，将相对孤立的生态空间连成一个整体，这对于生物栖息地的保护和生态系统服务的协同增效至关重要。

国土空间总体规划中的生态空间格局，主要由三类格局要素构成：生态安全屏障、生态源地与生态廊道[1]。生态安全屏障对维护某一区域的安全发展具有重要意义，区域的自然地理格局和地貌形态决定了生态安全屏障。重要的生态源地由生态保护极重要区、生态保护红线、自然保护地等构成，其空间范围、形态结构不仅是生态廊道建设的基础，也极大地影响了生态空间格局的总体保护效益与保护成本。重要的生态廊道包括体系化廊道空间和结构性节点空间，是提高生态源地之间结构连接度和功能连接度的重要空间要素。

采用生态空间的分级分类规划管控政策，可以更有效地实施生态空间保护战略。分级管控，即根据生态系统服务功能重要性和生态敏感性，实施生态空间差异化的管控措施；分类管控则在是分级管控的基础上，按照各部门职能，针对各类生态空间的具体特点和需求，实施精细化的开发与利用管控。此外，在分类管控与分级管控的基础上，规划还可根据实际情况，确定生态空间近、中、远期的实施时序，分期开发，逐步完善。同时，应构建全周期监测和评估机制，及时调整保护策略，确保管控的实施效果符合生态保护目标。

---

1. 颜文涛，陈卉，万山霖，等. 省级次区域国土生态空间格局构建与管控政策：以川西北生态示范区为例［J］. 上海城市规划，2021，158（3）：8-17.

1. 生态空间格局规划

生态空间格局规划应顺应区域的自然地理格局和地貌形态，确定生态安全屏障与生态保护带，构建多层次、网络化及具有多重功能的生态空间网络，重点识别生态源地、生态廊道与战略点三类要素。规划编制方法如下：①生态源地确定。依据"双评价"结果，整合水源涵养、水土保持、生物多样性维护、防风固沙、海岸防护等生态系统服务功能极重要区，以及水土流失、石漠化、土地沙化、海岸侵蚀及沙源流失等生态极脆弱区。同时，校验合并国家级和省级的自然保护地。②生态廊道提取。首先，根据区域自然地理特征和生物迁移行为，初步确定潜在的廊道路径，重点关注连接森林、湿地、河流等自然生态系统的廊道，以及连接生态源地的生物迁移通道。其次，综合各条生态廊道主导功能与周边环境特征确定廊道宽度。此外，为确保廊道的生态功能，还需注意避免工程建设对迁移廊道的阻断。③生态战略点识别。开展实地调查和数据分析，收集相关的生态环境、生物多样性和人类活动等数据，通过数据叠加与模型模拟来确定生态战略点的位置。这些战略点主要包括廊道中连通性较高且生态功能较强的生态夹点，以及连通性较差且对廊道内生物的迁徙和基因流动阻碍较大的生态障碍点。

2. 生态空间分级管控

国土空间总体规划中的生态空间分级管控，可划定为生态保护区、生态控制区与一般生态区三个等级。

生态保护区是具有特殊重要生态功能或生态敏感脆弱，必须强制性严格保护的陆地和海洋自然区域，包括陆域生态保护红线、海洋生态保护红线集中划定的区域，一般包括具有重要水源涵养、生物多样性维护、水土保持、防风固沙、海岸生态稳定等生态保护极重要区，以及水土流失、土地沙化、石漠化、盐渍化等生态极脆弱区。生态保护区内，自然保护地核心保护区内原则上禁止一切人类活动，自然保护地核心保护区外禁止开发性、生产性建设活动，在符合法律法规的前提下，仅允许对生态功能不造成破坏的有限人为活动。生态保护红线内自然保护区、风景名胜区、饮用水水源保护区等区域，依照法律法规执行。

生态控制区是生态保护红线外需要予以保留原貌、强化生态保育和生态建设、限制开发建设的陆地和海洋自然区域。该区域很大程度上体现了生态缓冲区的作用，能够减缓农牧业开发、海洋渔业生产和城镇建设等人类活动对生态保护的影响，原则上按限制开发区域的要求进行管理。生态控制区应依法制定区域准入条件，明确允许、限制、禁止的产业和项目类型清单，加强生态用地与建设用地的功能协同，提升生态系统服务的供应水平。

一般生态区为生态保护区和生态控制区以外的所有生态空间，具有生态产品供应、特色生态旅游、林木产品生产、矿产资源开发等功能，在生态功能不退化的前提下可以进行合理的自然资源开发利用。

5.2.4 自然保护地体系

自然保护地是由各级政府依法划定或确认，对重要的自然生态系统、自然遗迹、自然景观及其所承载的自然资源、生态功能和文化价值实施长期保护的陆域或海域。建立自然保护地的目的是通过保育自然资源，保护生物多样性与地质地貌景观多样性，维护自然生态系统健康稳定，提高生态系统服务功能；自然保护地体系建立还可为人类提供优质生态产品，为全社会提供科研、教育、体验、游憩等公共服务。构建科学合理的自然保护地体系，建立统一规范高效的管理体制，并与生态保护红线衔接，是统筹管理生态空间的重要基础。

国土空间总体规划中构建自然保护地体系的步骤主要包括：①在明确保护对象、整合优化自然保护地的基础上科学划定自然保护地类型；②建立以国家公园为主体、自然保护区为基础、自然公园为补充的自然保护地体系；③提出自然保护地分级分类管控措施。其中，省级国土空间规划中需要明确省域国家公园、自然保护区、自然公园等各类自然保护地布局、规模和名录，在自然保护地体系建设的基础上，落实天然林、防护林、储备林、基本草原保护要求。市县级国土空间总体规划需要进一步落实上位国土空间规划确定的自然保护地名录，明确各自然保护地类型和规模，确定各自然保护地空间范围，绘制自然保护地分布图，同时确定重点保护内容，制定分类分区的差异化管控要求。

5.3 自然资源保护与利用

5.3.1 水资源保护与利用

水资源保护与利用是指通过国土空间总体规划调整和控制人类的各种取用水行为，使水资源系统维持一种良性循环的状态，实现水资源的可持续利用。国土空间总体规划中的水资源保护与利用主要包含控制用水总量、优化配置水资源、优化水资源利用结构、提高水资源利用效率、保障饮用水源安全等内容。

首先，规划需要明确用水总量，分区分类优化配置水资源。依据上位规划明确规划期限内用水总量控制指标，坚持以水定城、以水定地、以水定人、以水定产的"以水四定"原则，实现国土空间规划的用水总量控制目标。统筹考虑水资源总量指标和各市、县的发展需求，提出水资源分区优化配置方案。采取优先配置本地地表水资源，优化配置外调水资源，实施严控地下水、优先地表水、保障生态水、鼓励再生水的水资源分类优化配置策略。

其次，优化水资源利用结构，实现水资源供需平衡。统筹协调生活、生产和生态环境用水的关系，优先保障居民生活用水和基本生态用水。统筹安排工业、农业和其他行业用水，生活用水适度从宽，工业用水从紧，农业用水适度节约。同时，加大城市再生水、中水、矿井水、雨水等非常规水源的利用力度，推进非常规水资源利用建设。实现区域水资源的供需平衡，以水资源的可持续利用，支撑经济社会的可持续发展。

再次，提高水资源利用效率。减少高耗水农作物种植面积，合理调整农业生产布局和农作物种植结构，加强节水灌溉技术改造。提高工业用水效率，加强工业用水循环利用。推动生活节水和提高可再生水源的利用效率。对缺水地区须优化种植结构，限制种植高耗水农作物，同时严格控制高耗水工业，鼓励发展用水效率高的高新技术产业。

最后，保障饮用水源安全。对地表水源地、地下水源地依法划定饮用水水源保护区，饮用水水源保护区内不得新增开发项目和排污口，加强对可能污染饮用水水体活动的监管。采取水源涵养林建设、生态农业推广、污染源综合整治等措施，保障水源地安全。采用多种途径保障应急备用水源，确保饮用水水源水质安全。

5.3.2　森林资源保护与利用

森林资源保护与利用通过国土空间总体规划强化森林资源监管，提升森林资源生态品质和综合服务功能，以达到森林资源的可持续利用目标。国土空间总体规划中的森林资源保护与利用，不只是以林地保护为目的的活动，同时也是积极地开发利用林地资源以提高综合效益的活动，主要包括森林资源保护和优化配置、森林资源建设和森林资源利用结构优化等内容。

通过明确林地保有量和森林覆盖率指标，制定森林资源的分类、分区及分级管理政策，以实现森林资源保护和优化配置的目标。从空间布局上统筹好森林资源的生态产品供应与社会经济生产的关系，统筹规划以生态服务为主体功能的公益林地，以及以生产果品和其他林产品为主体功能的商品林地，实现林地资源的分类分区优化配置。严格林地用途管制，实施森林资源的分类管理，提升公益林的生态服务功能和商品林的集约化经营，发挥森林资源的复合功能。根据生态系统服务的重要性以及现状林地的地类属性等指标，科学划定森林资源的保护等级和主导功能，并制定相应的分级保护与利用措施，严格保护天然林和各类公益林地。

除了保护现有森林资源外，通过围绕城镇周边、交通干道沿线、农田等区域，以乡土树种为主，提出国土空间森林资源规划分区建设措施，以提升森林质量并适度增加森林数量。以河流廊道和高速沿线为重点，实施市、县域的区域生态廊道和城乡绿带建设。在农田集中区，新建与补植补造、更新改造相结合，建设高标准农田林网体系。以疏林地、灌木林地、退化林地等造林绿化适宜空间为载体，统筹确定森林建设空间和位置，落实到国土空间规划"一张图"上。

通过合理调整公益林、商品林等林分结构，优化森林资源利用结构，发挥森林资源的复合功能。优先保障重点公益林空间，提高公益林的质量和生态效益。充分利用森林资源发展壮大森林康养、生态教育等生态产业，分类开展灌木林经营，有条件的区域可以发展林下循环经济。

5.3.3　草原资源保护与利用

草原资源保护与利用依据草原资源类型及其所在的自然环境特征，确定草原的保护、修复和利用方式，以改善草原生态环境，实现草原可持续利用。国土空间总体规划中的草原资源保护与利用，主要包括草原资源保护、草原资源合理开发及退化草原生态修复等内容。

通过划定基本草原并确保基本草原面积稳定，是实现草原资源保护的重要规划措施。须保护重要生态功能和生态脆弱区的草地资源，维持草原生态系统的完整性和稳定性，增强草原生态系统的服务功能，维持生物多样性。有条件的区域可以推进国家草原自然公园试点，将具有较高生态保护的草原生态系统，划入自然保护地体系加以严格保护。依据草原类型和主导功能，实施分类分区管理政策，严格草地的用途管制政策。以下几类草原被划为基本草原：①作为重点保护野生动植物生境的草原；②对调节气候、涵养水源、保持水土、防风固沙具有特殊作用的草原；③重要放牧场和割草地；④用于畜牧业生产的人工草地、退耕还草地、改良草地以及草种基地。

通过合理利用草原资源，充分挖掘草原的生态产品和文化服务功能。依据草原的资源特征，提出放牧草地、割草地、药用草地和蜜源草地的开发措施。合理的放牧制度和适当的载畜量是维持草地生态平衡的关键，通过优化畜牧业结构，实行以草定畜、草畜平衡，防止超载放牧。依托草原独特的自然景观和历史文化，开发草原旅游资源，促进生态旅游与草原资源保护的协调发展，支撑地方经济的可持续发展。条件适宜的区域还可发展草产品加工业，推进观赏草资源的选育培育。

分析草原退化状况及其影响因素，提出退化草原的生态修复规划措施。落实沙化土地封禁保护区管理要求，提出草原退化、沙化的治理措施，加强草原有害生物防治，遏制草原退化趋势，加快恢复和提高草原生态环境质量。通过采取放牧管理、草地轮牧和种草养畜等管理措施，缓解草畜矛盾，遏制草原退化。采取植被恢复、水土保持、土壤改良等措施，修复退化的草原生态系统，实现草地资源的可持续利用，提出草原生态修复治理的工程清单。

5.3.4　河湖湿地资源保护与利用

河湖湿地资源保护与利用依据河湖湿地的资源类型，明确河湖湿地资源的保护、修复和合理利用方式，以确保河湖湿地的生物多样性和生态系统服务得到有效维护和提升，以促进河湖湿地资源的综合效益。国土空间总体规划中的河湖湿地资源保护与利用，主要包括河湖湿地资源的功能和结构优化、湿地资源的分区分级保护、湿地资源的合理开发等内容。

划定河湖管理线，严格保护水域空间。加强河流、湖泊的水域空间管理，以保护现有水域空间稳定为主，确定水域空间保有量，明确水面率和河网密度的规划指标。划定河流、湖泊管理控制线，明确河流、湖泊的临水控制边界线和外缘控制边界线，提出各级控制线的用途管制政策。确定河流、湖泊的岸线功能区，岸线开发利用项目必须符合岸线功能区划的规定及管理要求。确定河流、湖泊管理层级，明确城镇新建地区在各等级河湖管理线外的缓冲区，并建立纳入河道管理范围的河湖名录。

强化湿地资源的总量管控，实行湿地资源的分级管理，严格湿地空间的用途管制。明确湿地资源的底图底数，包括湿地资源类型、数量和空间布局，优化湿地生态系统的功能和结构，确定湿地资源保护面积及保护范围，建立重要湿地保护名录。重点保护自然保护区、自然公园的湿地，逐渐形成覆盖面广、连通性强、层级合理的湿地保护格局，实现湿地面积不减少和功能不降低的目标。明确湿地资源的分级管理体系，提出差异化的湿地资源分级管控要求。将湿地分为重要湿地和一般湿地，重要湿地包括国家重要湿地和省级重要湿地，重要湿地以外的湿地为一般湿地，重要湿地依法划入生态保护红线。提出湿地空间的用途管制政策，严格控制河流源头和蓄滞洪区、水土流失严重区等区域的湿地开发利用活动，保障天然湿地生态需水量，避免人类活动对湿地环境的过度干扰，遏制湿地功能退化。

合理开发湿地资源，从生态旅游、教育科研及其他湿地生态产品等方面，充分挖掘湿地资源的复合生态服务功能。依据湿地生态系统服务特征和自然景观特色，适度开展湿地科研、教育、体验、游憩等生态旅游活动，适度推进有机农业、水产养殖、湿地花卉等生态化产业，协调湿地资源保护与开发，引导湿地资源可持续利用。

5.3.5 矿产资源开发与保护

矿产资源开发与保护通过国土空间规划落实省级主体功能区战略，结合市、县矿产资源分布和开发利用条件，以及基于资源环境承载力条件，优化矿产资源勘查和开发格局，强化矿产资源勘查开发空间管控，构建勘查开发定位清晰、资源环境协调发展的开发空间格局，实现矿产资源的可持续利用。国土空间总体规划中的矿产资源保护与利用，主要包括构建矿产资源勘查开发总体格局、划定矿产资源开采保护线等内容。

确定矿产资源勘查开发总体格局。 通过调查现状矿产资源的储量、分布、品质、开采条件及经济价值，评估矿产资源开采的潜在环境影响，进而分析为矿产资源开发提供支撑的交通、能源、水源等基础设施条件，构建以国家规划矿区、重点勘查区、重点开采区、集中开采区为主体的矿产资源勘查开发保护总体格局。落实上一级总体规划和相关专项规划的要求，稳定和巩固传统矿产资源的生产空间，明确矿产资源重点开采区、集中开采区和开采规划区块，以及明确矿产资源重点勘查区和勘查规划区块。

划定矿产资源开采保护线，加强矿产资源勘查开发管控。 划定已设采矿权、拟设采矿权、已设探矿权、拟设探矿权等矿产资源开采保护线。分析矿产资源现状开采区和规划开采区与城镇分布和人类活动之间的空间关系，优化调整矿产资源开采保护线。严格控制永久基本农田、生态保护红线、饮用水水源保护区、地质遗迹保护区等保护范围内新设开采区。统筹规划采矿用地规模和布局，合理安排采矿项目新增用地的布局、规模和时序，对持证矿山、规划拟设采矿权矿山用地布局纳入各级国土空间总体规划并纳入国土空间规划"一张图"。加强矿山生态环境保护工作，减少矿产资源开发对生态环境的破坏。

关键术语

生态资源、自然保护地、森林资源保护与利用

思考题

1. 生态资源价值评估方法可以分为哪两类？请简述每类方法的基本内涵与优缺点。

2. 解释国土空间规划中生态空间格局的关键构成要素，并详细说明它们的作用。

3. 什么是生态空间分级管控？请详细描述其各个等级和各自的管理措施。

4. 简述水资源保护与利用规划编制应遵循的原则，简要说明水资源保护与利用规划编制方法。

参考文献

[1] 中共中央办公厅，国务院办公厅．印发《关于建立以国家公园为主体的自然保护地体系的指导意见》：中办发〔2019〕42号［EB/OL］．［2024-05-05］．https://www.gov.cn/zhengce/2019-06/26/content_5403497.htm.

[2] 自然资源部办公厅．关于印发《省级国土空间规划编制指南》(试行)的通知：自然资办发〔2020〕5号［EB/OL］．（2020-01-17）［2024-05-05］．https://gi.mnr.gov.cn/202001/t20200120_2498397.html.

[3] 宁夏回族自治区自然资源厅办公室．关于印发《宁夏回族自治区市县国土空间总体规划编制指南（2023年修订版）》《宁夏回族自治区市县国土空间总体规划成果审查技术细则》的通知：宁自然资办发〔2023〕21号［EB/OL］．（2023-03-31）［2024-05-05］．https://zrzyt.nx.gov.cn/gk/fdzdgknr/tzgg/202304/t20230404_4019342.html.

[4] 颜文涛，陈卉，万山霖，等．省级次区域国土生态空间格局构建与管控政策：以川西北生态示范区为例［J］．上海城市规划，2021，158（3）：8-17.

[5] 陈倩茹，吴曼玉，谢花林．湿地资源生态产品价值实现：基本逻辑、核心机制与模式［J］．自然资源学报，2023，38（10）：2490-2503.

第 6 章

耕 地 保 护

6.1 耕地保护政策

6.1.1 耕地保护制度

根据《中华人民共和国土地管理法》，国家保护耕地，严格控制耕地转为非耕地。2017年，《中共中央 国务院关于加强耕地保护和改进占补平衡的意见》首次正式提出要坚持耕地数量、质量、生态"三位一体"保护，通过加强耕地管控、建设、激励多措并举保护，落实藏粮于地、藏粮于技战略，提高粮食综合生产能力，保障粮食安全。

我国实行最严格的耕地保护制度，落实"长牙齿"的耕地保护硬措施。严守耕地总量，落实耕地占补平衡措施，"以补定占"，严格控制占用耕地，保持耕地数量总体稳定，牢牢守住18亿亩耕地红线。提升耕地质量，推进高标准农田建设，实施耕地提质改造，优先把东北黑土地区、平原地区、具备水利灌溉条件地区的耕地建成高标准农田，提升耕地质量。综合采取工程、生物、农艺等多种措施进行退化耕地治理、污染耕地阻控修复，因地制宜试行轮作休耕等保护性耕作制度，用地与养地并行，平衡土壤养分，保护土壤肥力，提升耕地产能。

6.1.2 永久基本农田保护制度

根据《基本农田保护条例》（1999年1月1日起施行），基本农田是指按照一定时期人口和社会经济发展对农产品的需求，依据土地利用总体规划确定的不得占用的耕地。2008年，中共十七届三中全会提出"永久基本农田"的概念。《中华人民共和国土地管理法》（2019年修订）明确，国家实行永久基本农田保护制度。应该划入永久基本农田进行严格保护的耕地包括：经国务院农业农村主管部门或者县级以上地方人民政府批准的粮、棉、油、糖等重要农产品生产基地内的耕地；有良好的水利与水土保持设施的耕地，正在实施改造计划以及可以改造的中、低产和已建成的高标准农田；蔬菜生产基地；农业科研、教学试验田；国务院规定应当划为永久基本农田的其他耕地。

各级国土空间规划中应严格落实划定永久基本农田保护控制线。各省、自治区、直辖市划定的永久基本农田一般应当占本行政区域内耕地的 80% 以上，具体比例由国务院根据各省、自治区、直辖市耕地实际情况规定。永久基本农田划定以乡（镇）为单位进行，由县级人民政府自然资源主管部门会同同级农业农村主管部门组织实施。永久基本农田应当落实到地块，纳入国家永久基本农田数据库严格管理。乡（镇）人民政府应当将永久基本农田的位置、范围向社会公告，并设立保护标志。

永久基本农田经依法划定后，任何单位和个人不得擅自占用或者改变其用途。国家能源、交通、水利、军事设施等重点建设项目选址确实难以避让永久农田，涉及农用地转用或者土地征收的，必须经国务院批准。禁止通过擅自调整县级国土空间总体规划、乡（镇）级国土空间规划等方式规避永久基本农田农用地转用或者土地征收的审批。

永久基本农田现状种植粮食作物的，继续保持不变；永久基本农田现状种植棉、油、糖、蔬菜等非粮食作物的，可以维持不变，也可以结合国家和地方种粮补贴有关政策引导向种植粮食作物调整。种植粮食作物的情形包括在耕地上每年至少种植一季粮食作物和符合国土调查的耕地认定标准，采取粮食与非粮食作物间作、轮作、套种的土地利用方式。

永久基本农田不得转为林地、草地、园地等其他农用地及农业设施建设用地。严禁占用永久基本农田发展林果业和挖塘养鱼；严禁占用永久基本农田种植苗木、草皮等用于绿化装饰以及其他破坏耕作层的植物；严禁占用永久基本农田挖湖造景、建设绿化带；严禁新增占用永久基本农田建设畜禽养殖设施、水产设施和破坏耕作层的种植业设施。

建设项目经依法批准占用永久基本农田的，应在落实耕地占补平衡基础上，按照数量不减、质量不降原则，在可以长期稳定利用的耕地上落实永久基本农田补划任务。

在土地整理复垦开发和高标准农田建设中，开展必要的灌溉及排水设施、田间道路、农田防护林等配套建设涉及少量占用或优化永久基本农田布局的，要在项目区内予以补足；难以补足的，县级自然资源主管部门要在县域范围内同步落实补划任务。

6.1.3　粮食安全控制线

粮食安全控制线指为了确保国家粮食安全和农业可持续发展，在国土空间规划中划定的特定区域或标准，旨在保护农业用地，保障粮食生产稳定发展，粮食供求基本平衡，防止非农业活动对农业用地的侵占，确保粮食生产的稳定性和可持续性。

粮食安全控制线划定原则包括以下内容。①优先保障粮食生产：在划定粮食安全控制线时，应优先考虑保障粮食生产，特别是稻谷、小麦、玉米三大主要谷物的种植面积，这是确保国家粮食自给自足的基础；②满足基本食物需求：划定的耕地面积和粮食产量必须能够满足国内人口的基本食物需求，这意味着粮食安全控制线的划定应以满足人民的基本生活需求为出发点和落脚点；③严守耕地红线：必须严格遵守耕地红线，确保耕地面积不低于国家规定的最低标准，18亿亩耕地是我国粮食安全不可逾越的红线，其中15.6亿亩永久基本农田更是保障粮食基本自给的安全底线，这一原则强调了保护耕地资源的重要性和紧迫性；④灵活性与可持续性并重：在划定粮食安全控制线时，既要考虑当前的粮食生产需求，又要兼顾未来的可持续发展，应根据不同地区、不同时期的实际情况，灵活调整控制线的划定，同时注重保护生态环境，确保粮食生产的可持续性。

粮食安全控制线的构成要素如下。①粮食生产功能区：根据土地、气候和农业条件划定，专门用于粮食作物的种植和生产，以稳定和提高粮食产量，包括水稻生产功能区、小麦生产功能区和玉米生产功能区等，以确保主要粮食作物的稳定生产；②永久基本农田保护区：粮食生产的精华区域，几乎承担着全部粮食生产任务。这些区域受到特殊保护，严格限制非农业建设和开发活动，以确保农田的持续利用和粮食的稳定生产；③高标准农田：高标准农田是提高粮食产量的重要基础，是经过整治和建设后达到较高标准的农田，拥有优越的农业设施和高效的土地利用方式，能够大幅度提高粮食产量和质量。

6.1.4　耕地用途管制

《中华人民共和国土地管理法》明确，国家保护耕地，严格控制耕地转为非耕地。2021年，自然资源部、农业农村部、国家林业和草原局联合印发《关于严格耕地用途管制有关问题的通知》明确了耕地用途管制的相关要求，具体如下。

分类明确耕地用途，严格落实耕地利用优先序，制止耕地"非农化"、防止耕地"非粮化"。耕地主要用于粮食和棉、油、糖、蔬菜等农产品及饲草饲料生产，永久基本农田重点用于粮食生产，高标准农田原则上全部用于粮食生产。严格落实永久基本农田保护制度（详见6.1.2节）。永久农田之外的一般耕地主要用于粮食和棉、油、糖、蔬菜等农产品及饲草饲料生产；在不破坏耕地耕作层且不造成耕地地类改变的前提下，可以适度种植其他农作物。

不得在一般耕地上挖湖造景、种植草皮。

不得在国家批准的生态退耕规划和计划外擅自扩大退耕还林还草还湿还湖规模。经批准实施的，应当在第三次全国国土调查底图和年度国土变更调查结果上，明确实施位置，带位置下达退耕任务。

不得违规超标准在铁路、公路等用地红线外，以及河渠两侧、水库周边占用一般耕地种树建设绿化带。

未经批准不得占用一般耕地实施国土绿化。经批准实施的，应当在第三次全国国土调查底图和年度国土变更调查结果上明确实施位置。

未经批准工商企业等社会资本不得将通过流转获得土地经营权的一般耕地转为林地、园地等其他农用地。

确需在耕地上建设农田防护林的，应当符合农田防护林建设相关标准。建成后达到国土调查分类标准并变更为林地的，应当从耕地面积中扣除。

严格控制新增农村道路、畜禽养殖设施、水产养殖设施和破坏耕作层的种植业设施等农业设施建设用地使用一般耕地。确需使用的，应经批准并符合相关标准。

对耕地的占用，严格落实耕地占补平衡政策（详见6.1.5节）。

6.1.5 耕地占补平衡

《中华人民共和国土地管理法》明确，"国家实行占用耕地补偿制度。非农业建设经批准占用耕地的，按照'占多少，垦多少'的原则，由占用耕地的单位负责开垦与所占用耕地的数量和质量相当的耕地；没有条件开垦或者开垦的耕地不符合要求的，应当按照省、自治区、直辖市的规定缴纳耕地开垦费，专款用于开垦新的耕地。"当前，随着耕地占补平衡政策的不断实践，原有以"建设用地"占用为主的"小占补"正在扩展为涵盖了各类"非农业建设"的"大占补"，也就是将调整耕地占补平衡管理范围，将非农建设、造林种树、种果种茶等各类占用耕地行为统一纳入耕地占补平衡管理；将盐碱地等未利用地、低效闲置建设用地以及适宜恢复为优质耕地的园地、林地、草地等其他农用地统筹作为补充耕地来源；坚持"以补定占",严格落实先补后占和占一补一、占优补优、占水田补水田,在实现耕地总量动态平衡的前提下,将省域内稳定利用耕地净增加量作为下年度非农建设允许占用耕地规模上限;加强补充耕地补偿激励,将补充耕地费用主要用于耕地保护与质量建设,调动相关主体保护耕地的积极性;健全补充耕地质量验收制度,配合农业农村主管部门加强补充耕地质量管理,完善补充耕地质量验收办法,强化质量刚性约束。

耕地占补平衡必须符合以下要求。

(1)在符合生态保护要求的前提下,通过组织实施土地整理复垦开发及高标准农田建设等,经验收能长期稳定利用的新增耕地可用于占补平衡。

(2)积极支持在可以垦造耕地的荒山荒坡上种植果树、林木,发展林果业,同时,将在平原地区原地类为耕地上种植果树、植树造林的地块,逐步退出,恢复耕地属性。其中,第二次全国土地调查不是耕地的,新增耕地可用于占补平衡。

(3)除少数特殊紧急的国家重点项目并经自然资源部同意外,一律不得以先占后补承诺方式落实耕地占补平衡责任。经同意以承诺方式落实耕地占补平衡的,必须按期兑现承诺。到期未兑现承诺的,直接从补充耕地储备库中扣减。

(4)垦造的林地、园地等非耕地不得作为补充耕地用于占补平衡。城乡建设用地增减挂钩实施中,必须做到复垦补充耕地与建新占用耕地数量相等、质量相当。

(5)对违法违规占用耕地从事非农建设,先冻结储备库中违法用地所在地的补充耕地指标,拆除复耕后解除冻结;经查处后,符合条件可以补办用地手续的,直接扣减储备库内同等数量、质量的补充耕地指标,用于占补平衡。

(6)县域范围内难以落实耕地占补平衡的,省级自然资源主管部门要加大补充耕地指标省内统筹力度,保障重点建设项目及时落地。

国家建立统一的补充耕地监管平台,严格补充耕地监管。按照"国家管总量、省级负总责、市县抓落实"的要求,建立分级负责、职责明确、监管有力的占补平衡责任落实机制。严格控制跨省域补充耕地规模,从严规范省域内补充耕地指标调剂管理,将补充耕地指标调剂统一纳入省级管理平台。

6.1.6 耕地补充和战略储备

在严格保护生态的前提下,拓展补充耕地的空间和途径。结合资源环境承载能力评价,根据地块植被状况、地形坡度、灌溉排水条件、有效土层厚度等条件,综合考虑交通、水源等因素，并剔除城镇开发边界、生态保护红线等不适宜开发地块，科学划定耕地战略储备区，引导宜耕后备资源适度开发，实施土地整治、高标准农田建设、城乡建设用地增减挂钩、历史遗留工矿废弃地复垦等项目，统筹利用盐碱地等未利用地、其他农用地、低效闲置建设用地等各类非耕地作为补充耕地来源，禁止开垦严重沙化土地，禁止在坡度25度以上的陡坡开垦耕地，禁止违规毁林开垦耕地。新增加的可以长期稳定利用的耕地，用于落实补充耕地任务。

6.2 耕地质量调查监测和评价

6.2.1 耕地质量调查

耕地质量是指由耕地地力、土壤健康状况和田间基础设施构成的满足农产品持续产出和质量安全的能力。其中，耕地地力是指在当前管理水平下，由土壤立地条件、自然属性等相关要素构成的耕地生产能力；土壤健康状况是指作为一个动态生命系统具有的维持其功能的持续能力，一般用清洁程度、生物多样性表示[1]。耕地质量调查包括耕地质量普查、专项调查和应急调查。

耕地质量普查是以摸清耕地质量状况为目的，按照统一的技术规范，对全国耕地自下而上逐级实施现状调查、采样测试、数据统计、资料汇总、图件编制和成果验收的全面调查。耕地质量普查由农业主管部门（农业农村部）根据农业生产发展需要，会同有关部门制定工作方案，经国务院批准后组织实施。

耕地质量专项调查包括耕地质量等级调查、特定区域耕地质量调查、耕地质量特定指标调查和新增耕地质量调查。其中，耕地质量等级调查是为评价耕地质量等级情况而实施的调查，各级耕地质量监测机构负责组织本行政区域内耕地质量等级调查。各级耕地质量监测机构应当运用耕地质量调查和监测数据，对本行政区域内耕地质量等级情况进行评价。国家农业主管部门每5年发布一次全国耕地质量等级信息。省级人民政府农业主管部门每5年发布一次本行政区域耕地质量等级信息，并报国家农业主管部门备案。

根据国家标准《耕地质量等级》（GB/T 33469—2016），耕地质量等级划分是从

---

1. 土壤清洁程度反映了土壤受重金属、农药和农膜残留等有毒有害物质影响的程度；生物多样性反映了土壤生命力丰富程度。

农业生产角度出发，通过综合指数法对耕地地力、土壤健康状况和田间基础设施构成的满足农产品持续产出和质量安全进行评价划分出的等级。耕地质量划分十个耕地质量等级。耕地质量综合指数越大，耕地质量水平越高。一等地耕地质量最高，十等地耕地质量最低。

我国幅员辽阔，地区差异大，因此耕地质量评价指标的确定要考虑区域差异。《耕地质量等级》（GB/T 33469—2016）中根据综合农业区划和耕地特点差异将全国划分为东北区、内蒙古及长城沿线区、黄淮海区、黄土高原区、长江中下游区、西南区、华南区、甘新区、青藏区9大区域，并在"附录"中明确了各区域耕地质量划分指标的要求。

各区域耕地质量指标由基础性指标和区域补充性指标组成，其中，基础性指标包括地形部位、有效土层厚度、有机质含量、耕层质地、土壤容重、质地构型、土壤养分状况、生物多样性、清洁程度、障碍因素、灌溉能力、排水能力、农田林网化率等13个指标。区域补充性指标包括耕层厚度、田面坡度、盐渍化程度、地下水埋深、酸碱度、海拔高度等6个指标。

6.2.2 耕地质量监测

耕地质量监测是通过定点调查、田间试验、样品采集、分析化验、数据分析等工作，对耕地土壤理化性状、养分状况等质量变化开展的动态监测。

我国以农业农村部耕地质量监测机构和地方耕地质量监测机构为主体，以相关科研教学单位的耕地质量监测站（点）为补充，构建起覆盖面广、代表性强、功能完备的国家耕地质量监测网络。

农业农村部耕地质量监测机构负责耕地质量区域监测站、国家耕地质量监测点的监管、收集、汇总、分析耕地质量监测数据，跟踪国内外耕地质量监测技术发展动态。地方耕地质量监测机构负责本行政区域内耕地质量区域监测站、耕地质量监测点的具体管理，收集、汇总、分析耕地质量监测数据，协助农业农村部耕地质量监测机构开展耕地质量监测。

6.2.3 耕地质量评价

耕地质量评价包括耕地质量等级评价、耕地质量监测评价、特定区域耕地质量评价、耕地质量特定指标评价、新增耕地质量评价和耕地质量应急调查评价。各级耕地质量监测机构应当运用耕地质量调查和监测数据，对本行政区域内耕地质量等级情况进行评价。

各级耕地质量监测机构应当运用监测数据，对本行政区域内耕地质量主要性状变化情况进行评价。各级耕地质量监测机构应当运用调查资料，根据需要对特定区域的耕地质量及其相关情况进行评价，对耕地质量特定指标现状及变化趋势进行评价。县级以上地方人民政府农业主管部门应当对新增耕地、占补平衡补充耕地开展耕地质量评价，并出具评价意见。各级耕地质量监测机构应当根据应急调查结果，配合相关部门对耕地污染或破坏的程度进行评价，提出修复治理的措施建议。

6.3 耕地布局优化

6.3.1 永久基本农田保护和建设

严格落实永久基本农田保护和建设，确保永久基本农田数量不减、质量提升、布局稳定。

各级国土空间总体规划按照保质保量的要求逐级分解落实国家下达的永久基本农田保护任务，优先划定永久基本农田保护红线作为国土空间规划的基本控制线之一。永久基本农田一经划定，必须严格保护，永久基本农田保护要求详见6.1.2节。

严格禁止城乡建设中擅自调整永久基本农田保护红线，统筹生态建设与永久基本农田保护，不得在调整城镇开发边界和生态保护红线中擅自调整永久基本农田保护控制线。

开展永久基本农田质量建设，须根据全国高标准农田建设规划等规划安排，优先在永久基本农田上开展高标准农田建设，提高永久基本农田质量，逐步把永久基本农田全部建设成高标准农田。开展农村土地综合整治涉及永久基本农田调整的，在确保耕地数量有增加、质量有提升、生态环境有改善的前提下，制定所在项目区范围内永久基本农田调整方案，由省级自然资源主管部门会同农业农村主管部门负责审核，并在事中、事后监管。项目完成并通过验收后，更新完善永久基本农田数据库。

建立健全耕地质量调查监测与评价制度，完善耕地和永久基本农田质量监测网络，定期对永久基本农田质量水平进行全面评价并发布评价结果，根据评价结果采取工程、生物、农艺等措施，开展农田整治、土壤配肥改良、退化耕地综合治理、污染耕地阻控修复等，有效提升永久基本农田综合生产能力。

建立永久基本农田储备区，保障永久基本农田的补划需求。

6.3.2　永久基本农田储备区

永久基本农田储备区是在永久基本农田之外划定的其他质量较好、具备调整补充为永久基本农田的耕地，是重大建设项目占用永久基本农田或者永久基本农田调整的主要补划来源。

省级自然资源主管部门会同农业农村主管部门根据未来一定时期内重大建设项目占用、生态建设等补划永久基本农田需要，确定市县永久基本农田储备区划定目标任务，负责组织验收及汇交永久基本农田储备区划定方案和成果数据库。

县级以上人民政府自然资源主管部门应当会同同级农业农村主管部门组织划定永久基本农田储备区，将土地综合整治、耕地恢复等新增优质耕地及时划入储备区。优先划为永久基本农田储备区的耕地包括：已经建成的高标准农田；土地综合整治新增加的耕地；与已划定的永久基本农田集中连片，质量高于本地区平均水平且坡度小于15度的耕地；有良好的水利与水土保持设施的耕地；从园地、林地等其他农用地恢复的优质耕地。

重大建设项目占用或整改补划永久基本农田的，直接在储备区中补划。储备区内耕地补划前按一般耕地管理和使用，并根据补划和土地综合整治、农田整治、高标准农田建设和土地复垦等新增加耕地情况，结合年度国土变更调查对永久基本农田储备区进行补充更新。

6.3.3　粮食生产功能区

粮食生产功能区是指以永久基本农田为基础，水土资源条件较好、基础设施较为完善、相对集中连片的地块，包括稻谷、小麦、玉米生产功能区，是确保粮食产能的核心区域。

根据《国务院关于建立粮食生产功能区和重要农产品生产保护区的指导意见》

（国发〔2017〕24号），全国划定粮食生产功能区9亿亩，其中6亿亩用于稻麦生产。以东北平原、长江流域、东南沿海优势区为重点，划定水稻生产功能区3.4亿亩；以黄淮海地区、长江中下游、西北及西南优势区为重点，划定小麦生产功能区3.2亿亩（含水稻和小麦复种区6 000万亩）；以松嫩平原、三江平原、辽河平原、黄淮海地区以及汾河和渭河流域等优势区为重点，划定玉米生产功能区4.5亿亩（含小麦和玉米复种区1.5亿亩）。

粮食生产功能区的划定应同时具备以下条件：水土资源条件较好，坡度在15度以下的永久基本农田；相对集中连片，原则上平原地区连片面积不低于500亩，丘陵地区连片面积不低于50亩；农田灌排工程等农业基础设施比较完备，生态环境良好，未列入退耕还林还草、还湖还湿、耕地休耕试点等范围；具有粮食种植传统，近三年播种面积基本稳定；优先选择已经建成或规划建设的高标准农田划定为粮食生产功能区。

根据全国粮食生产功能区划定总规模和各省（区、市）现有基本农田保护面积、粮食种植面积等因素，将划定任务分解落实到各省（区、市）。各省（区、市）根据划定标准和任务，综合考虑当地资源禀赋、发展潜力、产销平衡等情况，将本省（区、市）的面积细化分解到县（市、区），要将产粮大县作为粮食生产功能区划定的重点县。县级人民政府根据国土空间开发保护利用、农业发展等相关规划，按照全国统一标准和分解下达的划定任务，结合农村土地承包经营权确权登记颁证和永久基本农田划定工作，明确粮食生产功能区具体地块并统一编号，标明"四至"及拐点坐标、面积以及灌排工程条件、作物类型、承包经营主体、土地流转情况等相关信息。依托国土空间规划"一张图"和综合监管平台，建立电子地图和数据库，建档立卡、登记造册。

6.3.4　重要农产品生产保护区

重要农产品生产保护区是指以永久基本农田为基础，水土资源条件较好、基础设施较为完善、相对集中连片的地块，包括大豆、棉花、油菜籽、糖料蔗、天然橡胶生产保护区，是稳定棉油糖胶自给水平的重要基础。

根据《国务院关于建立粮食生产功能区和重要农产品生产保护区的指导意见》（国发〔2017〕24号），全国划定重要农产品生产保护区2.38亿亩（与粮食生产功能区重叠8 000亩）。以东北地区为重点，黄淮海地区为补充，划定大豆生产保护区1亿亩（含小麦和大豆复种区2 000万亩）；以新疆为重点，黄河流域、长江流域主产区为补充，划定棉花生产保护区 3 500 万亩；以长江流域为重点，划定油菜籽生产保护区 7 000 万亩（含水稻和油菜籽复种区 6 000 万亩）；以广西、云南为重点，划定糖料蔗生产保护区 1 500 万亩；以海南、云南、广东为重点，划定天然橡胶生产保护区 1 800 万亩。

重要农产品生产保护区的划定应同时具备以下条件：水土资源条件较好，坡度在 15 度以下的永久基本农田；相对集中连片，原则上平原地区连片面积不低于 500 亩，丘陵地区连片面积不低于 50 亩；农田灌排工程等农业基础设施比较完备，生态环境良好，未列入退耕还林还草、还湖还湿、耕地休耕试点等范围；具有重要农产品种植传统，近三年播种面积基本稳定；天然橡胶生产保护区划定必须在风寒侵袭少、海拔高度低于 900 米的宜胶地块。优先选择已经建成或规划建设的高标准农田划定重要农产品生产保护区。

根据全国重要农产品生产保护区划定总规模和各省（区、市）现有永久基本农田保护面积、重要农产品种植面积等因素，将划定任务分解落实到各省（区、市）。各省（区、市）根据划定标准和任务，综合考虑当地资源禀赋、发展潜力、产销平衡等情况，将本省（区、市）的面积细化分解到县（市、区）。县级人民政府根据国土空间开发保护利用、农业发展等相关规划，按照全国统一标准和分解下达的划定任务，结合农村土地承包经营权确权登记颁证和永久基本农田划定工作，明确重要农产品生产保护区具体地块并统一编号，标明"四至"及拐点坐标、面积以及灌排工程条件、作物类型、承包经营主体、土地流转情况等相关信息。依托国土空间规划"一张图"系统，建立电子地图和数据库，建档立卡、登记造册。

6.3.5　宜耕后备资源开发

宜耕后备资源是指没有被规划成农业用地，但通过土地整治或耕地恢复可以开发成耕地的其他草地、盐碱地、沙地、裸土地等用地。

各地应根据耕地后备资源调查评价成果，结合水资源保障、生态环保等因素，合理确定耕地后备资源开发规模，结合本地耕地占补平衡项目建设需求，加大盐碱地、沙地等整治力度，合理开发宜耕后备资源，为耕地占补平衡提供支撑保障。

6.3.6　耕地恢复

耕地恢复是指对生产、建设过程中因挖损、塌陷、压占等造成破坏的土地，采取整治措施，使其恢复到可供耕种的状态。根据《自然资源部 农业农村部 国家林业和草原局关于严格耕地用途管制有关问题的通知》（自然资发〔2021〕166号），各地对于2020年9月《国务院办公厅关于坚决制止耕地"非农化"行为的通知》（国办发明电〔2020〕24号）和2020年11月《国务院办公厅关于防止耕地"非粮化"稳定粮食生产的意见》（国办发〔2020〕44号）印发之前，将耕地转为林地、草地、园地等其他农用地的，应根据实际情况，稳妥审慎处理，不允许"简单化""一刀切"，统一强行简单恢复为耕地。两个通知印发后，违反"通知"精神，未经批准改变永久基本农田耕地地类的，应稳妥处置并整改恢复为耕地；未经批准改变一般耕地地类的，原则上整改恢复为耕地，确实难以恢复的，由县级人民政府统一组织落实耕地"进出平衡"，省级自然资源主管部门会同有关部门督促检查。

关键术语

耕地"三位一体"保护、耕地占补平衡、耕地质量、粮食生产功能区

思考题

1. 简述应划入永久基本农田进行严格保护的耕地包含哪些类别。
2. 简述在开展补充耕地评价的过程中，应重点考虑哪些要素的影响。
3. 简述在国土空间规划工作中，永久基本农田保护和建设的主要原则。

参考文献

[1] 全国人民代表大会常务委员会.中华人民共和国土地管理法：中华人民共和国主席令〔2019〕第三十二号［EB/OL］.（2019-08-26）［2024-05-05］. https://www.gov.cn/xinwen/2019-08/26/content_5424611.htm.
[2] 国务院.中华人民共和国土地管理法实施条例：国务院令〔2021〕第743号［EB/OL］.（2021-07-02）［2024-05-05］. https://www.gov.cn/gongbao/content/2021/content_5631813.htm.
[3] 国务院.土地复垦条例：国务院令〔2011〕第592号［EB/OL］.（2011-03-11）［2024-05-05］. https://www.gov.cn/zhengce/zhengceku/2011-03/11/content_2370.htm.
[4] 国务院.基本农田保护条例：国务院令〔2011〕第257号［B/OL］.（2011-01-08）［2024-05-05］. https://www.gov.cn/gongbao/content/2011/content_1860862.htm.
[5] 农村农业部.耕地质量调查监测与评价办法：农业部令〔2016〕第2号［EB/OL］.（2016-06-21）［2024-05-05］. http://www.gov.cn/gongbao/content/2016/content_5106203.htm.
[6] 原国土资源部.关于全面实行永久基本农田特殊保护的通知：国土资规〔2018〕1号［EB/OL］.（2018-02-13）［2024-05-05］. https://gk.mnr.gov.cn/zc/zxgfxwj/201803/t20180323_1766137.html.
[7] 自然资源部，农业农村部.关于公开征求《永久基本农田保护红线管理办法》（征求意见稿）意见的公告［EB/OL］.（2024-01-26）［2024-05-05］. https://gi.mnr.gov.cn/202401/t20240126_2836633.html.

[8] 自然资源部,农业农村部.关于加强和改进永久基本农田保护工作的通知:自然资规〔2019〕1号[EB/OL].(2023-01-29)[2024-05-05].https://gk.mnr.gov.cn/zc/zxgfxwj/202101/t20210129_2609322.html.

[9] 自然资源部办公厅.关于划定永久基本农田储备区有关问题的通知:自然资办函〔2019〕343号[Z].2019.

[10] 国家质量监督检验检疫总局,中国国家标准化管理委员会.耕地质量等级:GB/T 33469—2016.[S/OL].(2016-12-30)[2024-05-05].http://c.gb688.cn/bzgk/gb/showGb?type=online&hcno=7A4B6A0E4EB682326EFF26C338F10698.

[11] 国务院.关于建立粮食生产功能区和重要农产品生产保护区的指导意见:国发〔2017〕24号[EB/OL].(2017-03-31)[2024-05-05].https://www.gov.cn/gongbao/content/2017content_5189290.htm.

[12] 自然资源部.关于开展全国耕地后备资源调查评价工作的通知:自然资办发〔2021〕47号[EB/OL].(2021-07-02)[2024-05-05].https://gi.mnr.gov.cn/202107/t20210709_2662402.html.

[13] 自然资源部,农业农村部,国家林业和草原局.关于严格耕地用途管制有关问题的通知:自然资发〔2021〕166号[EB/OL].(2021-11-27)[2024-05-05].https://gi.mnr.gov.cn/202112/t20211224_2715748.html.

[14] 国家发展和改革委员会.中华人民共和国国民经济和社会发展第十四个五年规划和2035年远景目标纲要[EB/OL].(2021-03-23)[2024-05-05].https://www.ndrc.gov.cn/xxgk/zcfb/ghwb/202103/t20210323_1270124.html.

第 7 章

城镇发展与城乡人居环境提升

7.1 城镇体系规划

城镇体系是指一定区域内由职能各异、规模不等、相互分工合作、密切联系的城镇形成的空间组织形式。城镇体系规划是指一定区域范围内，以城镇群体关系为研究对象，明确城乡统筹发展、城镇空间布局、资源利用与环境保护目标、规模控制与空间管制等要求，统筹布局区域重大基础设施和公共服务设施。

《省级国土空间规划编制指南（试行）》指出，应依据全国国土空间规划纲要确定的建设用地规模，结合主体功能定位，综合考虑经济社会、产业发展、人口分布等因素，确定城镇体系的等级和规模结构、职能分工，提出城市群、都市圈、城镇圈等区域协调重点地区多中心、网络化、集约型、开放式的空间格局，引导大中小城市和小城镇协调发展。《市级国土空间规划编制指南》指出应"围绕新型城镇化、乡村振兴、产城融合，明确城镇体系的规模等级和空间结构"，应落实上级国土空间规划要求和本地的资源环境条件，坚持"以水定城"等原则，明确全域总人口和城镇化水平，确定各下级行政单位的发展定位、职能分工、人口和建设用地规模，明确城镇体系布局。市（地）级应明确市域城镇体系，县级应明确县域镇村体系、村庄分类和村庄布局原则。

7.1.1 职能结构

职能结构规划是针对城镇现状职能构成的特点，结合区域社会经济发展目标与战略，确定城镇的性质、特色、地位、作用及发展方向，其实质是使体系中每个城镇具有明确合理的分工，使其优势得到充分发挥，以取得最佳的整体效益。城镇体系职能结构规划的具体内容与步骤如下。

1. 认识现状特点与问题

目的是通过认识现状城镇体系职能结构的特点与存在问题，在规划中采取针对性的措施予以改进和完善。

2. 确定城镇职能结构发展方针

通过分析现状城镇职能结构特点与存在问题，提出城镇职能结构发展的明确目标与方针（包括城镇体系整体的职能类型）。

3. 划分职能结构的等级序列与类型

这是城镇体系职能结构规划的主要内容，包括两个方面：①划分等级序列，主要从能级以及纵向分工的角度划分职能等级结构，使其层次分明；②划分职能类型，主要从横向分工的角度划分职能结构，具体应明确整个城镇体系内共有几种职能类型，每类城镇的数量及名称。

4. 选择重点发展城镇（地带）

为体现集中力量，以点带面，把有限的力量投放在城镇体系的关键点上，应在全面权衡与把握城镇体系内部条件和外部环境的基础上，选择确定重点发展城镇（地带）。

5. 确定主要城镇职能与发展方向

除重点发展城镇（地带）以外，主要城镇的职能亦是城镇体系职能结构的重要构成要素，对整个城镇体系的性质与职能起重要作用，因而也应对其职能与发展方向作较详细的分析和阐述。

7.1.2 等级规模结构

城镇体系的等级规模结构规划是对区域内城镇体系内各城镇的等级、规模及其相互关系的安排。具体而言，包括各个城镇的人口与用地规模、城镇之间的分级标准、各级别的城镇数量等。城镇体系等级规模结构规划的内容与步骤如下。

1. 分析现状特点与问题

一般从不同等级规模城镇的数量结构合理性，以及是否有利于支撑城镇职能结构的角度予以分析。

2. 分析城镇体系等级规模结构变动因素与预测发展规模

城镇体系等级规模结构变化，是体系内外因素共同作用的结果，在城镇体系等级规模结构规划之前，应掌握这些因素并予以分析。城镇体系等级规模结构变动一般受以下几个因素影响，应分别予以分析。①原有城市及建制镇人口的增减，这是城镇体系等级规模结构变化的基本原因之一。应在分析研究历年总人口增减特征、原因等基础上，选择适宜的预测途径与模型予以预测，具体方法包括联合国法、城镇化与经济发展水平的相关分析法、劳动力转移法、时间趋势外推法、系统动态学方法、目标优化法等。②规划新增的建制镇也是影响未来城镇体系等级规模结构变动的因素之一。应根据城镇体系发展趋势，制定新镇设置的依据，预测新设镇的总人口规模及其在各镇的分布。③城镇职能变化也是影响城镇体系等级规模结构的因素之一，一般而言，城镇职能作用越强，其在区域中所处的地位也越重要，其规模也越大，等级层次也越高；反之亦然。当城镇内外部因素引起城镇职能强弱发生变化时，不可避免地会使其等级规模发生变化，从而引起整个体系等级规模结构变化。④能动主体的影响：城镇发展战略的不同侧重，城镇建设投资的数量与分配方式，城镇体系发展政策等也会引起城镇体系的等级规模结构变化，这一变化可能是跳跃和突变性的。

3. 制定城镇体系等级规模结构发展方针

在明确了城镇体系等级规模结构的特点与问题，分析了城镇体系等级规模结构变动因素的基础上，就可以制定适宜的城镇等级规模结构发展方针，目的是使城镇体系等级规模结构调整、完善的行为依据充分，有的放矢，以促进城镇体系健康发展。

4. 确定城镇体系等级规模结构

城镇体系等级规模结构的具体内容包括：城镇体系等级规模结构的等级设置、各等级的人口规模确定、城市（镇）个数的确定、规划城镇人口数及占区域总人口的比重等。对于县域的镇村体系规划，要根据村庄的人口发展情况、特色资源情况与区位等情况划定镇区、中心村、基层村等（表7-1）。

表 7-1　我国城市规模划分标准

城市类型	人口范围	城市类型	人口范围
超大城市	1 000 万以上	中等城市	50 万以上至 100 万以下
特大城市	500 万以上至 1 000 万以下	Ⅰ型小城市	20 万以上至 50 万以下
Ⅰ型大城市	300 万以上至 500 万以下	Ⅱ型小城市	20 万以下
Ⅱ型大城市	100 万以上至 300 万以下		

资料来源：《国务院关于调整城市规模划分标准的通知》（国发〔2014〕51号）

7.1.3　空间结构

城镇体系空间结构是指区域内各个城镇的空间分布形态及相互间的组合形式，它是区域范围内经济和社会物质实体的空间组合形式，是地域经济结构、社会结构和自然环境条件在空间上的投影。城镇体系空间结构规划可理解为对城镇体系的职能结构与等级规模结构在区域内的空间关系安排，城镇体系空间结构规划的内容与步骤如下。

1. 分析现状特点与问题

一般从各等级规模、各职能类型的城镇在空间中的分布关系，以及不同交通方式的时空可达性的角度予以分析。

2. 分析城镇体系空间结构影响因素

从一般意义而言，城镇体系空间结构受区域自然条件、人口分布状况、经济基础、城市化水平、交通运输等各种因素影响，一个特定区域的城镇体系规划，应分析影响其空间结构的关键因素，并分析其对未来城镇体系空间结构的影响程度，进而做出有针对性的空间结构布局。

3. 确定城镇空间结构规划指导思想

城镇体系空间结构规划的指导思想是在分析城镇空间分布特点及影响因素的基础上，考虑区域经济社会宏观发展战略及自然地理条件等因素作用，进而提出城镇空间结构规划，一般包括城镇空间分布的重点、步骤与主要意图等。

4. 选择城镇空间结构规划模式

地域城镇空间分布可以有多种途径和模式，针对城镇体系的具体情况，正确选择城镇空间结构模式是十分重要的。在许多情况下，需要经过反复研究来确定城镇空间布局模式选择。城镇空间结构模式与城镇空间分布形式以及城镇空间发展态势密切相关。城镇空间分布模式有集中型或分散型，或者分散—集中型、集中—分散型、单一中心—主次中心—多中心组群（图7-1）；城镇空间发展态势即城镇在区域空间范围内增长变化的轨迹和趋势，例如：在城镇体系空间结构规划中，要考虑城镇生长点、增长极、发展轴等，并且在不同层次、不同等级上加以限定，实际上这也是对未来城镇发展态势的限定。

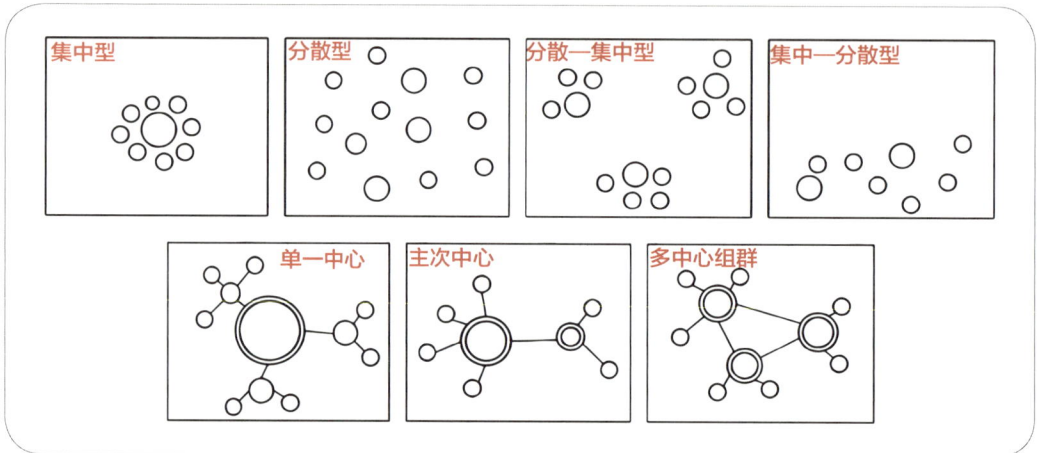

图7-1 城镇空间分布模式示意

5. 划分城镇区域

由于历史基础、经济发展水平、城镇条件和发展方向的差异，城镇体系内若干中心城市会因为辐射、吸引范围及经济联系等因素的作用形成若干内部联系密切程度高于其他地区的城镇区域（城镇经济区或经济协作区）。为了使中心城市的发展带动周围地区的经济和城镇发展，就有必要按照城镇体系发展的远期目标调整城镇区域划分。

7.2 城镇产业空间布局

根据自然资源部《省级国土空间规划编制指南（试行）》《市级国土空间总体规划编制指南（试行）》的要求，省级国土空间规划编制中要求加强产城融合，完善产业集群，为战略性新兴产业预留发展空间；市级国土空间规划编制中要求产业空间应优化建设用地结构和布局，推动人、城、产、交通一体化发展，促进产业园区与城市服务功能融合，保障实体经济发展空间，在确保环境安全的基础上引导发展功能复合的产业社区，促进产城融合、职住平衡等；要求以科技驱动代替要素驱动，形成以创新为引领的产业结构，提供以创新为主导的产业空间，配置围绕创新活动的公共服务空间。加快新旧动能转换，推进产业供给侧结构性改革，着力突出质量效益，在产业空间供给上向优势产业、新兴产业和特色产业倾斜。以本地特色自然山水和历史人文资源为基础，大力发展旅游、休闲、文创、教育、医疗、养老等三产服务业，培育生态和文化魅力空间，创造新经济载体。

由此可见，省级产业空间布局规划重点关注产业集群布局和战略性新兴产业空间预留，市级产业空间布局规划重点关注产城融合、保障实体经济发展等重点，关注新旧产业空间更替，创新产业、新兴产业与优势产业的空间保障，围绕产城融合与职住平衡（特别是围绕创新产业的产城融合与职住平衡）以及基于特色空间资源发展三产服务业。

在国土空间总体规划的发展战略与重大专题研究中，应当确定产业发展方向并形成总体产业空间格局与产业空间布局提升策略，因此，城镇产业空间布局规划主要是对目标格局与提升策略的校核、调整与落实，包括区域与城镇（内）两个尺度的工作内容。

7.2.1　区域尺度的产业空间布局

1. 分析城镇产业空间供给的现状与潜力

根据产业发展方向的空间需求，分析市域内各城镇产业空间供给的现状与潜力。产业发展的空间需求与供给的分析维度包括：城镇具有的各类生产要素（自然要素与经济要素）、政策制度（各级别、各类型的开发区、新区、保税区等）、地理区位（与区域外各类生产要素和市场的可达性）、网络地位（在多尺度城市网络中所扮演的节点、枢纽或中间人角色等）等各类产业发展条件，以及建设用地条件。

2. 校核产业空间目标格局

基于城镇产业空间供给的现状与潜力对产业空间格局进行校核，内容包括：①空间目标格局是否满足各产业发展的空间需求，特别是商业服务业和创意、研发等需要对区位条件敏感的产业。②空间目标格局的集聚与分散程度是否恰当，在满足产业发展基本空间需求的基础上，是否充分集聚了需要集聚的产业以获取规模经济效应与集聚经济效应；是否适当地分散了对区位敏感性相对较低、可以适度分散的产业，以避免过度集聚的负外部性；集中与分散的整体格局是否有利于实现产业间的协作与城镇间的规模互借效应。

3. 调整划定产业发展片区

基于校核结果，对目标格局进行调整与落实，确定区域内的产业布局，包括划定产业片区，确定各产业片区的重点区域，明确各片区发展的重点产业类型。

7.2.2 城镇（内）尺度的产业空间布局

1. 分析城镇产业空间供给的现状与潜力

根据产业发展方向的空间需求，分析市域内各城镇产业空间供给的现状与潜力。需要注意的是，与区域尺度上主要分析各城镇各类产业发展条件的"总和"不同，城镇尺度上需要将各项发展条件的"总和"在空间上分解落地。一方面是各发展条件在空间中的组合情况，例如：城镇可能具有满足某产业发展的各单项条件，但未必能在特定空间上形成综合的条件组合；另一方面是具有特定发展条件组合的土地供给潜在数量如何，这受到可建设用地资源与城镇空间结构的影响。

2. 校核产业空间目标格局

基于城镇产业空间供给的现状与潜力对产业目标空间格局进行校核。其一，考察空间目标格局是否满足各产业发展的空间需求；其二，考察是否实现了空间资源的合理配置。现实中，同一用地往往能同时满足多类产业的发展需求，其合理配置需要符合一定原则，包括：①对于优势产业、新兴产业和特色产业的空间需求，应予以优先考虑；②不同产业发展的空间需求不同，因而备选用地的多与少亦不同，那么对于备选用地少或"非此不可"的产业应予以一定的优先；③考虑职住平衡、产城融合的需求，不同产业从业人群的社会经济特征、住房与公共服务需求偏好存在差异，一方面应对"从业人群需求偏好—周边供给特征"契合度更高的产业予以优先考虑，另一方面应优先保障创新产业的公共服务配套。

3. 调整产业空间目标格局与确定实现路径

基于校核结果，对城镇产业空间的目标格局进行调整与落实，确定域内各城镇具体的产业布局，包括确定各产业区块的空间范围、准入要求与退出标准，以及其中产业用地最低比重等。此外，基于新旧动能转换与创新产业、新兴产业发展的要求，确定存量用地中旧动能产业退出与新动能产业导入的空间范围、时序与措施，以及实现新增产业用地空间培育进而支撑创新产业与新兴产业发展的产业导入顺序。

7.3　城乡公共服务设施布局

7.3.1　城乡公共服务设施分类

城乡公共服务设施是保障生产、生活的各类城乡公共服务的物质载体。城乡公共服务主要包括义务教育、劳动就业创业、医疗卫生、社会服务、住房保障、文化体育、公共安全等，其供给状况与经济社会发展水平和阶段相适应。随着我国经济社会发展水平的不断提高，城乡公共服务所包含的内容和标准也在不断地发生变化，服务的范围和数量、质量相应地也呈现出不断提升的趋势。因此，城乡公共服务设施应当具备四个特征：一是由政府主导提供；二是公民迫切需求，是生存发展所必需的，与民生息息相关；三是具有较强的公益属性，个人无法直接提供；四是具有阶段性和动态性，随着社会发展，其范畴不断变化。

国家层面对城乡公共服务设施的具体分类没有明确要求。面向城市，公共服务设施一般分为公共文化设施、教育设施、公共体育设施、医疗卫生设施、社会福利设施五类[1]；面向乡村，公共服务设施一般分为行政管理、教育机构、文体科技、医疗保健、商业金融、社会福利和集贸市场七类[2]。综合而言，城乡公共服务设施目前可分为基础教育设施、医疗卫生设施、公共文化设施、公共体育设施、社会福利设施、其他基本公共服务设施等六类（表7-2）。

---

1. 重庆市质量技术监督局，重庆市规划局：重庆市城乡公共服务设施规划标准：DB 50/T 543-2014［S］.北京：中国建筑工业出版社，2014.
2. 天津市城市规划设计研究院.乡村公共服务设施规划标准：CECS354：2013［S］.天津：中国计划出版社，2014.

表 7-2 城乡公共服务设施的分类

主要类型	设施内容
基础教育设施	包括幼儿园、小学、初级中学、普通高级中学、特殊教育学校、中等职业学校等
医疗卫生设施	含医院、基层医疗卫生设施、专业公共卫生设施和托育设施四类。 医院包括综合医院、中医类医院（含中西医结合医院）、专科医院、护理院等； 基层医疗卫生设施包括社区卫生服务中心、乡镇卫生院、社区卫生服务站、村卫生室（所）等； 专业公共卫生设施包括妇幼保健院（所）、疾病预防控制中心、急救中心、采供血机构等； 托育设施包括托育综合服务中心、托儿所等
公共文化设施	包括文化馆、图书馆、博物馆、科技馆、美术馆、剧场、工人文化宫、青少年宫、文化活动中心、文化活动站等
公共体育设施	包括体育场、体育馆、游泳馆（池）、全民健身活动中心、球类场地、健身步道、健身路径、室外综合健身场地等
社会福利设施	含养老服务设施、救助管理设施和殡葬设施三类。 养老服务设施包括机构养老设施、社区居家养老设施和老年服务配套设施； 救助管理设施包括儿童福利院、救助管理站（含流浪未成年人救助保护中心）、残疾人康复中心、残疾人服务设施等； 殡葬设施包括殡仪馆、殡仪服务站、城市公益性公墓、农村公益性公墓等
其他基本公共服务设施	可分为街道（镇乡）、社区、村三级。 其中，街道（镇乡）级其他基本公共服务设施包括街道服务中心、派出所、菜市场等；社区级其他基本公共服务设施包括社区服务站、警务室、菜店等；村级其他基本公共服务设施包括村管理设施和村商业服务设施等

资料来源：作者根据河北省、重庆市相关规定整理

7.3.2 城乡基本公共服务均等化

基本公共服务是由政府主导、保障全体公民生存和发展基本需要、与经济社会发展水平相适应的公共服务。基本公共服务均等化是指全体公民都能公平可及地获得大致均等的基本公共服务，其核心是促进机会均等，重点是保障人民群众得到基本公共服务的机会，而不是简单的平均化。我国基本公共服务还存在规模不足、质量不高、发展不平衡等短板，突出表现在城乡区域间资源配置不均衡，硬件软件不协调，服务水平差异较大；基层设施不足和利用不够并存，人才短缺严重；一些服务项目存在覆盖盲区，尚未有效惠及全部流动人口和困难群体；体制机制创新滞后，社会力量参与不足等方面。因此，城乡之间的基本公共服务均等化是我国推进基本公共服务均等化的重点领域和重点对象。无论是处于城市还是乡村，享有基本公共服务是公民的基本权利，保障人人享有基本公共服务是政府的重要职责。城乡

之间应当坚持以促进机会均等为核心，推动实现全体公民都能公平可及地获得大致均等的基本公共服务。

国家建立基本公共服务清单制，依据现行法律法规和相关政策确定基本公共服务主要领域，以及各领域具体服务项目和国家基本标准，向社会公布，作为政府履行职责和公民享有相应权利的依据。国务院印发的《"十三五"推进基本公共服务均等化规划》包括基本公共教育、基本劳动就业创业、基本社会保险、基本医疗卫生、基本社会服务、基本住房保障、基本公共文化体育、残疾人基本公共服务等八个领域的81个项目。《国家基本公共服务标准（2021年版）》提出基本公共服务体系涵盖幼有所育、学有所教、劳有所得、病有所医、老有所养、住有所居、弱有所扶、优军服务保障和文体服务保障等领域的公共服务。国土空间总体规划应当综合服务半径、服务人口、资源承载能力等因素，对城乡公共服务设施进行统筹布局。结合新型城镇化和人口发展趋势，对土地供给进行前瞻规划，优先保障基本公共服务建设用地。新建居住区要按相关规定，完善教育、卫生、文化体育、养老托幼、社区服务等配套设施，并在合理服务半径内尽量集中安排。

城乡基本公共服务均等化强调的并不是绝对意义的相等，重点在于以促进机会均等为核心，推动实现全体公民都能公平可及地获得大致均等的基本公共服务。在此过程中，政府尽可能地缩小公民间享有基本公共服务的差距，最大限度提升公民可以享有的基本公共服务水平，促进全体公民享有基本公共服务的机会和结果尽可能均等。同时，在基本公共服务的服务范畴大致稳定的基础上，基本公共服务的标准依据各地经济社会发展水平的差异可以存在差别。

7.3.3　城乡公共服务设施布局

城乡公共服务设施是城乡公共服务的载体，在国土空间总体规划中促进城乡公共服务设施的科学合理布局是落实城乡基本公共服务均等化，推动城乡融合发展的重要支撑。推进城乡公共服务设施的科学合理布局应关注3个维度。①"层级维度"：城乡公共服务设施的供给、运行依赖于公共财政，行政体制的等级性造成了城乡公共服务设施也具有相应的等级性。②"地域维度"：城乡公共设施的科学合理布局并不是在城乡空间上的简单平均，而应考虑城乡人口密度与地域功能的差异。③"时序维度"：城乡公共服务设施布局要与城市化的动态发展进程相适应，要考虑城乡居民点的未来调整、演化格局。

1. 基础教育设施

基础教育设施布局应与城镇化进程的推进以及城市地区优质学位的集中相结合,以优质学位促进城镇化进程,以城镇化的推进来增大优质学位的覆盖人口范围,从而最终达到绝大多数居民能方便地均等化享受高质量基本教育设施的目标。

2. 医疗卫生设施

医疗卫生服务设施作为面向社会各类人群的基础设施,需要尽可能地保证每个人都能均等地享受医疗资源,因此医疗卫生设施的布局需兼顾公平性与效率。医疗卫生设施周边宜布局广场、绿地、公共停车场,作为平急结合场地。

3. 公共文化设施

公共文化设施应根据设施功能特点选址布局,宜结合广场、公园绿地等公共活动空间统筹布局。鼓励提高土地利用效率,适当提高文化设施容积率。鼓励同级别的各类文化设施集中布置,形成各级公共文化中心。

4. 公共体育设施

公共体育设施宜结合广场、公园绿地、文化设施、商业设施等统筹布局,兼顾设施服务半径与品质提升要求,强化与公共交通设施接驳,提高设施使用的均衡性、可及性、多样性,推动公共体育服务均等化。

5. 社会福利设施

社会福利设施布局应针对相应服务人群的使用特点与需求,充分考虑设施的可及性和便捷性,提高相应人群对设施的利用率。

6. 其他基本公共服务设施

鼓励各级其他基本公共服务设施与同级别的公共服务设施和商业设施集中布局,组合占地,共同形成服务中心。

7.4 城镇建设用地集约利用

7.4.1 城镇建设用地利用绩效

城镇建设用地利用绩效是指综合土地使用后的效果、效率及其客观影响。从土地利用角度出发，城镇建设用地绩效在一定程度上可以作为评估城镇建设用地集约利用成果的标准。因此，评估城镇建设用地绩效可以分为三个层次：一是判断土地资源是否得到高效合理的利用；二是土地取得的经济成效、社会成效以及生态成效等；三是对土地使用后的反馈结果进行研究，并提出对策机制。[1] 城镇建设用地利用绩效评价是采取一定的技术方法与工具手段，对所研究目标进行效益与产出的评价，是引导、约束和调控研究对象的重要手段，为形成科学合理的城市建设用地绩效评价体系提供基础，是真实反映当前城镇建设用地资源开发的成绩与不足，为城市规划与建设等城市发展策略提供理论支持的重要措施。

对建设用地集约利用的评价可以从两个方面来考察：集约利用的水平和集约利用的合理度。将土地集约利用定义为增加在土地上的投入以获得更多产出的土地开发经营方式，对其评价可以从对土地投入和土地产出效益两个角度来测度。建设用地的集约利用不是片面地追求经济效益，还需要协同环境效益、社会效益来合理配置土地资源，以实现土地利用的可持续发展。为此，应当围绕经济、政治、文化、社会、生态多维绩效评估框架开展绩效评估工作，进而为城镇建设用地利用提供优化建议。[2]

对城镇土地集约利用绩效的评价方法分宏观、中观和微观三个层次。宏观层次的评价是对一个城镇土地利用集约水平的总体评价，其基本思路是建立集约化综合指数综合评价模型，定量反映城镇土地集约利用状况与合理集约利用状况的接近程度。总体评价指标体系着重反映城镇土地集约利用的总体状况，评价指标体系全面、综合反映土地集约利用的各个方面。中观层次的评价是针对建成区范围内土地集约利用潜力空间分布的评价。由于居住区、工业区、商业服务区等不同功能区土地利用特征和条件存在差异，反映土地集约利用状况的指标也有所不同，故中观层次针对不同功能区土地利用特点分类评价。微观层次的评价是对某一具体地块的评价，主要是对其土地利用强度方面的评价，从影响地块合理容积率高低的因素入

---

1. 胥祥.城市建设用地绩效评价研究[D].贵阳：贵州师范大学，2020.
2. 宋娟，江曼琦，张伟.建设用地节约集约利用机理研究[M].天津：南开大学出版社，2015：257.

手，测算地块合理的可允许最大容积率，进一步以地块集约利用合理容积率为标准计算地块的建筑容积潜力。

7.4.2　建设用地集约配置

建设用地配置是指国土空间规划过程中，根据城市的功能、特点和需求，进行建设用地的总量控制，科学地安排各类用地的布局和比例，以实现城市的可持续发展。建设用地配置是国土空间规划的重要内容，涉及城市的功能、特点、人口规模和人口结构等。合理的建设用地配置不仅能实现城市的可持续发展，还能提高市民的生活质量，促进经济的繁荣发展。

建设用地的总量控制的方法如下。第一，对建设用地现状的深入分析和科学评估是总量控制的基础。通过对现有建设用地的规模、分布、结构、利用效率等方面的调查，可以全面了解土地资源的利用现状和存在的问题。在此基础上，对土地资源的适宜性、承载力和发展潜力进行评估，为制定总量控制目标提供依据。第二，预测未来建设用地的需求和趋势是总量控制的关键环节。通过对经济社会发展、人口增长、城镇化进程等因素的分析，结合国家发展战略和区域规划，可以预测未来建设用地的需求量和空间分布。同时，通过对过去建设用地变化规律的总结，可以把握建设用地发展的趋势和特点，为制定总量控制策略提供有力支持。第三，在充分考虑现状、需求和趋势的基础上，制定明确的总量控制目标和策略。目标应具体、可量化，包括建设用地总量控制的上限、结构优化的方向等。策略应包括严格控制新增建设用地、优化存量建设用地布局、提高土地利用效率等方面。同时，根据不同地区的资源禀赋和发展阶段，须制定差异化的总量控制政策，确保目标的有效实现。

建设用地集约配置的主要方法如下。首先，充分分析城市的功能和特点，不同城市具有不同的定位和定位功能，比如特色旅游城市、产业园区等。因此，在建设用地的配置过程中，应该根据城市的功能需要，合理安排各类用地的布局。比如，特色旅游城市应该合理规划和布局旅游景点、酒店、商业街等，以满足游客的需求。其次，需要分析人口规模和人口结构。人口是城市的重要组成部分，对建设用地的需求量和类型会产生重要影响。规划者需要根据人口规模和人口结构，合理规划和布局住宅用地、商业用地、教育用地等。再次，需要考虑城市的可持续发展。可持续发展要求城市在满足经济发展的同时，保护环境和提高居民的生活质量。因此，在建设用地的布局过程中，应该尽量减少土地浪费和环境污染，提高土地利用率。最后，需要兼顾市民利益与经济效益。建设用地的合理配置要使市民享受到良好的生活环境，同时也要满足城市经济的发展需求，因此，在城市建设用地的安排过程中，应该注重市民参与，听取市民的需求和意见。

7.4.3 建设用地增减挂钩

建设用地增减挂钩是建设用地整理的一种类型，是指依据国土空间规划和相关规划，将若干拟复垦为农用地的建设用地地块（即拆旧地块）和拟用于城乡建设的地块（即建新地块）共同组成拆旧建新项目区，通过土地复垦和调整利用，实现项目区内耕地面积有增加、质量有提高、建设用地总量不增加、布局科学合理的活动。[1]

增减挂钩政策既引发土地发展权转移，又涉及管制权利的行使，还需要平衡和分配由此带来的经济利益，其运行蕴涵了发展权、管制权和财产权三种权利的共融。在当前落实区域协调发展战略和乡村振兴战略背景下，新时期增减挂钩政策改革须以国土空间治理为导向，在国土空间规划体系土地用途管制制度框架下运行。新时期国土空间治理现代化的内在要求为：有利于空间公平、空间优势、空间正义的实现，发展权、财产权和管制权三者统一协调、相互作用，逐步建立和完善自然资源要素产权与国土空间规划和用途管制的内在关联关系。

在国土空间治理现代化背景下运行增减挂钩，需要通过地类调整和空间准入来将管制权和财产权利联系起来，从而破解城市、中心城镇与农村建设用地平衡问题，重塑城乡用地功能、形态和治理格局；需要通过调控增减挂钩节余指标的使用，弥补市场在城乡公共设施等用地的配置方面存在的"市场失灵"不足，如面向乡村老龄化、空心化等问题，保证乡村基础设施和公共服务用地以及产业发展用地，从而协调发展权和管制权的关系；需要以节余指标有偿流转为前提，协调发展权与财产权之间的关系。[2]

7.4.4 低效建设用地再开发

低效用地再开发是指将城镇中布局散乱、利用粗放、用途不合理的存量建设用

---

1. 张占录，张正峰．国土空间规划学［M］．北京：中国人民大学出版社，2023：375．
2. 覃莉，靳亚亚，张金懿．城乡建设用地增减挂钩政策的演化特征、政策逻辑与路径选择［J］．农村经济，2023（3）：31-38．

地再开发利用起来。低效用地再开发是一种城市规划和土地管理的战略，旨在优化土地资源的使用，提高城市效益，改善城市环境，促进可持续城市发展。这需要综合考虑土地规划、经济发展、社会需求和环境保护等多个因素，通常需要政府、开发商和社会各方的合作和协调。

由于长期以来我国大多数城市的布局形式采用一元化单中心结构，城市发展以"摊大饼"方式扩展，城市土地开发呈外延平面式扩张趋势，导致在一些城镇和乡村地区，包括城中村、老旧厂区，普遍存在存量建设用地布局散乱、利用粗放、用途不合理等问题。城市的开发始终是一个动态的过程，根据城市经济学理论，当再开发后的城市建设用地收益大于再开发前的建设用地收益加上建设用地再开发的成本时，城市建设用地将被再开发，再开发的强度取决于该区位建设用地的土地价格[1]。建设用地再开发的关键是对城市建设中利用效率低下的居住用地、工业用地和商业服务业设施用地的再开发，即主要通过市场机制来调控城市经营性建设用地。

低效建设用地再开发的主要方法如下。严格控制建设用地的扩张，促进城市土地利用结构的优化，实现内涵立体的综合开发与利用。在进行低效建设用地再开发时，应当遵循底线思维、守正创新，有效市场、有为政府，补齐短板、统筹发展，公开透明、规范运作等基本原则。在严格落实国土空间规划管控要求的前提下，建立公平公正的收益分享机制，由政府统筹引导建设用地再开发的稳步推进，并发挥市场在资源配置上的决定性作用，把盘活的城乡空间资源更多地用于民生所需和实体经济发展，补齐基础设施和公共服务设施短板，改善城乡人居环境，实现产业项目落地和转型升级。需要注意的是，建设用地的再开发存在合理的限度，过度的开发可能造成要素投入的不经济，带来区域社会效益与环境效益的下降，不利于城市与区域的可持续发展。节约集约利用土地，不是寻找最高集约度，而是要寻找最优集约度或最佳集约度，即如何使建设用地的经济效益与区域环境效益和社会效益都能够同时得到提高。[2]

案例7-1 深圳市南山区大冲城中村土地集约利用开发项目

大冲村地处深南大道沿线城市景观带，村民长期依赖收取房租为生。村内楼房密集、小巷狭窄、街道凌乱、居室昏暗，与周边现代、整洁的城市风貌形成

---

1. 宋娟，江曼琦，张伟.建设用地节约集约利用机理研究[M].天津：南开大学出版社，2015：257.
2. 刘书楷.土地经济学[M].北京：地质出版社，2000：64.

鲜明反差。1998年大冲村启动旧改计划，项目采取拆除重建和局部综合整治相结合的更新模式，采用"政府主导、市场化运作、股份公司参与"的运作模式，致力于将其改造成为与深圳市未来形象相适应的商业商务中心及居住社区，成为深圳高新区和华侨城旅游景区的重要配套基地。

7.5 城乡人居环境

7.5.1 城乡人居空间

城乡人居空间指城市和乡村中人类聚居生活的自然环境和人文环境有机结合的地域环境空间。其作为人居环境的重要组成部分，涵盖城市、城镇、乡村等各种人类居住形式。其中，城市空间公共服务设施配套齐全、工作就业充分，拥有高工资、高福利的优势，但建设密度大、存在环境污染问题；乡村空间建设密度较低、亲近自然与田园，生活闲适，但福利设施匮乏、工作岗位稀缺。基于城乡人居空间的优劣势，现代城乡规划强调"城乡磁体"的人居空间营建理念，强调将城市与乡村人居空间优势互补，建设有充裕工作和社会保障，同时接近田野和公园、无环境污染的城乡和谐人居环境空间。从人居环境科学的角度，城乡人居空间包含自然系统、社会系统、人类系统、居住系统、支撑系统五个子系统，其中"自然系统"与"人类系统"是城乡人居空间的基础系统，"社会系统""居住系统"与"支撑系统"则是人类系统创造与建设的衍生系统[1]。

在具体规划建设中，城市、城镇、乡村三种人口聚居空间因人口规模、聚集密度、经济发展水平差异，其规划建设路径有所区别，同时也相互融合、相互影响，共同构成城乡人居空间体系。在国土空间规划体系中，须根据不同尺度、不同类型空间单位，编制相应人居环境空间规划，以明确对城乡人居空间资源利用、要素配置、安全保护、城市特色、行动实施的指导要求，具体从市域/县域国土空间规划、城市/城镇集中建设区人居空间建设、乡村聚落空间人居环境整治等方面展开城乡人居空间提升。

---

1. 吴良镛. 人居环境科学导论［M］. 北京：中国建筑工业出版社，2001.

市域/县域国土空间规划涉及国土空间总体格局规划，主导功能分区规划和三线划定工作，以及市域/县域城镇空间职能和体系规划，人居环境提升应重点从城乡功能单元结构体系建构、自然与人文资源保护利用、产业空间高效布局和区域基础设施保障支撑等方面展开统筹规划。

城市/城镇集中建设区人居空间建设涉及城镇开发边界内的空间结构布局、用地功能组织、城市风貌整饬、市政与公共服务基础设施规划、城市安全与综合防灾规划、地下空间开发利用等内容，重点从城市存量空间优化、空间品质提升、社区生活圈构建、人居环境安全等方面着手人居环境建设实施。

乡村聚落空间人居环境整治涉及乡村人居空间重构、乡村基础设施提升、乡土建筑风貌改造、村景美化等内容，具体根据县域村庄规划分类与布局，明确各村庄的发展定位，结合其产业资源要素重构乡村聚落空间，推进乡村基础设施配套，同时对村庄建筑进行风貌整治，房前屋后进行景观美化，展现地域文化特色。

7.5.2 城乡环境建设

城乡环境是指城乡人居空间中影响人类生存和发展的自然和人工环境的总和，包括大气、水、海洋、土地、矿藏、森林、草原、野生生物、自然遗迹、人文遗迹、自然保护区、风景名胜区、城市建设区和乡村聚落等[1]。在国土空间建设全域规划理念引领下，城乡环境建设正经历从城乡建成环境尺度走向全域尺度的转型升级，城乡环境建设内容也逐步拓展深化，包括城乡自然生态格局统筹、城乡历史文化保护传承、城乡空间品质提升、城乡基础设施建设以及城乡社区空间治理等多方面。

在城乡自然生态格局统筹方面，应落实上位国土空间规划中的"三线"控制要求，强化资源环境底线约束，基于资源环境承载能力和国土安全要求，明确重要资源利用上限，划定各类控制线，作为开发建设不可逾越的红线，推进生态优先、绿色发展；同时，开展生态保护和修复，强化环境建设和治理，统筹"山水林田湖草"等环境要素。

在城乡历史文化保护传承方面，应加强历史文化资源保护，建立完善保护传承体系，通过梳理保护名录，统筹各类历史保护线，形成历史文化保护传

---

1. 参考《中华人民共和国环境保护法》。

承融入城乡建设的良好格局；同时运用城市设计方法，提出全域山水人文格局空间形态引导原则，对特色景观地区提出针对性管控要求，把握城乡环境风貌建设。

在城乡空间品质提升方面，应完善城乡公共空间和公共服务功能，营造健康、舒适、便利的人居环境。针对不同尺度的城乡生活圈，优化居住和公共服务设施用地布局；同时优化居住用地结构和布局，改善城乡居住条件，发展保障性租赁住房，保障与完善居住功能。

在城乡支撑体系完善方面，应推动城乡基础设施和公共服务设施一体化，通过补齐基础设施短板，将城镇优质公共服务资源向农村延伸，确保城乡环境建设持续发展；增强城市安全韧性，完善防灾减灾专项规划，统筹安全设施建设改造，提高应急救灾能力。

在城乡社区空间治理方面，应提高城乡治理水平，推进管理智慧化建设；同时健全基层党组织领导下的居民自治、民主协商、群团带动、社会参与机制，构建共建共治共享的基层社会治理体系，落实美好环境与幸福生活共同缔造理念。

7.5.3　城乡风貌改善

城乡风貌是城乡总体形象的重要组成部分，它反映了特定区域历史、文化和社会发展程度。"城"是指广义上的城，包括乡村以外的一切城市型聚落，包括城市及建制镇，与城镇等义；"乡"则是指集镇和农村。城乡风貌包括自然生态、历史人文、建成环境等多元要素。风貌中的"风"是对城乡社会人文取向的软件系统概括，是风土人情、社会习俗等文化方面的表现；"貌"是城乡总体环境、硬件特征的综合，是城乡的有形形体和无形空间，是风土人情、社会习俗等城乡文化的载体，即城乡风貌由表层的显质形态风貌要素和深层的潜质形态风貌要素统一组成[1]。

新时期城乡风貌更加注重对全域视角资源要素的优化整合，突出地域特色，保留延续历史脉络，因地制宜塑造特色风貌，同时加强对国土空间"五级三类"规划体系的衔接及风貌管控实施。景观风貌规划作为国土空间规划体系的重要组成，是城乡风貌改善的重要手段。在规划过程中，应在各级国土空间规划编制中完善城乡风貌改善提升相关内容，形成逐级传导的管控机制，具体完善从省级风貌规划到

---

1. 蔡晓丰. 城市风貌解析与控制 [M]. 北京：中国建筑工业出版社，2018.

市、县、乡镇、村庄的各级风貌规划、城市设计编制和管控体系，各级政府编制风貌专项规划、城市设计，最后实现对风貌的管控。

在城乡风貌规划中，首先，要明确地域范围，全面识别地区城乡风貌资源。深入挖掘地域整体特色的价值共识，并对特色资源进行系统化整理。其次，基于资源要素分析梳理，以特色指引和底线管控为抓手，构建区域风貌资源管控和引导体系，因地制宜制定风貌建设总体目标及支撑目标，确保规划内容符合地域发展，为城乡风貌的改善提供明确指导。再次，重点加强与国土空间规划和城市设计体系的衔接，充分考虑不同层级的事权划分，坚持管控和实施并重的原则，将风貌规划内容纳入各级规划管理细则、对接法定规划、制定年度项目建设计划等工作，确保规划内容落到实处。最后，加强监督和评估工作，确保规划效果符合预期目标，逐步实现城乡风貌的改善与提升。

关键术语

城镇体系、城镇体系规划城镇产业空间布局、城乡基本公共服务均等化、城乡公共服务体系、低效建设用地、城乡人居空间

思考题

1. 简述城镇体系中职能结构、等级规模结构、空间结构三者的关系，以及"三结构"规划共同的主要考虑因素。
2. 简述区域尺度与城镇（内）尺度的产业空间布局工作内容差别背后的主要原因。
3. 简述国土空间总体规划应如何对城乡公共服务设施进行统筹布局。
4. 举例说明城市低效建设用地再开发的一般方式。
5. 简述城、乡人居空间的特征及其统筹发展路径。

参考文献

[1] 崔功豪，王兴平．当代区域规划导论［M］．南京：东南大学出版社，2006．
[2] 崔功豪，魏清泉．区域分析与区域规划（第二版）［M］．北京：高等教育出版社，2006．
[3] 董光器．城市总体规划（第二版）［M］．南京：东南大学出版社，2007．
[4] 顾朝林．中国城市地理［M］．北京：商务印书馆，1999．
[5] 郝寿义，安虎森．区域经济学（第二版）［M］．北京：经济科学出版社，2004．
[6] 彭震伟．区域研究与区域规划［M］．上海：同济大学出版社，1998．
[7] 彭震伟，张尚武，等．城市总体规划［M］．北京：中国建筑工业出版社，2019．
[8] 苏东水．产业经济学［M］．北京：高等教育出版社，2002．
[9] 魏后凯．现代区域经济学［M］．北京：经济管理出版社，2006．
[10] 赵民，陶小马．城市发展和城市规划的经济学原理［M］．北京：高等教育出版社，2001．
[11] 赵燕菁．空间结构与城市竞争的理论与实践［J］．规划师，2004（7）：5-13．
[12] 王枫，汤沛銮．考虑区域发展阶段差异的城市建设用地多功能绩效评价——以珠三角城市群为例［J］．中国土地科学，2020，34（12）：87-95．
[13] 宋娟，江曼琦，张伟．建设用地节约集约利用机理研究［M］．天津：南开大学出版社，2015．
[14] 郭爱请．城乡建设用地集约利用研究［M］．北京：经济科学出版社，2014．
[15] 王万茂．土地用途管制的实施及其效益的理性分析［J］．中国土地科学，1999（3）：10-13．
[16] 丁元竹．实现基本公共服务均等化的实践和理论创新［J］．人民论坛·学术前沿，2022（5）：4-13．
[17] 盛广耀．中国城乡基础设施与公共服务的差异和提升［J］．区域经济评论，2020（4）：52-59．
[18] 张占录，张正峰．国土空间规划学［M］．北京：中国人民大学出版社，2023．
[19] 覃莉，靳亚亚，张金懿．城乡建设用地增减挂钩政策的演化特征、政策逻辑与路径选择［J］．农村经济，2023（3）：31-38．
[20] 刘书楷．土地经济学［M］．北京：地质出版社，2000．
[21] 吴良镛．人居环境科学导论［M］．北京：中国建筑工业出版社，2001．
[22] 住房和城乡建设部．城市公共服务设施规划标准GB50442（修订）（征求意见稿）的函［EB/OL］．（2018-04-26）［2024-05-05］．https：//www.planning.org.cn/news/view?id=8496．
[23] 天津市城市规划设计研究院．乡村公共服务设施规划标：CECS354：2013［S］．天津：中国计划出版社，2014．
[24] 河北省住房和城乡建设厅．关于发布《城乡公共服务设施配置和建设标准》的公告：2018年第56号［EB/OL］．（2018-12-03）［2024-05-05］．https：//zfcxjst.hebei.gov.cn/zhuantizhuanlan/bs/xxbz/szgc/202104/P020210426355155258022.pdf．
[25] 重庆市质量技术监督局，重庆市规划局．重庆市城乡公共服务设施规划标准：DB 50/T 543-2014［S］．北京：中国建筑工业出版社，2014．
[26] 重庆市发展和改革委员会．重庆市基本公共服务标准（2023年版）［S/OL］．（2023-12-28）［2024-05-05］．https：//fzggw.cq.gov.cn/zwgk/zfxxgkml/zcwj/qtwj/202312/W020231228619469721312.pdf．
[27] 胥祥．城市建设用地绩效评价研究［D］．贵阳：贵州师范大学，2020．
[28] 蔡晓丰．城市风貌解析与控制［M］．北京：中国建筑工业出版社，2018．

第 8 章 中心城区规划

8.1 中心城区的确定

8.1.1 基本概念

与中心城区有关的概念包括城区、城市实体地域等。

《国务院关于调整城市规模划分标准的通知》（国发〔2014〕51号）规定了城区的定义，是指在市辖区和不设区的市，区、市政府驻地的实际建设连接到的居民委员会所辖区域和其他区域。这里的"城区"是一种行政地域，城市实体地域是指在各类行政区域内，集中的各种城市设施，以非农业用地和非农业经济活动为主体的城市型景观区域[1]，但是，针对城区实体地域范围的定义和确定方法等并没有形成共识。2021年自然资源部发布的《城区范围确定规程》提出我国城区实体地域范围的空间界定方法，其核心思想是确定城区实体地域范围的初始范围并以此为"种子"，进行"连接"判断和迭代更新。考虑到规划事权，市级城区一般不包括县城及镇的建成区。

中心城区可以是指国土空间总体规划关注的重点地区，根据实际和本地规划管理需求划定为"中心城区"。《市级国土空间总体规划编制指南（试行）》规定，市级总规一般包括市域和中心城区两个层次。中心城区要细化土地使用和空间布局，侧重功能完善和结构优化。在县级市、县城中同样也存在"中心城区"，镇规划中相应确定"镇区"，作为规划重点关注的地区。

考虑规划事权，中心城区在市级规划中一般位于市辖区范围内，县级规划限定在"城关镇"或"街道"辖区范围内。对于一些重要地区也可以跨到下辖的县市范围内，一般通过规划条例等形式对事权的调整予以明确。

---

1. 黄玫，张敏，张兵，等．"城区范围"概念解析及其确定方法探讨——以115个城市为实践对象［J］．城市规划，2022，46（5）：17-26．

8.1.2 范围确定

《城区范围确定规程》所秉持的原则对于规划中心城区范围的确定同样适用，即包括城市建成区及规划扩展区域，如核心区、组团、市级重要产业园区等，一般不包括外围独立发展达不到"连接"标准的区域。

中心城区不仅是一个空间概念，更是一个管理概念。设定中心城区一方面是因为中心城区的重要性，另一方面也和事权相关，中心城区的空间规划职能一般由市、县级政府"直管"，中心城区的确定要考虑规划管理需求。对于中心城区范围的确定，目前没有统一的规则，应根据实际情况和地方管理规定统筹划定，其核心是服务城市建设管理的重点。

1. 考虑城市空间底线和未来发展需求

在"双评价"的基础上，明确所在区域的空间基础，将永久基本农田和生态保护红线作为城市发展的底线。采用"人口—经济—建设用地"绝对量与人均地均标准、绝对量与增速互相多要素校核的综合性预测方法，对人、地、经济等指标予以系统综合分析。考虑城市发展战略，明确城市发展方向，优化城市形态和布局。同时为重大设施建设和城市发展重大战略机遇预留发展空间，确定中心城区的空间范围。

2. 统筹考虑城镇开发边界和规划管理需求

城镇开发边界确定了城镇的扩张边界，成为了具有法定地位的城乡分界线，部分省市通过技术管理规定、行政指导文件统一要求将中心城区限定在开发边界以内。中心城区边界与开发边界尽量重合，能减少规划管理的类型，但由于开发边界划定过程中的指标管控，大量本应属于开发边界内的用地被划定在开发边界以外，比较典型的是城区边缘的道路、基础设施等用地，还有一些对城市有重要意义的非城乡建设用地，如紧邻城区的郊野公园等，也应纳入中心城区范围整体管控。

3. 统筹考虑行政区划

中心城区是一个规划事权的范围，应该与行政管理结合，如果从事权的范围来考虑，应该用市辖区来替代中心城区，但由于中国的市辖区行政区划的复杂性，最终《市级国土空间总体规划编制指南（试行）》没有采用市辖区的空间层次界定方案，部分省市如江苏省在市级总规中增加了市辖区规划的层级，是一种与事权对应的解决方法。考虑到各行政单元规划管理的需求，中心城区的边界尽量与行政边界保持一致，如不能与市辖区行政边界吻合，可与街道行政管理边界协同。

在城镇密集地区应进行城镇群或都市区的布局研究，统筹协调空间格局和不同层级的中心城区范围。

8.2 空间结构优化

8.2.1 优化空间格局

中心城区空间结构，一般应包括四个关键结构要素：中心体系结构、交通网络结构、绿色开敞空间结构、用地组织形态（分区及分组团结构）。经历过城市快速增长时期，城市结构趋于稳定，国土空间总体规划的重点是对空间结构的优化与调整。

1. 以自然和文化特质塑造城市空间特色

独特的自然资源和历史文化特质是城市的有机组成部分，城市布局应突出这些保护地区的作用，并有机地组织到城市结构之中。将保护地区的范围和控制要求作为城市发展的基本条件，由此塑造城市、中心城区的空间布局特色。

嘉兴地处长三角腹地，是我国最具江南水乡特色的历史文化名城之一，其"河道纵横、蛛网水系"的生态特色和"枕水而居、城湖相依"的人文特色较为突出。《嘉兴市国土空间总体规划（2021—2035年）》将中心城的水系、绿楔、公园融入空间结构，在对嘉兴自然水网特征和历史文化脉络梳理的基础上，将生态与历史文化格局通过九水连心进行锚固，彰显人与自然历史和谐共生的发展特色；结合对嘉兴市区湖荡、林地、耕地资源的识别与评估，筑牢北、东、南三条生态绿楔绿色屏障；有机整合并串联水系、公园和历史文化遗存，形成独具"江南水乡风韵"的城市景观体系，形成了"一心两城三板块、九水三楔多园泾"的空间结构。

2. 把握城市发展的战略机遇和重点

城市在特定的发展时期都会面临空间战略转移的机遇。准确识别城市发展外部条件的变化，把握机遇，不仅会带来城市发展方向和组织结构的转变，也会推进城市功能的跨越。在城市快速增长的时期，国家批复了一系列的国家级新区，这些新区的设立对于城市的跨越式发展起到了巨大的推动作用。

天府新区设立使得成都城市空间结构由传统的单核城市结构逐渐向多中心、组团式、网络化方向发展，天府新区与主城区共同构成了成都市的新双核，破解了老成都圈层蔓延式的发展困境，缓解了主城区人口、交通和环境压力。作为国家级新区，天府新区通过营造环境品质、丰富文化设施吸引了大量的创新资源与高端产业集聚，完善了城市创新生态格局，极大提升了城市竞争力。

3. 强化城市中心布局与公共服务体系建设

城市中心在城市功能和结构组织中具有重要地位，城市的生活功能和经济功能都是围绕城市中心展开的，这些中心或节点共同构成的中心体系会影响城市空间的整体组织效率，因而在整合城市空间发展关系方面具有引领性的作用。

城市中心体系的分布与城市的规模、结构形态存在对应关系，规模较大的城市会形成多层级、多中心的结构。中心连绵形成中心区域，如上海在规划中划定了中央活动区（CAZ）。

多中心的地区往往通过轴带链接，形成支撑市区的空间结构，如在《济南国土空间总体规划（2021—2035年）》中通过双十字轴带贯通市区内的重要节点，改变过去带状结构，形成网络型的空间格局。

4. 以交通梳理促进城市空间重组

交通战略与城市空间整合是城市结构重组的重中之重，面对高密度人居环境，发挥交通的引导作用，积极发展公共交通，建立起城市空间形态与交通组织相匹配的关系是城市结构控制的重要原则。

交通战略与城市形态的协调，形成交通廊道的整合，强调交通网络的主体形态与土地利用紧密结合，发挥交通对土地开发的引导作用，形成非均质形态的开放和发展结构。

8.2.2 优化建设用地结构和布局

1. 优化用地结构

坚持节约集约利用土地和提高土地利用绩效的原则，同时注重人居环境的改善和品质提升。应适当增加相关的用地标准，主要表现在保障居住用地的水平，虽然我国很多城市已经达到较高的居住用地标准，但居住用地标准的控制依然是规划用地控制的主要内容，人均居住用地应控制在 23~38 平方米。规划人均道路与交通设施用地面积不应小于 12.0 平方米／人，人均绿地与广场用地面积不应小于 10.0 平方米／人。从经济发展的用地保障上，要保障一定的产业空间，部分城市通过划定产业控制线来保障产业园区的布局。

根据《市级国土空间总体规划编制指南（试行）》的要求，要确定中心城区各类建设用地总量和结构，制定中心城区城镇建设用地结构规划表，提出不同规划分区的用地结构优化导向，鼓励土地混合使用。

2. 设定留白区

2019 年，中共中央办公厅、国务院办公厅印发的《关于在国土空间规划中统筹划定落实三条控制线的指导意见》提出要"科学预留一定比例的留白区，为未来发展留有开发空间"；2020 年的《市级国土空间总体规划编制指南（试行）》明确了战略预留区和城镇弹性发展区的概念；随后，"留白用地"作为一种用地类型在《国土空间调查、规划、用途管制用地用海分类指南》中正式确立。与之同步，各地方政府或结合市域功能布局调整进行战略空间留白的规划管理实践（如上海、北京），或在国家制度框架的指导下建立规划留白管理机制。[1]

城市留白空间作为一种应对空间开发不确定性、增强规划弹性的空间开发管控工具，在实践运用中应该兼顾空间安排上战略预留和空间开发中提高弹性的两方面政策目的；在划定阶段加强战略管理、启动阶段的节点管理和使用阶段的灰度管理。

在规划城市开发边界内明确战略留白的空间布局。主要包括现状低效利用待转型的成片工业区以及规划交通区位条件可能发生重大改变的地区等，尤其是当下未能明确发展方向的重点功能区及其周边关联区域，确保未来重大功能项目、重大事件落地。[2]

3. 优化土地使用的空间关系

在城市用地布局中一方面要利用好土地的区位价值，减少各用地之间的干扰，

---

1. 唐爽，张京祥.面向弹性治理的城市留白空间系统管控研究——基于中国和新加坡的比较［J］.城市规划学刊，2023（5）：29-36.
2. 沈果毅，方澜，陶英胜，等.上海市城市总体规划中的弹性适应探讨［J］.上海城市规划，2017（4）：46-51.

更应该研究各用地之间的关系。关注居民居住空间及公共服务设施的对应关系；关注就业岗位和居住空间的平衡；关注出行需求与相应的地铁等大运量公共交通系统、道路网络等供给之间的匹配。例如，广州市通过划定三个管理圈层，明确不同圈层城市更新产业建设量占产居总建设量的比例，特别加强中心城区和重点功能片区的产业用地保障，促进高质量发展。

案例 8-1　广州市城市更新实现产城融合职住平衡的操作指引（2022 年修订稿）

为实现国土空间总体规划的战略目标，参考国际城市的先进经验，以城市更新为契机，结合产城融合的要求，合理划定面向城市规划建设的管理圈层，通过合理配置城市更新单元产业建设量占产居总建设量的比例，吸引高端产业向中心城区聚集，进一步优化城市功能和人口布局，缓解交通压力，实现产城融合、职住平衡的发展目标。

管理圈层和要求

以国土空间总体规划的城镇发展空间布局为基础，结合重点功能片区、城市重要道路、行政边界等要素，划定三个管理圈层。通过城市更新为产业发展提供拓展空间，特别是加强中心城区和重点功能片区的产业用地保障，促进高质量发展。

（一）第一圈层

广州环城高速以内的区域。主要包含越秀区、海珠区北部、荔湾区东部、天河区南部等老城区，面积 220 平方公里。重点破解老城区人口过度密集、公共配套不足等瓶颈，增添高质量增长引擎，激发创新创业活力和动力。

第一圈层内，城市更新单元产业建设量原则上占产居总建设量的 50% 以上；或城市更新单元融资地块上产业建设量原则上占融资地块产居总建设量的 50% 以上。

（二）第二圈层

广州环城高速以外，东至天河－黄埔、番禺－黄埔区界，南至广明高速，西至广州－佛山市界，北至华南快速。主要包含海珠区南部、荔湾区西部、天河区北部、白云区南部、番禺区北部等，面积 397 平方公里。着力强化中心城区核心区以及广州南站、万博商务区、国际创新城等重点功能片区的高端要素集聚，提高推动广州创新驱动高质量发展的能级。

第二圈层内，城市更新单元产业建设量原则上占产居总建设量的 30% 以上；或城市更新单元融资地块上产业建设量原则上占融资地块产居总建设量的 30% 以上。

（三）第三圈层

第一、第二圈层以外的区域。主要包含白云区北部、番禺区南部、黄埔区、花都区、南沙、从化区、增城区等。重点促进产城融合发展，构建城乡一体发展格局。

第三圈层内，除已经纳入重点功能片区按规划控制外，其他区域城市更新单元产业建设量占产居总建设量的比例，由所在区结合片区产业发展规划和城市更新单元实际，自行制定指引。

8.3 城市品质提升

8.3.1 提升公共服务水平

国土空间总体规划应按照相关标准配置城市公共服务设施，补齐短板。2021年，自然资源部发布《社区生活圈规划技术指南》作为规范指导全国社区生活圈规划工作的行业标准。"15分钟社区生活圈"是中国语境下以"人的活动"为核心的理想城市基层治理和公共资源配置空间单元；承载了从物质、安全、归属到学习、交往、创造等各个层面人本需求的美好愿景；既包含了最基本的公共服务功能，又包含了就业创业、艺术文化、睦邻友好等高等级功能，切实回答了新时代如何在空间上全面满足人民的美好生活需求。[1]

社区生活圈是公共资源配置的基本单元。根据居民的多样化需求与行为模式，科学合理配置设施与用地的规模、结构和布局。以居民的需求为导向，社区服务等各类服务要素选址宜遵循方便居民、利于慢行、相对集中、适度均衡的原则，优先布局在人口密集、公共交通方便的地区，增强可达性，可包括如下方面。①强化服务要素功能关联。将功能关联度高的服务要素相对集中布局，促进共享办公、终身教育、文化活动、体育健身等服务要素与商业服务业用地混合布局，鼓励地上地下空间综合开发，倡导医养结合、文体结合。②分层级引导服务要素合理布局。15分钟层级宜形成综合性的社区服务中心，涵盖就业引导、社区服务、生

---

1. 熊健. 打造人民城市的理想社区 15分钟社区生活圈理论的源起、演进与展望［J］. 时代建筑，2022（2）：6-13.

态休闲等服务要素，可依托社区资源培育特色功能。5~10分钟层级服务要素宜灵活均衡布局，并与生活性街道、公共空间、绿道邻近设置，保障老人、儿童的便捷友好使用。③以慢行网络链接服务要素。构建"小街区、密路网"的社区生活圈空间结构，通过慢行网络加强就业、居住、社区服务、生态休闲等服务要素之间的有机串联，设置活力界面和休憩设施，优化绿化环境，提升出行体验。城市更新地区可通过开放内部或增加街巷、设置空中连廊和地下通道等方式织密慢行网络。

8.3.2 提升城市环境品质

1. 绿地与开敞空间

结合生态网络，以公共开敞空间为重点，完善网络化的绿地与开敞空间体系，改善城市宜居性。提出绿地系统网络化布局和用地控制要求，明确城市结构性绿地、水体等控制范围。划定城市绿线和城市蓝线并提出控制要求。确定城市公园绿地与开敞空间的布局，提出社区公园与开敞空间的网络化均衡布局要求，提高社区公园的复合性。确定中心城区绿地与广场用地的总量、人均面积和覆盖率指标，提高人均公园面积。提出通风廊道和城乡绿道系统的布局和控制要求。

2. 历史文化保护和传承

梳理市域历史文化遗产保护名录，统筹划定包括城市紫线在内的各类历史文化保护线。明确和整合各级文物保护单位，历史文化名城名镇名村、历史文化街区、传统村落、历史建筑等历史文化遗存的保护范围和空间形态控制要求。对历史文化资源富集地区，制定区域整体保护措施。对历史城区和历史文化街区，制定城市整体保护和有机更新的土地利用措施。

3. 空间形态塑造

立足本地自然资源与人文禀赋，运用城市设计方法，塑造良好的空间形态与景观风貌，凸显地域特色。提出城市空间形态引导和管控原则，加强自然和人文景观的整体保护与塑造，提出空间形态引导和管控原则。对城市重点地区提出整体风貌、色彩、高度、天际线等空间形态塑造和管控要求。控制高层建筑，严格控制新建超高层建筑。对滨水地区、山麓地区、历史城区及其他自然和人文资源富集的地区，提出有针对性的空间塑造和管控要求。公共开放空间，要结合周边环境，通过塑造有特色、标志性的公共空间，连接周边地区，带动提升整体空间价值。

8.4 城市控制线划定

建立城市蓝线、绿线、黄线、紫线控制体系。城市绿线是指城市各类绿地范围的控制线。城市蓝线是指城市规划确定的江、河、湖、库、渠和湿地等城市地表水体保护和控制的地域界线。城市黄线是指对城市发展全局有影响的、城市规划中确定的、必须控制的城市基础设施用地的控制界线。城市紫线是指国家历史文化名城内的历史文化街区和省、自治区、直辖市人民政府公布的历史文化街区的保护范围界线，以及历史文化街区外经县级以上人民政府公布保护的历史建筑的保护范围界线。

8.4.1 城市绿线

城市绿线划定、管理的主要依据是《城市绿线管理办法》（2002年9月13日中华人民共和国建设部令第112号发布，根据2011年1月26日中华人民共和国住房和城乡建设部令第9号《住房和城乡建设部关于废止和修改部分规章的决定》修正）。

城市绿线，是指城市各类绿地范围的控制线。城市绿线在各级规划中分级划定，总体规划主要关注结构性、高等级、重要的绿地，具体包括以下内容。

（1）结构性绿地。

（2）市级公园绿地。

（3）划入中心城区范围内的，生态红线以外的城市生态保障区域，包括水源保护区、自然保护区、城市隔离绿地、湿地、河流水系绿带、山体、农林用地等。

（4）基础设施防护隔离区域，包括各级公路、铁路、轨道交通、输变电设施、管道运输设施、环卫设施等沿线或周边设置的绿化隔离区域等。

（5）休闲游憩区域，包括风景名胜区、郊野公园、森林公园、湿地公园以及各类主题公园等。

（6）其他区域，包括苗圃、花圃、草圃等。

8.4.2 城市蓝线

城市绿线划定、管理的主要依据是《城市蓝线管理办法》（2005年12月20日中华人民共和国建设部令第145号发布，根据2011年1月26日中华人民共和国住房和城乡建设部令第9号《住房和城乡建设部关于废止和修改部分规章的决定》修正）。

城市蓝线，是指城市规划确定的江、河、湖、库、渠和湿地等城市地表水体保护和控制的地域界线。划定城市蓝线，应当遵循以下原则。

（1）统筹考虑城市水系的整体性、协调性、安全性和功能性，改善城市生态和人居环境，保障城市水系安全。

（2）与同阶段城市规划的深度保持一致。

（3）控制范围界定清晰。

（4）符合法律、法规的规定和国家有关技术标准、规范的要求。

城市蓝线的构成要素包括以下内容。①江河：包括自然形成的河流以及人工开挖的运河等水道；②湖泊：天然或人工湖泊的水面区域；③水库：用于储存和调节水量的人工水体；④渠道：人工修建的用于灌溉、排水或输送水体的通道；⑤湿地：包括沼泽、滩涂、河口三角洲等自然湿地，以及城市内部具有湿地特征的区域。

城市蓝线在各级规划中分级划定，在实践中表现为多关注水作为资源和安全风险的工程性和功能性特征，[1] 要将促进涉水空间品质提升作为蓝线划定的重要原则。

各城市的蓝线规划体系存在地域性与层级性划定差异，蓝线的划定区间常会在城市水域控制线及城市滨水绿地（城市绿线）之间变动，由此也出现各地方城市蓝线编制体系存在控制线名称、控制线类型、控制线管理权责部门的不同。原则上应以空间为核心，不宜以河湖管理范围线代替蓝线。以最大水体廊道的控制线作为蓝线时会将其他用地纳入蓝线，应加强与相关控制线的协调。

---

1. 王世福，练东鑫，邓昭华，等.国土空间规划体系下城市蓝线划定适宜性探究[J].南方建筑，2022（1）：1-9.

8.4.3　城市黄线

城市绿线划定、管理的主要依据是《城市黄线管理办法》(2005年12月20日中华人民共和国建设部令第144号发布，根据2011年1月26日中华人民共和国住房和城乡建设部令第9号《住房和城乡建设部关于废止和修改部分规章的决定》修正)。

城市黄线是指对城市发展全局有影响的、城市规划中确定的、必须控制的城市基础设施用地的控制界线。这些基础设施包括以下内容。

（1）城市公共汽车首末站、出租汽车停车场、大型公共停车场；城市轨道交通线、站、场、车辆段、保养维修基地；城市水运码头；机场；城市交通综合换乘枢纽；城市交通广场等城市公共交通设施。

（2）取水工程设施（取水点、取水构筑物及一级泵站）和水处理工程设施等城市供水设施。

（3）排水设施；污水处理设施；垃圾转运站、垃圾码头、垃圾堆肥厂、垃圾焚烧厂、卫生填埋场（厂）；环境卫生车辆停车场和修造厂；环境质量监测站等城市环境卫生设施。

（4）城市气源和燃气储配站等城市供燃气设施。

（5）城市热源、区域性热力站、热力线走廊等城市供热设施。

（6）城市发电厂、区域变电所（站）、市区变电所（站）、高压线走廊等城市供电设施。

（7）邮政局、邮政通信枢纽、邮政支局；电信局、电信支局；卫星接收站、微波站；广播电台、电视台等城市通信设施。

（8）消防指挥调度中心、消防站等城市消防设施。

（9）防洪堤墙、排洪沟与截洪沟、防洪闸等城市防洪设施。

（10）避震疏散场地、气象预警中心等城市抗震防灾设施。

（11）其他对城市发展全局有影响的城市基础设施。

城市黄线在各级规划中分级划定，总体规划中主要划定高等级的、占地较大的设施。

8.4.4　城市紫线

城市紫线划定、管理的主要依据是《城市紫线管理办法》(2003年12月17日中华人民共和国建设部令第119号发布，根据2011年1月26日中华人民共和国住房和城乡建设部令第9号《住房和城乡建设部关于废止和修改部分规章的决定》修正）。

城市紫线是指国家历史文化名城内的历史文化街区和省、自治区、直辖市人民政府公布的历史文化街区的保护范围界线，以及历史文化街区外经县级以上人民政府公布保护的历史建筑的保护范围界线。紫线管理是划定城市紫线和对城市紫线范围内的建设活动实施监督、管理。

划定保护历史文化街区和历史建筑的紫线应当遵循下列原则。

（1）历史文化街区的保护范围应当包括历史建筑物、构筑物及其风貌环境所组成的核心地段，以及为确保该地段的风貌、特色完整性而必须进行建设控制的地区。

（2）历史建筑的保护范围应当包括历史建筑本身和必要的风貌协调区。

（3）控制范围清晰，附有明确的地理坐标及相应的界址地形图。

城市紫线范围内文物保护单位保护范围的划定，须依据国家有关文物保护的法律、法规。历史文化街区的保护范围应当包括历史建筑物、构筑物及其风貌环境所组成的核心地段，以及为确保该地段的风貌、特色完整性而必须进行建设控制的地区；历史建筑的保护范围应当包括历史建筑本身和必要的风貌协调区。历史文化街区和历史建筑，两项内容往往不仅限于中心城区，尤其是历史建筑，其一般在全域范围均有分布。

关键术语

中心城区、城市空间结构、社区生活圈、城市四线

思考题

1．简述中心城区空间结构优化的主要方面。
2．简述如何提升中心城区公共服务水平。
3．简述划定城市控制线要考虑的因素。

参考文献

[1] 中共中央,国务院.关于建立国土空间规划体系并监督实施的若干意见:中发〔2019〕18号[EB/OL].(2019-05-23)[2024-05-05].https://www.gov.cn/gongbao/content/2019/content_5397679.htm.

[2] 自然资源部办公厅.关于印发《市级国土空间总体规划编制指南(试行)》的通知:自然资办发〔2020〕46号[EB/OL].(2020-09-22)[2024-05-05].https://gi.mnr.gov.cn/202009/t20200924_2561550.html.

[3] 自然资源部.城区范围确定规程:TD/T 1064-2021[S/OL].(2021-06-18)[2024-05-05].http://www.nrsis.org.cn/mnr_kfs/file/read/21d2d1d71032b84ebd802fb62bcc5ce7.

[4] 陶松龄,张尚武.现代城市功能与结构[M].北京:中国建筑工业出版社,2014.

[5] 王新哲.国土空间总体规划编制研究与实践探索[M].上海:同济大学出版社,2024.

[6] 黄玫,张敏,张兵,等."城区范围"概念解析及其确定方法探讨——以115个城市为实践对象[J].城市规划,2022,46(5):17-26.

[7] 衣霄翔,王淑钰,张郝萍,等.人口收缩背景下城镇建设用地的挑战与出路——以我国东北三省为例[J].城市规划学刊,2023(6):68-78.

[8] 程遥,王启轩.国土空间规划体系下的国土空间开发绩效评价——框架建构与关键议题[J].自然资源学报,2024,39(2):274-286.

[9] 熊健.打造人民城市的理想社区15分钟社区生活圈理论的源起、演进与展望[J].时代建筑,2022(2):6-13.

[10] 王世福,练东鑫,邓昭华,等.国土空间规划体系下城市蓝线划定适宜性探究[J].南方建筑,2022(1):1-9.

[11] 唐爽,张京祥.面向弹性治理的城市留白空间系统管控研究——基于中国和新加坡的比较[J].城市规划学刊,2023(5):29-36.

[12] 沈果毅,方澜,陶英胜,等.上海市城市总体规划中的弹性适应探讨[J].上海城市规划,2017(4):46-51.

第 9 章

支 撑 体 系

9.1 综合交通规划

9.1.1 规划编制及传导要求

1. 总体编制要求

综合交通是国土空间的重要支撑,是优化空间结构、协调空间组织、改善空间联系的重要手段和途径,也是保障国土空间经济社会高效运转的重要支撑要素。综合交通规划是对多模式交通供给和多元化交通需求在空间和时间上的合理配置,包括确定综合交通发展目标及策略,制定铁路、公路、航空、机场、水运、交通枢纽、物流等子系统布局方案,明确近期建设项目安排等内容。

在国土空间总体规划中,应重视交通—空间的协同优化规划,通过发展目标的关联协同、规划布局的互动耦合、近期实施的协同一致,支撑国土空间开发保护总体格局的有效实现。对应全国、省、市、县、乡镇各级国土空间总体规划的目标、内容和传导要求,确定各级综合交通规划专篇的编制内容和深度。其中,考虑市级和县级层面的交通规划编制逻辑、内容框架总体较为接近,将其合并为市县级。

2. 规划编制内容

全国国土空间规划中,综合交通体系的构建应结合我国共建"一带一路"倡议、区域协调发展战略、区域重大战略、主体功能区战略、新型城镇化战略等要求,整合《交通强国建设纲要》《国家综合立体交通网规划纲要》关于加快建设交通强国的顶层设计和具体要求,实现综合立体交通网与国土空间开发保护新格局的协同,形成优势互补、高质量发展的国土空间体系(图9-1)。

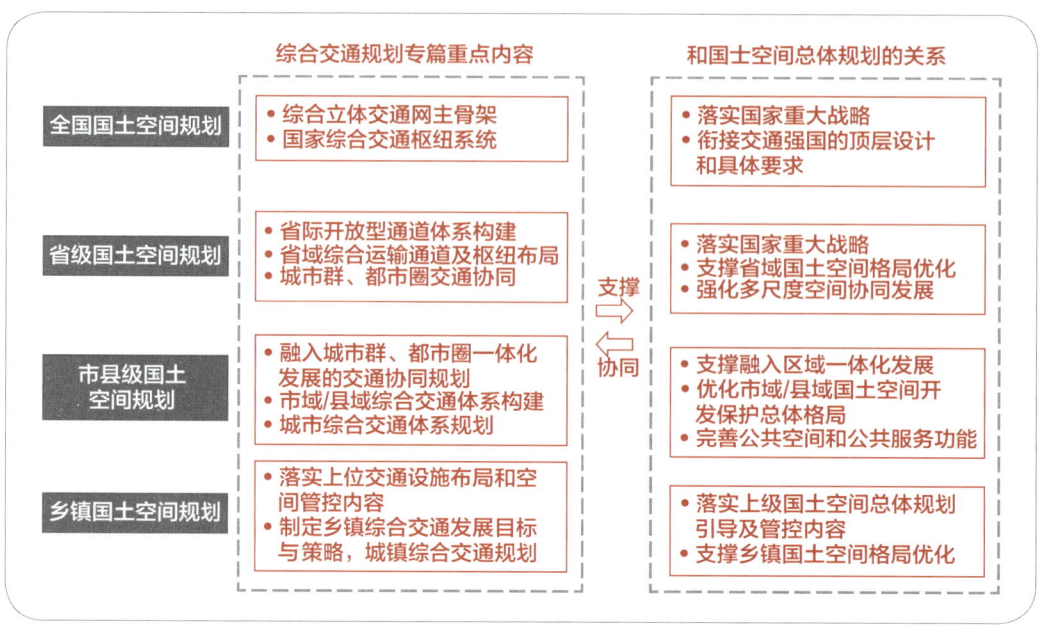

图 9-1　各级国土空间规划综合交通专篇内容框架

省级国土空间规划中，综合交通体系的构建应以落实国家重大战略、支撑省域国土空间格局优化、强化多尺度空间协同发展为目标导向。一是加强省际开放型通道体系构建，链接国内国际两大市场，强化形成"通道＋枢纽＋网络"总体格局。二是完善省域综合运输通道、枢纽的布局和空间管控，对纳入国家级规划的重大交通基础设施项目进行空间落位；谋划省级重大交通基础设施项目并进行空间预控；推动机场、港口、铁路主导的综合交通枢纽及多式联运体系建设，引导运输结构绿色低碳转型。三是结合城市群、都市圈一体化发展趋势，完善多层次、跨尺度的综合交通体系格局，明确关键省际通道、边际枢纽的功能定位和空间管控要求，促进交通基础设施共建共享。

市县级国土空间规划中，综合交通体系的构建应以支撑各地融入区域一体化发展、优化市域/县域国土空间开发保护总体格局为目标导向。一是明确市县在城市群、都市圈的发展定位和交通发展需求，形成区域交通衔接体系，城镇密集地区的市县应提出跨行政区域的协调发展内容。二是依据国土空间开发保护总体格局、城乡融合发展等目标，优化全域统筹的综合交通走廊和枢纽布局，完善客货运输系统布局，增强交通服务能力。三是在中心城区层面，提出与城市布局相适应的公共交通体系与设施布局，推动公交引导城市发展；完善道路、停车和慢行交通系统，结合蓝绿网络优化街道空间，营造健康、舒适、便利的人居环境。

乡镇级国土空间规划中，综合交通体系的构建应以落实上级国土空间总体规划引导及管控内容、支撑乡镇国土空间格局优化为目标导向。一是衔接上位规划，明确对外交通线路和交通枢纽的功能等级、用地规模、走向、位置和管控要求。二是制定乡镇综合交通发展目标与策略，协调城镇干路、乡道及主要村道与上位交通走廊的衔接关系，并提出镇区综合交通规划方案。

3. 规划传导与管控

上位规划注重交通发展的顶层设计以及战略性"廊道+枢纽"体系构建，下位规划注重网络细化和空间落实。全国综合交通发展总体目标、"6轴、7廊、8通道"综合立体交通网主骨架、国家综合交通枢纽系统等内容应传导至下级规划；省级综合交通发展目标、重大线性交通基础设施、综合交通枢纽等内容也应传导至下级规划，明确各项设施的功能定位；空间上以采用弹性管控形式为主，对建设形式、建设标准、用地边界不作强制性要求。

市县级综合交通规划要承接和落实上位交通发展目标，并将重大线性交通基础设施、综合交通枢纽、城市干路网、城市骨干公交廊道及场站等内容传导至下级规划。其中，重要交通场站采用面域控制，重要交通线路采用线位/廊道控制，其他低等级交通设施可采用规模传导的形式弹性控制，并形成重点项目清单及成果图。对于市、县二级之间的关系，除了要落实市级交通发展目标和设施落位要求，县级规划还要结合自身实际情况进行深化研究，重点提出乡镇级及以上级新增重大设施与廊道的管控要求，并传导到下级规划。

乡镇以市县级规划为依据，在保证上位的面域、线位/廊道控制要求基础上，优化交通系统布局，完善低等级交通网络和设施规划，补充控制内容并细化落实管控指标，形成重点项目清单及成果图。

9.1.2 综合交通发展目标

1. 国家顶层设计

2019年9月、2021年2月，中共中央、国务院先后印发了《交通强国建设纲要》《国家综合立体交通网规划纲要》，两个纲要共同构成了指导加快建设交通强国的纲领性文件，为地方综合交通规划提供了指引。

《国家综合立体交通网规划纲要》明确提出：到2035年，基本建成便捷顺畅、经济高效、绿色集约、智能先进、安全可靠的现代化高质量国家综合立体交通网，实现国际国内互联互通、全国主要城市立体畅达、县级节点有效覆盖，有力支撑"全国123出行交通圈（都市区1小时通勤、城市群2小时通达、主要城市3小时覆盖）"和"全球123快货物流圈（国内1天送达、周边国家2天送达、全球主要城市3天送达）"。到21世纪中叶，全面建成现代化高质量国家综合立体交通网，拥有世界一流的交通基础设施体系，交通运输供需有效平衡、服务优质均等、安全有力保障，实现数字化、网络化、智能化、绿色化，全面建成交通强国[1]。

2. 地方交通发展目标

地方交通发展目标要以国家发展规划为依据，结合城市或区域的总体战略及未来交通需求，合理确定其交通发展目标。通过构建多层级、一体化、高质量的现代化综合交通体系，为促进国土空间开发保护、城乡协调发展和生产力布局优化等经济社会环境可持续发展，充分发挥基础性、先导性、战略性和服务性作用。

以上海为例，在"卓越的全球之城，令人向往的创新之城、人文之城、生态之城，具有世界影响力的社会主义现代化国际大都市"的愿景目标之下，确定了"人本、高效、智慧、绿色、韧性的国际大都市高质量一体化交通"的总体目标；进一步明确了"近沪地区90分钟通勤可达、市域城镇圈30~40分钟可达、中心城平均通勤时间不超过40分钟、社区生活圈步行15分钟可达"的多尺度可达性目标；同时为响应提升全球竞争力、绿色低碳发展等国家战略要求，提出了"门户枢纽地位稳步提升，出入境客流比例达到38%，国际集装箱中转比例达到13%；健全绿色出行体系，中心城绿色交通出行比例不低于75%；交通生态环境影响根本好转，NO_x污染物排放减少30%，力争实现交通碳排放量（不含航空、水运）达到峰值等"的各项规划指标[2,3]。

9.1.3　铁路布局

1. 规划原则

为了更好地支撑引领区域人口经济空间布局优化调整，应加快建设"多网融合"的铁路网络，着眼于整体城市群空间布局和结构，统筹规划和建设交通网络系统。通过建设"轨道上的城市群、都市圈"，实现交通运输与城镇形态、人口布局

---

1. 中共中央，国务院. 国家综合立体交通网规划纲要［EB/OL］.（2021-02-24）［2024-05-05］. https://www.gov.cn/zhengce/2021-02/24/content_5588654.htm.
2. 上海市规划和国土资源管理局. 上海市城市总体规划（2017—2035年）［R］. 上海：上海市人民政府，2018.
3. 上海市交通委员会. 上海市交通发展白皮书（2022年版）［R］. 上海：上海市交通委员会，2022.

协调融合发展。

应合理进行铁路的分类分层。《中长期铁路网规划》提出,要形成以"八纵八横"主通道为骨架、区域连接线衔接、城际铁路补充的高速铁路网。其中,高速铁路主通道规划新增项目原则采用时速250公里及以上标准(地形地质及气候条件复杂困难地区可以适当降低),其中沿线人口城镇稠密、经济比较发达、贯通特大城市的铁路可采用时速350公里标准;区域铁路连接线原则采用时速250公里及以下标准;城际铁路原则采用时速200公里及以下标准;市域铁路一般采用时速100~160公里的标准。

2."四网融合"布局

按照"城市群及区域活动圈—都市圈—市域圈"组织各圈层轨道交通体系,形成多级衔接、一体整合的轨道交通网络(图9-2)。推动中心城市之间、中心城市与周边城镇之间形成合理的层级结构和网络布局,推进城际交通快速化、通勤交通便捷化和城乡交通一体化。"十四五"期间,我国着力推动干线铁路网、城际铁路网、市域(郊)铁路网、城市轨道交通网的"四网融合"建设[1],为实现上述各层级网络功能相互的兼容,从技术上关键要处理好系统制式、服务标准、换乘衔接和运营模式等一系列问题,也要处理好规划机制、建设体制和运营管理机制,真正地实现"一张网"运营[2]。

我国《"十四五"现代综合交通运输体系发展规划》提出,2025年基本建成京津冀、长三角、粤港澳大湾区等城市群城际铁路网,并建设都市圈多层次轨道交通网络,打造轨道上的都市圈。以长三角地区为例,为贯彻落实《长江三角洲区域一体化发展规划纲要》的战略部署,共建轨道上的长三角,深化编制了《长江三角洲地区交通运输更高质量一体化发展规划》和《长江三角洲地区多层次轨道交通规划》,提出"到2025年,基本建成轨道上的长三角,有效支撑基础设施互联互通和区域一体化发展;到2035年,建成高质量现代化轨道上的长三角,轨道交通全面引领推动区域一体化发展"。

---

1. 国家发展和改革委员会规划司."十四五"规划《纲要》名词解释之134:轨道交通"四网融合"[EB/OL].(2021-12-24)[2024-05-05]. https://www.ndrc.gov.cn/fggz/fzzlgh/gjfzgh/202112/t20211224_1309395_ext.html.
2. 刘剑锋.多层次轨道交通网络助力长三角一体化发展[EB/OL].(2021-08-06)[2024-05-05]. https://www.ndrc.gov.cn/xxgk/jd/jd/202108/t20210806_1293327.html.

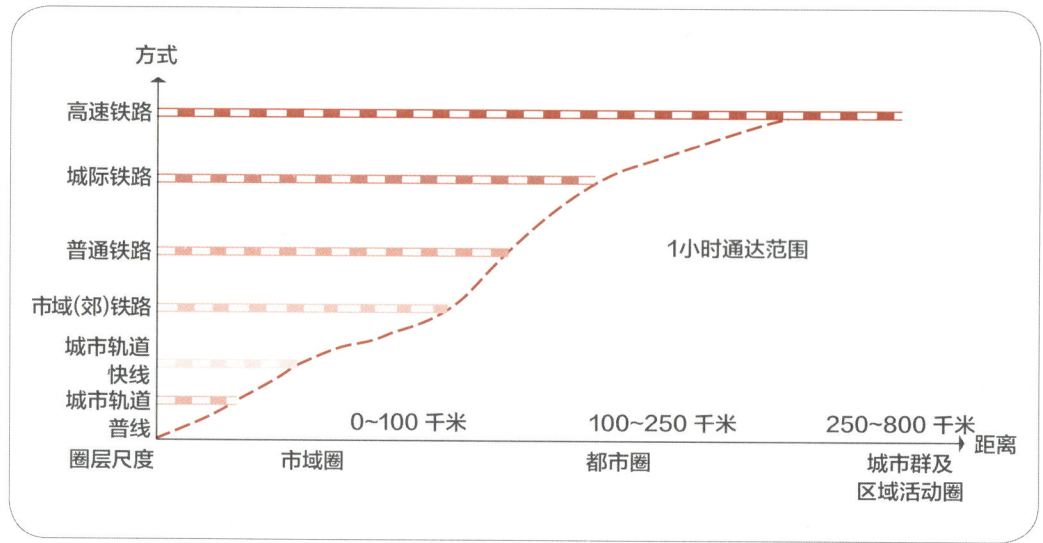

图 9-2 多网融合的铁路线路层级关系

案例 9-1　长三角地区多层次轨道交通

把握多层次运输需求，统筹干线铁路、城际铁路、市域（郊）铁路、城市轨道交通规划布局和一体衔接，打造四网融合、覆盖充分、内畅外通的轨道交通网络。

干线铁路网：坚持高速与普速并重、新建与改造同步，构建"三纵三横"、多点放射的区域干线铁路网络。以沿海、京沪、京港（台）三个纵向通道以及陆桥、沿江、沪昆三个横向通道为主骨架，构建多向通达的高速铁路通道；推动普速铁路设施能力和基础服务广泛覆盖，加快建设衢州至宁德、宁波至金华等货运铁路等项目，积极推进铁路专用线建设和铁水联运设施联通，全面拓展提升普速铁路网络。

城际铁路网：加快建设沪宁合、沪杭、宁杭、合杭甬等轴带城际铁路及区域连接线，构建轴带通达、节点辐射的城际铁路网络，强化上海、南京、杭州、合肥、宁波等主要节点城市之间及与周边城市的高效联通。

市域（郊）铁路网：以优化通勤供给为重点，串联 5 万人及以上的城镇组团和重要工业园区、旅游景点，打造中心城区与周边城镇组团间 0.5~1 小时通勤网，引领上海大都市圈和南京、杭州、合肥、苏锡常、宁波都市圈同城化、一体化发展。

城市轨道交通网：统筹财力支撑和发展需要，因城施策有序推进项目建设。完善优化上海、南京、杭州等超大、特大城市轨道交通网络，推进合肥、宁波、苏州等城市轨道交通成网运行。

3. 铁路场站布局

铁路场站布局直接影响城市的发展方向和空间结构。遵循"既充分考虑铁路本身的作业需要与发展，又力求避免对城市的干扰"的基本原则，综合考虑铁路运输的组织、城市布局的特点以及自然地理条件的限制等因素，合理处理铁路场站与城市布局的关系。

其中，直接与城市生产和生活有密切关系的客、货运设备，如客运站、综合性货运站等，应按照它们的性质分布在城区内部或接近城市中心，或设在城区外围而有城市干路相连接的地区。与城市生产与生活没有直接关系的技术设备，如编组站、客车整备场等，在满足铁路技术要求以及配合铁路枢纽总体布置的前提下，应尽可能布置在城市外围有相当距离的地方。铁路站场的用地规模与客货运量及其布置方式有关，站场应采用合理图形、紧凑布置，提高场站用房的综合化利用，并适当预留发展用地。

9.1.4 公路布局

1. 规划原则

在现有的公路网络化基础上，依托"6轴、7廊、8通道"国家综合立体交通网主干线和国土空间开发主轴线，进一步完善地方公路网络，提升公路服务能级，构建干支衔接、四通八达、覆盖城乡、多式协同的公路交通运输系统。

公路技术等级的选用应根据公路网规划，从全局出发，按照公路的使用任务、功能并结合交通量论证确定（表9-1）。

2. 公路网络布局

各级公路网络布局优化的重点为以下几点。

（1）完善高速公路网络，强化公路对外互联互通。推进国家高速公路主线以及省道干线公路繁忙拥挤路段的扩容改造，加快推进并行线、联络线以及待贯通路段建设。优化高速公路网络层次结构，加快省际、市际的高速公路建设，逐步实现相

表 9-1　公路功能与等级的主要对应关系

类型	连接功能	技术等级	行政等级
主要干线公路	连接 20 万人以上的大中城市、交通枢纽、重要对外口岸和军事战略要地	高速公路	国道、省道
次要干线公路	连接 10 万人以上的城市和区域经济中心	二级及二级以上公路	国道、省道
主要集散公路	连接 5 万人以上的县（市）、主要工农业生产基地、重要经济开发区、旅游名胜区和商品集散地	一、二级公路	省道、县道
次要集散公路	连接 1 万人以上的县（市）、大的乡镇和其他交通发生地	二、三级公路	县道、乡道
支路	连接广大乡镇、村庄，直接与用路者的出行源点相衔接	三、四级公路	乡道、主要村道

邻城市间高速公路直连[1]。

（2）强化干线公路与城市道路有效衔接，畅通高快一体通道。在城镇密集地区，要实施普通国省干线提质工程，同时加强城市环线、联络线等建设，推进干线公路过境段、出入口路段或立交的升级改造。尤其应集约节约利用通道、线位等资源，统筹推进铁路、公路、城市交通等合并过江、跨海[2]。

（3）完善市域公路网络，加强城乡公路网络有效衔接，改善市域各城镇及重要口岸、枢纽、产业园区、旅游景区的对外联系水平。以济南为例，规划了"二环一联十六射"高速公路网，以实现市域建制镇 30 分钟上高速、镇级以上中心之间 1 小时出行可达的目标[3]。此外，还要强化农村公路与干线公路、村内主干道衔接，促进农村公路与农业产业、文化旅游以及美丽乡村建设等的融合发展。

3. 公路布置要求

为了发挥公路运输灵活方便的优点，为城乡生产、生活服务，公路布置既要有利于交通联系，也要有利于城乡空间布局和减少对城镇的干扰。根据区域内城乡分布和交通流量流向，结合综合运输布局以及地形、地质、河流等条件，因地制宜地进行安排。

要协调公路交通与城市的关系，充分考虑重要节点的连通要求，结合沿线地区

---

1. 中共中央，国务院. 国家综合立体交通网规划纲要［EB/OL］.（2021-02-24）［2024-05-05］. https://www.gov.cn/zhengce/2021-02/24/content_5588654.htm.
2. 国家发展和改革委员会，交通运输部. 关于印发《长江三角洲地区交通运输更高质量一体化发展规划》的通知：发改基础〔2020〕529 号［EB/OL］.（2020-04-02）［2024-05-05］. https://www.gov.cn/zhengce/zhengceku/2020-04/29/content_5507368.htm.
3. 济南市自然资源和规划局. 济南市国土空间总体规划（2021—2035 年）草案公示公告［EB/OL］.（2022-10-26）［2024-05-05］. https://mp.weixin.qq.com/s/95BtIKjTwvgVNGkux2h0Kw.

国土空间规划，确定其与公路连接的方式和地点。与城镇关系不大的过境交通，尽量从城区或功能片区边缘通过；以城镇为起止点的出入城交通，线路可引入城区与城市干路衔接，但应避免穿越城区中心；市域内部之间的交通，通过干支公路分级衔接，覆盖郊区城镇、园区及乡村。

根据公路等级、车道数量、环境保护的要求和建设用地条件，合理确定公路红线宽度和两侧隔离带规划控制宽度。公路的红线宽度一般为：高速公路 40~60 米，一级公路 30~50 米，二级公路 20~40 米，三级公路 10~24 米，四级公路 8~10 米。

9.1.5 机场布局

1. 规划原则

在国内国际双循环相互促进的新发展格局加快构建时期，要求民航充分发挥国内、国际畅通互联的比较优势，构建完善现代化国家综合机场体系，扩大航空网络覆盖。

机场整体布局应统筹考虑经济社会发展和各种交通方式的衔接，与人口分布、资源禀赋相协调，与国土开发、城镇化格局等相适应。

2. 机场布局规划

按照《国家综合立体交通网规划纲要》，我国要在 2035 年基本建成以世界级机场群、国际航空（货运）枢纽为核心，区域枢纽为骨干，非枢纽机场和通用机场为重要补充的国家综合机场体系。《全国民用运输机场布局规划》《"十四五"民用航空发展规划》明确提出了各级机场布局和近期建设项目安排，是各地机场规划建设的依据。

> **案例 9-2** 民用运输机场布局

世界级机场群：包括京津冀、长三角、粤港澳大湾区、成渝机场群，要统筹航空运输市场需求和机场功能定位，优化配置各类资源，提升机场集疏运能力，增强其面向全国乃至全球的辐射能力。如在长三角巩固提升上海国际航空枢纽地位，与杭州、南京、合肥、宁波等机场共同打造长三角地区世界级机场群。

国际枢纽机场：加快北京、上海、广州、成都、深圳、昆明、西安、重庆、乌鲁木齐、哈尔滨等国际航空枢纽建设和能级提升，依托国际航空枢纽，构建覆盖全球的空中客货运输网络。

区域枢纽机场：推进天津、沈阳、济南、兰州、南宁、贵阳、拉萨等区域枢纽机场扩能改造，实施厦门、呼和浩特、大连、南通等机场迁建，提升航空枢纽综合服务功能。建成湖北鄂州专业性货运枢纽机场，优化完善综合性枢纽机场货运设施。

非枢纽机场：实施一批非枢纽机场改扩建工程；新建一批非枢纽机场，重点布局加密中西部地区和边境地区机场。持续推动运输航空和通用航空"两翼齐飞"协调发展，加强支线机场通用航空保障能力。鼓励毗邻地区合资合作建设机场设施，实现资源共享、互利共赢。

对于机场的规划建设，一方面，应加强新建机场的前期论证，合理选择机场的位置，使之与城市的功能布局相结合，减少机场净空对城市开发的限制，并有利于服务周边地区。另一方面，应推进存量设施提质增效，加强多机场、多跑道、多航站楼的运行模式研究，注重空地资源匹配，充分挖掘设施潜力。

3. 机场布置要求

为使机场能长期保证飞机安全、高效运行，便于旅客进出且减少对城市的干扰，机场选址要尽量满足飞行安全使用、建设条件、环境保护等技术要求。要使跑道两端、两侧净空良好，机场通常应设在城市用地沿主导风向的两侧并远离集中的城市化地区，即跑道方向避开城市且力争平行城市边界。

机场的用地一般由飞行区用地、航站区用地和辅助设施用地构成，以提供足够的机场跑道容量、航站楼容量和机场地面交通容量。不同类型或等级的机场，用地大小差别显著，目前我国一般机场用地在 $1\sim5\ km^2$，新建国际机场用地大多在 $10\sim30\ km^2$ 之间。此外，还要预留临空产业发展用地。

为了合理控制地面交通的时间，机场与城市之间应距离适中、联系方便。除了采用高速公路、快速路等级的专用机场进出道路，大运量城市轨道交通也是重要的机场集疏运方式。国际门户机场还会设置高铁或城际铁路，以"空铁联运"模式组织区域旅客中转。

9.1.6 水运布局

1. 规划原则

遵循"统筹协调水运与经济和城市发展，加强水运与其他运输方式的有效衔接，集约高效利用岸线、土地、海域等资源，综合利用和保护水资源"等原则，协同优化沿海和内河的港口与航道布局。加强干支联动、江海互动，持续增强国际枢纽海港和长江、西江黄金水道的骨干作用，提升水运国际影响力和对内陆腹地的辐射能力[1]。

2. 水运布局规划

在港口规划方面，要完善以国际枢纽海港为引领，主要港口为骨干，地区性重要港口、一般港口相应发展的多层级港口布局体系。一是加快构建辐射全球的航运枢纽，提升全球港航资源配置能力[2]。重点建设津冀、长三角、粤港澳大湾区世界级港口群，推进区域港口集群化和一体化发展，加强港口群的整体竞争力。二是强化集装箱等重点货类运输系统码头有效供给，适度超前建设国家粮食、能源、战略性矿产资源接卸、储存、中转基地，保障国家重点物资国际运输，提升国家产业链和供应链韧性及安全水平。三是加强内河港口专业化码头合理集中布局。以长江干线、西江航运干线、京杭运河沿线主要港口为重点，提升集装箱、大宗散货、商品汽车等码头的专业化和规模化水平。四是推动水上客运多元化发展，不仅要完善邮轮港口布局和功能，加快发展邮轮经济，也要在港口城市建设高品质的客运码头，发展水上观光休闲、城市渡运、水上公交等。

案例 9-3 世界级港口群布局

环渤海地区，加强区域协同，推动津冀、山东、辽宁沿海港口群优化布局和共同发展，加强津冀锚地共建共管共用，打造世界级港口群。

长三角地区，以上海港、宁波舟山港为龙头，统筹沿江沿海，完善重点货类运输系统布局，优化区域港口、航道、锚地建设管理，推动港航贸一体化发展，共建辐射全球的航运枢纽。

粤港澳大湾区，巩固提升香港国际航运中心地位，增强广州、深圳国际航运服务功能，统筹联动西江、北江、东江等国家高等级航道，提升世界级港口群能级和辐射带动作用。

积极发展东南沿海、环北部湾港口群，加快培育长江中游、长江上游港口群。

---

1. 交通运输部综合规划司. 水运"十四五"发展规划：交规划发〔2022〕99号［EB/OL］.（2022-01-19）[2024-05-05］. https://xxgk.mot.gov.cn/2020/jigou/zhghs/202204/t20220407_3649837.html.
2. 交通运输部. 关于新时代加强沿海和内河港口航道规划建设的意见：交规划发〔2024〕67号［EB/OL］.（2024-06-06）[2024-06-20］. https://www.gov.cn/zhengce/zhengceku/202406/content_6957717.htm.

在航道规划方面，我国提出了要在 2035 年完成 2.5 万公里国家高等级内河航道的预期目标，以充分发挥水运在"6 轴、7 廊、8 通道"综合立体交通网主骨架中的通道作用。一要优化主干线大通道，有序推进长江干线、西江航运干线、京杭运河、淮河干流等干线航道扩能升级和西部陆海新通道（平陆运河）建设，构建横贯东西、辐射南北的水运主通道。二要全面提升长三角、珠三角水网航道畅通水平，提高江海联运服务能力。三要攻坚支流航道未达标航段建设，提升干支通达度，加强重点航道整治、梯级渠化、碍航闸坝通航设施工程建设。四要依托航道打造生态走廊、景观走廊、文化走廊，推进沿线生态环境治理和文化景观再造。

3. 水运设施布置要求

水运系统中的港口、航道设施涉及水域、陆域两类空间。为了促进水运发展及其综合带动作用，各级各类港口空间规划和航道规划应与国土空间规划充分衔接，妥善处理港航设施与城市功能布局的关系，加强港口资源、航道资源的划定和保护工作，形成港、产、城协同发展的空间结构。

按照"深水深用、浅水浅用"的总体思路，统筹布置港口、航道设施。对于港外航道，要满足设计最低通航水位时的最小水深、宽度和弯曲半径要求，以及水上过河建筑物的通航净空和净宽要求。港内水域一般有锚地、进出港航道、回旋水域、港码头前水域和港池，其平面布置和尺度要满足设计船型航行、制动、靠离泊和锚泊等要求，应尽量组合布置。港口陆域应采用规模化、集约化、专业化方式，加强港口岸线资源的集约节约利用，尤其要严格管控和合理利用深水岸线。各类港口作业区应保证足够的码头前沿长度和纵深，使水域及陆域各系统能力相互匹配。

水运设施布置还要利于临港产业发展。与产业布局相衔接，做好港口枢纽发展空间预留、用地功能管控等工作，有效发挥港口对沿海沿江经济带和石化、重装等产业布局调整的引领作用。同时，还要推进港口与内陆港的统一规划，统筹联运、口岸、保税、物流等功能，打造海陆双向辐射的物流枢纽，促进国际商品集散中心、大宗商品储运交易基地的建设。

9.1.7 交通枢纽布局

1. 规划原则

以引导支撑国土空间开发、促进交通运输一体化为基本原则，构建"多节点、网格状、全覆盖"的综合枢纽体系，优化枢纽层次功能及其布局结构。

构建"综合交通枢纽集群、枢纽城市及枢纽港站"三位一体的国家综合交通枢纽系统。加强枢纽城市建设，并提高枢纽集群内各个枢纽城市的协同效率，促进区域交通一体化发展。

加强站城融合发展。枢纽港站分为国际性枢纽港站、全国性枢纽港站、区域性枢纽港站、地区性枢纽港站等不同层级，根据枢纽的辐射能力和产业集聚特征，合理进行枢纽地区用地规划。

2. 客运枢纽布局

基于不同层次枢纽城市的分工协作，以重要枢纽站场为依托，支撑对外、城际、都市圈多尺度交通枢纽之间的高效衔接。推进重要枢纽间半个小时互通直达，构建功能互补、设施连通、服务衔接的一体化综合交通枢纽体系。

打造一体化的综合交通枢纽。推动轨道交通枢纽与机场、公路客站等其他交通方式枢纽规划建设的紧密衔接，并做好枢纽与集散通道的统筹协调，提升枢纽的可达性水平。国际航空枢纽、全国性铁路枢纽基本形成2条以上的轨道交通衔接，中心城区至综合枢纽半小时可达率达到90%以上。

3. 货运枢纽布局

货运枢纽主要包括各种对外交通方式的货运场站及其延伸的地区性货运中心和内陆港。其合理布局对城市功能与结构的优化调整具有引导作用，也是实现多式联运、提高物流运营效益的有效途径，应依托港口、机场和铁路货运枢纽或者仓储物流用地设置。

根据本地消费货流、中转（直通）货流和本地输出货流的分布特征及组织要求，中转功能为主的水陆空联运枢纽一般布置在城市外围，其空间规划应统筹运输、物流和相关工业用地；大型公路货运枢纽也尽量安排在城区外围，通过货物中转换装减少进入城市中心区的大货车数量。

4. 枢纽布置要求

综合考虑交通枢纽的集聚效应与网络效应，与城市和区域的人口、产业布局相结合，采用"集中与分散"相结合、多级枢纽衔接互补的布置模式。交通枢纽的数量、分工和配置要与国土空间布局规划及铁路、公路、航空和水运的专项规划相协调。

加强站城融合的客运枢纽建设和货运港站一体化开发，形成枢纽门户效应。强化客运枢纽与城市中心体系协同布局，以构建多级枢纽与城市中心相耦合的空间格局。合理安排临空经济区、临港经济区和铁路临站地区的用地功能，促进城市高效集约发展。

围绕建设"国家中心城市"和"国际性综合交通枢纽"的目标，济南市提出要"构建海陆空一体的国际内陆港枢纽体系"，完善"1（遥墙机场）+5（济南东站、济南西站、济南站、济南北站、莱芜北站）+N"的综合交通客运枢纽体系；以济南国际陆港为引领，着力构建公、铁、空、水综合立体物流通道，形成"综合物流枢纽+专业物流园区+城乡配送中心"的现代化综合物流枢纽体系[1]。

9.1.8 物流运输体系

1. 规划原则

按照"供需适配、内外联通、安全高效、智慧绿色"的目标要求，推动"通道+枢纽+网络"相整合的现代物流运输体系建设，形成以物流枢纽为核心、陆海空统筹的物流基础设施网络。

加快推进多式联运，建设大容量、低成本、高效率物流骨干通道，完善内河水运网络，统筹江海直达、江海联运发展，推进"公转水"以及大宗货物和集装箱铁水联运系统建设。

大力发展铁路（高铁）快运、内河水运、农村物流、冷链物流、应急物流、航空物流、国际寄递物流等重点领域，提升国内国际双循环的物流供应链保障能力。

2. 分级布局规划

在国家层面，提出了"四横五纵（国内）、两沿十廊（国际）"物流大通道规划：前者重点提升相关城市群、口岸城市物流综合服务能力和规模化运行效率；后者重点对接区域全面经济伙伴关系协定（RCEP）等，强化服务共建"一带一路"的多元化国际物流通道辐射能力。在区域尺度，应依托国家物流枢纽整合区域物流设施资源，引导应急储备、分拨配送等功能设施集中集约布局，支持各类物流中心、配送设施、专业市场等与国家物流枢纽功能对接、互补协同发展。在城市尺度上，以机场、港口、铁路货站为枢纽，完善以物流园区、配送中心、末端配送站为

---

1. 济南市自然资源和规划局.济南市国土空间总体规划（2021—2035年）草案公示公告［EB/OL］.（2022-10-26）
［2024-05-05］. https://mp.weixin.qq.com/s/95BtIKjTwvgVNGkux2h0Kw.

支撑的城市三级物流配送网络，加强与干线运输、区域分拨有效衔接；完善县乡村三级物流服务体系，提升产供销一体化服务能力。

3. 设施布置要求

在物流设施规划中，一要加强物流空间与产业、消费、城乡空间的协同布局，促进工业园区、产业集群与物流枢纽、物流园区、物流中心等设施的布局衔接和联动发展。二要保障物流枢纽等基础设施和港航工程等的合理用地用海需求，推动物流用地统一规划和科学布局，提升空间集约节约利用水平。三要加强城市和区域内部重要港口、站场、机场的路网连通性，形成网络化的物流空间结构，提高整体效率和竞争力。

在《广州市综合立体交通网规划（2023—2035年）》中，提出了构建"5+10+N"交通物流枢纽的规划，即依托广州白云国际机场、港口和铁路枢纽等布局5个特大型物流枢纽，围绕重点产业区、珠江航道、铁路货站、高速公路建设10个大型物流枢纽，基于制造业、商贸业等价值园区打造N个物流骨干节点，形成以特大型物流枢纽为核心、大型物流枢纽为骨架、物流骨干节点为补充的空间布局。

9.2　城市交通规划

9.2.1　公共交通

1. 公交优先战略

深入实施公交优先发展战略，持续深化国家公交都市建设。超大特大城市构建以轨道交通为骨干的快速公交网络，科学有序发展城市轨道交通，推动轨道交通、常规公交、慢行交通网络融合发展。大城市形成以地面公交为主体的城市公共交通系统，发展重要客流走廊快速公交。中小城市提高城区公共交通运营效率，逐步提升站点覆盖率和服务水平。

2. 规划原则

一是要加强公交发展与土地使用的协同，与国土空间结构相适应；二是形成干支互补的线网结构，承担高效率、全覆盖、城乡均等化的公交服务；三是加强公交枢纽 TOD 开发和多方式衔接；四是根据服务半径在城市非核心区布设停保场；五是实施公交路权优先，合理组织公交专用道网络。

3. 公交线网及设施规划

结合国土空间规划布局，在公交需求分析的基础上，明确公交线网规模、结构层次和功能，确定城市公交枢纽、停保场、加油（气）及充电站等设施的总体布局和用地规模控制标准等，保障公交优先通道以及公交枢纽和场站设施用地。在一些拥有江河或者水网的城市，可充分利用水系发展水上公共交通，根据需求组织常规线路和旅游线路，合理设置码头、锚地等设施，并加强水陆换乘衔接。

以德州市中心城区公交系统规划为例[1]，根据德城、陵城之间具有轴向公交联系的特点，提出了契合中心体系布局的三类 TOD 发展分区。一类区为轴向走廊地带，采取轨道支撑的高强度开发模式；二类区为走廊纵向扩展地带，加强多层次公交衔接服务；三类区为走廊外围区，强调公交与个体交通的协调发展。在公交设施保障和 TOD 开发管控上，形成"点—廊—网—极—区"的交通—空间协同规划体系。"点"为轨道车辆基地、公交枢纽等场站，"廊"为轻轨和快速公交组成的骨干公交走廊，"网"为公交专用道网络，"极"为轻轨沿线 10 处 TOD 潜力开发极，"区"为 8 处公交优先导向发展区。

9.2.2　轨道交通

1. 规划原则

坚持交通与城市融合发展，考虑都市圈、市域、中心城区、新城等不同空间尺度的轨道联系需求，构建由快线、普线等大运量轨道以及局域中运量轨道共同组成的多层次轨道交通网络，提供多样化服务，加强多层次轨道交通规划之间的衔接。

遵循"因地制宜、经济适用，衔接协调、集约高效，量力而行、持续发展"的原则，充分考虑城市财力和建设运营管理能力，根据近、远期客流需求预测，明确轨道交通功能定位，合理选择轨道交通系统制式和敷设方式，使之与城市发展水平相适应。

---

1. 上海同济城市规划设计研究院有限公司. 德州市综合交通规划［Z］. 2023.

加强轨道线路对客流密集地区的覆盖，促进沿线及站点地区的 TOD 开发，发挥轨道交通对国土空间布局的支撑引导作用。明确线路区间、车站、车辆基地等设施的用地条件，做好轨道交通规划线路沿线土地预留和控制。

2. 线网及枢纽场站规划

按照"四网融合"要求，确定轨道交通线网功能层次、规模及布局。要大力推进 TOD 和站城一体化规划建设，加大轨道站点对居住人口和就业岗位的覆盖率；要增强轨道站点周边及走廊沿线地区的职住平衡，提升乘客通勤出行便捷性，提高轨道交通运行效率；还要提出轨道交通设施用地的规划控制要求，统筹管控轨道交通一体化站点周边用地，有效引导空间资源要素向场站周边集聚。线路区间建设控制区宽度宜为 30 米，当 2 条及以上线路共用走廊时建设控制区宽度应相应增加；车辆基地建设控制区总规模宜按每千米线路 0.8~1.2 公顷控制[1]。

北京市提出了"轨道上的北京城"发展战略、"中心城区和副中心轨道出行占 27% 以上，主要放射廊道占 40% 以上"的出行结构优化目标，以及全网实现"中心城 45 分钟、副中心和多点新城至中心城 30 分钟、市域跨界一小时"的服务目标。在线网规划上，形成由区域快线（含市郊铁路）和城市轨道交通（快线和普线）共同组成的分区域、分层次轨道交通网络；中心城与多点地区之间的轨道走廊地区原则上均提供"一快一普"的轨道服务，重点方向提供"两快"条件[2]。

9.2.3　道路体系

1. 规划原则

不同城市应根据城市规模、空间形态及城市活动特征等因素进行道路分级，优化道路级配结构，实现交通顺畅衔接。同时考虑道路的公共空间功能及街道属性，可以对道路进行多维度的分类。总体上以"等级有主次、功能有分类、方式有优先"为原则[3]，使道路的等级、功能与多模式交通组织相匹配。

在城市路网规划中，要加强路网与用地布局的协调，满足各功能区之间及功能区内部的道路交通联系；要体现绿色交通优先和完整街道的理念，保证步行、非

---

1. 住房和城乡建设部. 城市轨道交通线网规划标准: GB/T50546-2018 [S]. 北京: 中国建筑工业出版社, 2018.
2. 北京市规划和自然资源委员会. 北京市轨道交通线网规划（2020 年—2035 年）[EB/OL]. (2022-08-17)[2024-05-05]. https://ghzrzyw.beijing.gov.cn/zhengwuxinxi/ghcg/zxgh/202208/t20220817_2794309.html.
3. 刘冰, 颜淋丽, 张涵双, 等. 关于重构城市道路分类体系的探讨 [J]. 城市规划学刊, 2014（5）: 92-96.

机动车和机动车交通的安全、便捷与高效运行；要合理进行道路功能分类和级配安排，使之与两侧用地特征及土地开发状况相协调；要倡导"窄街密路"的开放街区模式，打造高品质街道空间。

2. 路网布局规划

综合考虑城市用地布局规划、对外交通衔接要求、河流及地形地物条件等，根据客货交通的流量流向预测分析，合理确定路网的总体结构。统筹布局快速干线路网、公交优先通行路网、生活性集散路网和绿色慢行路网，满足多尺度、多模式交通联系需求。

干线道路系统应相互连通，以提高机动化交通运行效率为基本原则。应构建市域高快一体通道网络，实现外围新城或区县之间直连；合理加密快速路通道，因地制宜规划建设都市圈环线和城市绕城环线，以分流过境交通，其中人口规模100万人及以上城市的外环路宜以Ⅰ级快速路或高速公路为主；带形城市应确保长轴方向的干线道路贯通，且不宜少于2条，道路等级不宜低于Ⅱ级主干路[1]。

加强城市集散路网和支路网建设以及微循环交通组织。中心城区的路网密度不宜低于8千米/平方千米，道路红线宽度应优先满足公交、步行和非机动车交通通行空间的布设要求，并根据交通功能、沿线用地开发情况以及工程管线、地下空间、景观风貌等要求综合确定。

9.2.4 慢行交通

1. 规划原则

慢行交通具有承担短距离出行以及接驳公交的作用，应按照"宜步行"和"宜骑行"城市的目标要求，建设安全、连续、舒适的城市步行和非机动交通系统，形成具有特色的慢行交通网络。应加强慢行交通与土地使用和公共设施的结合，打造便利可达的15分钟生活圈。还应加强慢行交通与公交站点的衔接，扩大公交覆盖范围。

2. 布局规划

根据《城市步行和自行车交通系统规划标准》（GB/T 51439—2021），应基于

---

1. 住房和城乡建设部.城市综合交通体系规划标准：GB/T 51328-2018［S］.北京：中国建筑工业出版社，2018.

城市不同片区的步行和自行车功能定位、人口密度、慢行活动特点以及自然环境因素，进行慢行分区和人行道、自行车道分级，以及提出差异化的步行交通和自行车交通网络密度。在步行和自行车活动密集的城市中心区、核心功能区及大型公共设施、轨道车站与交通枢纽周边地区等，应加密设置交通网络，其中，步行和自行车网络密度分别大于14千米/平方千米和10千米/平方千米。有条件的城市可以规划步行专用路和自行车专用路。

以德州中心城区为例。通过精细识别慢行活动需求，提出构建全龄友好的"4+1"活力慢行网，其中：通勤慢行道，串联居住、商办、工业等通勤出行密集区；通学慢行道，依托中小学500米范围内的次、支路打造安心通学区；商业慢行道，结合重点商圈支路布置；休闲慢行道，结合京杭运河、岔河、减河、马颊河等滨水绿地空间布置；并在德陵走廊核心地带打造特色自行车专用路，形成高品质骑行示范绿道[1]。

9.2.5　静态交通

1. 规划原则

坚持需求管理，合理划定停车分区，优化和引导小汽车停车需求，有效落实城市交通发展总体战略。综合考虑用地开发、公交可达性及道路疏解能力，合理配置停车设施。

2. 布局规划

按照"总量控制、适度供给、需求管理"的理念，制定分区差别化停车交通政策，形成"建筑物配建停车场为主、路外公共停车场为辅、路内停车泊位为补充"的停车供应结构。结合停车需求、分区政策和建设条件，具体确定公共停车场的功能定位、布局、规模及其用地控制指标。

完善停车综合治理。推动制定分区域、分路段、分时段、分车型的差异化停车管理和收费政策，分类优化城市中心区、枢纽周边区域、旅游景区等重点区域停车设施，稳步推进老旧小区、医院、学校、商业聚集区等区域公共停车设施建设。加强资源共享和错时开放，提高停车资源利用效率。

---

1. 上海同济城市规划设计研究院有限公司. 德州市综合交通规划 [Z]. 2023.

9.3 市政基础设施规划

9.3.1 区域能源通道

区域能源通道是我国区域间能源供需协调的基础，功能主要包括煤炭、油气、电力等能源的跨区域输送。省级国土空间规划要求落实国家重大能源基础设施项目，明确空间布局和规划要求。发挥比较优势，增强不同地区在能源资源安全等方面的功能，明确主体功能定位和管控导向，促进各类要素合理流动和高效集聚，走合理分工、优化发展的路子。

省级国土空间规划中，在文本中的国土空间支撑体系建设部分，需明确支撑资源环境与经济社会协调可持续发展的资源保障、能源保障；在规划说明的支撑体系部分，需包含资源、能源支撑体系确定的思路；在规划成果图的重点基础设施规划图部分，需表达重大能源基础设施布局。其中需重点明确的主要有以下内容。①区域能源基地与能源运输储备配套设施：对于煤炭、油气、电力等能源的能源基地及储备基地，省级国土空间规划需确定其布局模式，提出发展战略；②能源线网：规划建设煤炭、油气、电力等能源的跨区域输送的线网工程；③新型能源体系：深入推进能源革命，须明确加快转变能源利用结构的方式，构建安全低碳清洁的能源设施网络，强化能源节约和清洁利用。持续提高非化石能源消费比重，实现国家碳达峰目标。

在市县级国土空间总体规划中，要求落实国家和省的区域发展战略、主体功能区战略，完善区域协调格局，重点解决资源和能源等区域协同问题。制定能源供需平衡方案，落实碳排放减量任务，控制能源消耗总量。优化能源结构，推动风、光、水、地热等本地清洁能源利用，提高可再生能源比例，鼓励分布式、网络化能源布局，建设低碳城市。市县级国土空间规划应提出市域重要交通廊道和高压输电干线、天然气高压干线等能源通道空间布局，提出中心城区能源基础设施的规模和网络化布局要求，明确廊道控制要求，鼓励新建城区提出综合管廊布局方案。此外，在规划指标体系表中，应对新能源和可再生能源比例提出要求。新能源和可再生能源比例是指在消费的各种能源中，新能源和可再生能源折算标准量累计后占能源消费总量的比例，其为建议性指标，即可根据地方实际选取的规划指标。

9.3.2 水资源保障与供水设施规划

国土空间规划要求加强水平衡研究，综合考虑水资源利用现状和需求，明确水资源开发利用上限，提出水平衡措施。量水而行，以水定城、以水定地、以水定人、以水定产，形成与水资源、水环境、水生态、水安全相匹配的国土空间布局。要求强化水资源约束，严守水资源利用"三条红线"。严守用水总量红线，严格落实 2025 年、2035 年上级下达用水总量控制指标；严守用水效率红线，控制万元工业增加值用水量定额、农业灌溉渠系水利用系数、城镇生活用水节水器普及率、城镇生活用水管网渗透率等数值；严守水功能区水环境保护红线，保证区域河库水质优良比例、水功能区水质达标率、工业废水达标排放率、城市污水处理率等，实现全市水环境质量总体提高。

省级国土空间规划将用水总量等要求分解到市县级国土空间规划，市县级国土空间规划不得突破。在市县级国土空间规划中，用水总量是全年各类用水量的总和，包括生产用水、生活用水和生态用水等，用水总量的落实及分解情况是强制性内容。在省级国土空间规划中，应落实国家重大水利基础设施项目，明确水利基础设施的布局和规划要求。在图件的规划成果图中绘制重点基础设施规划图，表达重大交通、能源、水利、信息通信等基础设施布局。

市县级国土空间规划需根据人口规模与用水总量限制，参考历年用水量增长情况，结合生态承载力结论，综合分析预测并适当留有发展余地，形成需水量预测结论，合理选择水源、布局水厂。倡导工业和生活分质供水。重要供水设施范围应划入城市黄线。

9.3.3 污水与再生水设施规划

国土空间规划编制要求重视雨水和再生水等资源利用，建设节水型城市。在市县级国土空间总体规划中，根据远期用水量规模，参考历年污水量增长情况，综合分析预测并适当留有发展余地，形成污水量预测结论。合理划分污水系统分区和布局污水厂，鼓励污水再生利用，实现雨污分流。乡镇地区结合人口规模预测和实际污水产生量，合理配置污水厂规模。落实海绵城市建设要求。重要排水设施范围划入镇区重要黄线。

9.3.4 供热设施规划

供热是北方地区冬季重要的民生需求，高效合理的供热系统可以降低企业运营成本、减少能源浪费、提高城市承载力。国土空间总体规划中的供热设施规划内容主要包括：预测城市热负荷，确定供热能源种类、供热方式、供热分区、热源规模，合理布局热源、热网系统及配套设施等。

9.3.5 电力设施规划

电力设施规划对电力供应系统进行长远和系统的规划，以满足未来一定时期内的电力需求，并确保电力系统的安全、可靠、经济和环保，通常包括电力生产、输配电设施及其布局，是确保电力系统与城市发展相协调的重要环节。国土空间总体规划中电力设施规划的主要内容包括：预测城市电力负荷，确定城市供电电源、城市电网布局框架、城市重要电力设施和走廊的位置与用地。遵循远近结合、适度超前、合理布局、环境友好、资源节约和可持续发展的原则。

9.3.6 燃气设施规划

燃气设施规划是确定城市燃气供应结构、布局和规模的规划过程，它涉及城市燃气供应系统的全面安排和设计，包括燃气源、输配网络、储存与调峰设施、安全与服务等，旨在确保城市燃气供应的安全性、可靠性和经济性，确保满足城市居民和工业的用气需求。城镇燃气规划结合当地资源状况及发展需求，统筹并科学合理选择各类气源，满足市场需求、保障供需平衡，与道路交通、水系、给水、排水、电力、电信、热力及其他专业规划相协调，同时近、远期相结合，统筹近期建设和远期发展的关系，且适应城市远景发展的需要。国土空间总体规划中供气设施规划的主要内容应包括：负荷预测、气源选择、管网布置、厂站布局等。

9.3.7 通信基础设施

城市通信基础设施是支撑城市信息传输和通信的基础设施系统，为城市内外的信息交流提供了必要的支持和保障。通信基础设施规划首先要分析确定邮政、移动通信、广播、电视等发展目标和规模。随着通信服务在城市发展与居民生活中所扮演角色的重要性日益提升，在国土空间规划中城市通信基础设施规划也面临着新的要求：第一是需要进一步完善全面覆盖与服务均等；第二是数字化和智能化的发展，对高速、低延迟的通信网络的要求越来越高，需要建设高速、低延迟的通信网络；第三是在重要通信设施规划布局方面，加强与"三区三线"的协调工作，并统筹考虑乡镇与城市的通信设施布局需求。国土空间总体规划中通信基础设施规划的内容包括通信系统规划目标、城市通信设施、城市有线通信网络线路、城市无线通信设施布局等。

9.3.8 环境卫生设施

环境卫生设施是国土空间规划中优化公共服务资源要素、保护生态环境的重要支撑体系。国土空间总体规划中的环境卫生设施规划一般依据现状环境卫生问题以及城市发展目标和城市布局，秉承减量化、资源化、无害化的原则，确定城市环境卫生设施配置标准和垃圾集运与处理方式；主要环境卫生设施的数量、规模；垃圾处理场和转运设施等各种环境卫生设施的空间布局，主要环境卫生设施的隔离与防护措施以及垃圾回收利用的对策与措施。要更加注重生态环境的保护，采取更加环保、可持续的技术和方法对资源进行回收利用。

9.3.9 "新"基建体系

"新基建"，即新型基础设施建设。新型基础设施是以新发展理念为引领，以技术创新为驱动，以信息网络为基础，面向高质量发展和增进人民福祉需要，提供数字转型、智能升级、融合创新服务的现代化基础设施体系。目前，新型基础设施主要分为三类：信息基础设施、融合基础设施和创新基础设施。信息基础设施包括通信网络基础设施、新技术基础设施以及算力基础设施；融合基础设施包括智能交通基础设施、防疫基础设施以及智慧能源基础设施；创新基础设施包括重大科技基础设施、科教基础设施以及产业技术创新基础设施。在国土空间规划背景下，"新"基建体系的建立对于大数据分析、国土空间基础信息平台的建设有很强支撑作用（表9-2）。

国土空间总体规划中"新"基建体系规划的内容包括：从全域视角判断新型基础设施的发展方向，统筹新旧基础设施的空间布局问题，在用地规划过程中要做到弹性预留，充分考虑未来新型基础设施的用地需求。

表 9-2 新型基础设施用地需求

新型基础设施	用地类型	选址要求
信息基础设施	通信用地、工业用地	新建宏基站选址于城市外围，微基站不需要单独用地；工业用地偏好于交通便利、土地价格低、通信网络好和电量供应大的地区
	其他区域（包括有条件建设区和特殊用途区）	主要是传统基础设施的附属地，已建传统基建应在合理情况下扩增，未建传统基建预留空间资源
融合基础设施	道路与交通设施、公用设施用地	主要是传统基础设施的附属地，已建传统基建应在合理情况下扩增，未建传统基建预留空间资源
创新基础设施	科研用地	偏好于高等院校、研究机构集聚地、创新产业集聚地、景观环境优越。该类创新基础设施可单独布置用地，也可与高等院校联合布置

资料来源：《成都市新型基础设施规划（2020—2035 年）》

"新"基建体系编制流程包括以下几个方面。

明确发展方向：新型基础设施建设成为很多地方刺激经济发展的重要手段。新型基础设施的内涵丰富，牵涉领域繁多，在地方进行新型基础设施规划建设时，应通过自身情况以及国土空间总体规划战略目标，对建设的领域及主要发展方向进行选择。

对接专项规划：新型基础设施涉及信息基础设施、融合基础设施和创新基础设施三大类，专业范围较广。需要整合各方面的资源和专业知识。与此同时，新型基础设施的发展具有较高的不确定性和复杂性，需要拥有充足的专业队伍，进行深入研究和分析。因而，在规划编制时应充分对接当地专项规划，吸收各地专项规划中新型基础设施规划的内容，并依此提出合理规划建议。

分类管控引导：依据不同新型基础设施的设置要进行管控引导，对单独用地设施预留用地，并实施边界管控（如大数据中心）；针对结合用地属性布置设施进行指标管控（如5G基站）；对区域发展产生重要影响设施进行结构管控（如特高压电网）等。

9.3.10 基础设施控制线

1. 基础设施控制线的概念内涵和划定原则

基础设施控制线的概念内涵：指对城市发展全局有影响的、国土空间规划中确定的、必须控制的城市基础设施用地的控制界线。

基础设施控制线的划定原则主要包括：①遵循与同阶段城市规划内容及深度保持一致的原则；②控制范围界定清晰的原则；③符合国家有关技术标准、规范的原则。

2. 基础设施控制线的构成要素

基础设施控制线的构成要素包括以下内容。①综合交通基础设施：包括道路交通设施和公共交通设施等；②电力设施：包括超高压、高压输电线路和变电站等；③供水设施：包括水厂、污水厂等；④供燃气设施：包括输气干支线、高压、次高压管道、高高压、高中压调压站等；⑤供热设施：包括热电厂、能源站等；⑥环境卫生设施：包括生活垃圾处理厂、再生资源综合处理基地等；⑦消防设施：包括消防站、特勤站、消防指挥中心、战勤保障消防站等。

3. 基础设施控制线的划定方法

明确基础设施类型和规模：在划定基础设施控制线之前，首先要明确所需基础设施的类型（如交通、能源、水利等）和规模，以便准确确定其所需的空间范围。

确定安全防护的要求：根据基础设施的特点和运行需求，制定相应的安全防护标准。例如，对于高压线走廊，需要明确其宽度、高度及与其他设施的安全距离，以确保设施的正常运行和周边环境的安全。

预留产业发展用地：在划定基础设施控制线时，应考虑城市未来的产业发展需求，为相关产业预留一定比例的用地，以适应未来可能的扩展和升级。

考虑公共安全和应急需求：基础设施控制线的划定必须充分考虑公共安全和应急响应的需要。例如，在规划能源走廊时，应确保在紧急情况下能够迅速恢复能源供应，以减少对社会和经济活动的影响。

建立动态调整机制：由于城市发展和基础设施需求可能会随时间变化，因此需要建立一个动态调整机制。这个机制应能够根据实际情况对基础设施控制线进行适时的优化和调整，以确保其始终符合城市发展的需求。

9.4 综合防灾规划

9.4.1 灾害风险类型与评估

灾害风险是指灾害及扰动发生的可能性。国土空间规划聚焦于人类社会中城乡人居环境，包括功能、空间和治理体系，在减少城乡灾害风险中发挥重要作用。

灾害风险类型包括自然灾害和事故灾害两类，其中包括传统灾害风险和新型灾害风险。传统灾害风险即为自然灾害和人为灾害，包括气象灾害、洪涝灾害、海洋灾害与海岸带灾害、火灾与爆炸、地质灾害与地震、生物灾害、生态灾害，受气候变化等外部条件影响，自然灾害逐渐演变为非传统自然灾害，具有突发性、巨灾性、普遍性、不确定特征，这类灾害是当前综合防灾规划关注的重点。新型灾害风险没有统一分类，种类纷繁复杂，其中，学术界对公共卫生、资源利用安全、社会风险等新型灾害风险的重视度越来越高，这表明灾害风险关注重点从过去仅注重传统宏观生产、生活转变为更加聚焦人类的安全与健康问题。

灾害风险评估是保障国土空间总体布局与功能结构安全韧性的基础，是城市综合防灾能力和风险管理能力的前提。从规划编制的角度，位于国土空间总体规划的前期基础工作阶段和综合防灾专项规划前期评估阶段。需要指出，由于市域和中心城区所面临的致灾因子不同，因此灾害风险评估的要求要点和特征也不同。

当前，灾害风险评估的重点已经逐渐从早期的危险性评估过渡到以易损性为主的评估，并一定程度考虑实际的防灾减灾能力、可接受风险水平等。其中，由于多灾种自然灾害风险评估涉及到灾害链路特征、灾害与空间关系的复杂性，多灾种耦合的量化分析难度极高，尚未形成科学的评估方法，目前的方法主要从灾害叠加视角或灾害耦合视角两方面入手，对城市的综合风险评估进行量化。

9.4.2 综合防灾规划目标

综合防灾规划以提高城市灾害适应能力为基本目标，以实现可持续发展为终极目标。在基本目标层面，灾害适应能力提高以防灾韧性理念为支撑。防灾韧性理念体现在综合防灾规划中强调全周期、各阶段、多手段，具体表现为全周期风险管理、多条防线应对等。在总体目标层面，城市防灾韧性与低碳绿色共同构建了应对气候变化的城市可持续发展模型。增强城市防灾韧性是实现可持续发展的关键途径，是基本安全底线，以建立更安全、更具复原力、更可持续的未来。在气候变化背景下，低碳和韧性融入城市社会、经济、生态、基础设施各个方面显得尤为重要。有相关的模型应用表明，以安全韧性为底线、绿色低碳为高线综合考虑可以更好提升对未来挑战的适应能力。

在综合防灾规划的实践中，规划目标和原则发生了根本的转变，变化本质反映了在防灾认知、理念、方法上的转变。防灾认知从抵抗灾害转变为适应灾害，防灾理念从以工程手段应对为重点转变为以城市本体承载力和弹性为重点，防灾方法从工程建设流程转变为系统全生命周期。

9.4.3 综合防灾规划框架体系

国土空间规划的综合防灾规划主要内容包括：灾害风险评估，衔接省级国土空间规划；市域和中心城区主要灾种确定；防灾规划目标、策略、标准；防灾安全格局，对接灾害相关部门，确定灾害风险区、重大危险源，划设风险控制线，融入双评价中；防灾空间体系，市域和中心城区的主要防灾空间和在全周期重要防灾设施；相关规划的传导、协调，区县指引、区域传导，相关专项规划协调；规划实施，规划一张图、城市体检评估、重大防治项目的项目库。

总体来看，国土空间规划总体规划的综合防灾规划更好地体现了当前防灾韧性理念的目标，顺应规划体系改革带来的两级空间体系的任务安排，将规划纳入全周期管控逻辑中。

9.4.4 综合防灾应急体系

城市防灾应急体系是应对城市突发事件如自然巨变、重特大事故、环境公害及人为破坏的应急管理、指挥、救援预案和规划要求。应急体系主要指应急保障基础设施体系和应急服务设施体系两部分，这些设施体系是灾前、灾中、灾后灾害全过程，以及短期应急防灾能力的体现。应急保障基础设施包括交通设施、供水设施、电力设施、重大危险源。应急服务设施体系主要包括消防设施、避难设施、医疗卫生设施、应急物资储备分发设施、外援救灾用地、应急指挥、避难指示标识等，应与应急保障基础设施统筹考虑，分级分类协调布局。

9.4.5 防灾减灾设施布局

防灾减灾设施布局是城市防灾安全格局的基础性和关键性规划要求，由城市中的防灾空间和防救灾设施布局构成。城市所遭受的各种灾害的风险程度高低，城市在面对灾害时所能够提供的防救灾资源的多少，救灾效率的高低和减灾效果的好坏都与该城市的总体防灾空间结构密切相关。一个良好的城市总体防灾空间结构，对提升城市的综合防灾能力至关重要。一个良好的城市总体防灾空间结构应具有良好的安全性、可达性、网络性和均衡性。以"点—线—面"形式整合于城市的空间格局和功能结构，是长期整体城市灾害适应弹性的体现。

国土空间总体规划中的综合防灾规划内容包括以下内容。①防灾安全格局：风险区划设和控制线划定，将成果融入"三区三线"和双评价；基于风险管控要求评估多个国土空间总体规划方案；市县域重大防灾空间、疏散救援干道系统；中心城区用地用途开发管控降低灾害风险。②整体防灾空间布局：市县域和中心城区的防灾空间和防灾设施的标准、数量、位置的规划引导和管控要求。③重要设施和空间：各类主要防灾空间范围、重要灾害防御设施、重要应急服务设施、疏散救援交通系统、主要避难场所。④重点地区：重大危险源、中心城区存量灾害多发区域、历史文化保护地区、老旧城区、地下空间和人防设施等。

9.4.6　灾害防治控制线

1. 灾害防治控制线的概念内涵、划定原则和构成要素

灾害防治控制线的概念内涵：为防范国土空间的灾害风险和保障国土空间安全而划设的灾害风险管控范围线。它也有助于降低灾害对生态环境的影响，保障社会的可持续发展。

灾害防治控制线的划定原则：遵循人民至上、系统防御、联动协同、平灾结合和管控传导的原则进行划定。

灾害防治控制线的构成要素：根据灾害风险特点，国土空间综合防灾规划应针对各类灾害防治控制线围合区域提出相应的空间管控规定。内容包括洪涝风险控制线、地质灾害防治控制线等。

2. 洪涝风险控制线的概念内涵、划定原则和构成要素

洪涝风险控制线的概念：洪涝风险控制线是为保障防洪排涝系统的完整性和通达性，为雨洪水蓄滞和行洪划定的自然空间和重大调蓄设施用地范围。此外，部分地方要求在国土空间规划中划定灾害影响与安全防护范围线。

洪涝风险控制线的划定原则：遵循优先保障人民生命、财产安全；基于科学的分析和评估；具有实际可操作性；与其他相关规划和政策相协调的原则。

洪涝风险控制线的构成要素：包括河湖湿地、坑塘农区、绿地洼地（雨水花园或下沉式绿地等）、涝水行泄通道（天然河流、人工渠道等）、具备雨

水蓄排功能的地下调蓄设施和隧道等预留空间：这些设施可以在暴雨期间存储大量的雨水，并在雨停后逐渐排出，从而减轻城市排水系统的压力，降低内涝风险。

3. 地质灾害防治控制线的概念内涵、划定原则和构成要素

地质灾害防治控制线的概念：为了预防和减轻地质灾害（如滑坡、泥石流、地面塌陷等）而划定的特定区域。在这一区域内，会实施更为严格的土地利用和建设活动管理，以减少人类活动对地质环境的破坏，从而降低地质灾害发生的风险。

地质灾害防治控制线的划定原则：坚持以人为本的原则；坚持"点"加"面"的风险管理的原则；坚持城市经济发展与地质安全保障相结合的原则；协调融合、多规合一的原则。

地质灾害防治控制线的构成要素：根据地区地形地貌、地质环境条件、地质灾害易发程度、经济条件及人口密度等因素划定地质灾害易发区、风险区和重点防治区。

关键术语

轨道"四网融合"、综合交通枢纽集群、TOD（公交导向开发）、基础设施控制线、灾害防治控制线、洪涝风险控制线

思考题

1. 简述我国综合立体交通网规划的主要目标及其关键指标。
2. 简述如何构建多层次轨道网络来支撑和引领城镇群的空间布局结构优化。
3. 简述在城市道路网规划中可采取哪些措施来促进绿色交通优先。
4. 简述市政基础设施规划编制的共性过程。
5. 简述基础设施控制线的种类和主要内容。
6. 简述国土空间规划综合防灾规划的主要内容。

参考文献

[1] 交通运输部加快建设交通强国领导小组办公室. 加快建设交通强国[N/OL].（2022-12-10）[2024-05-05]. http://www.qstheory.cn/dukan/hqwg/2022-12/10/c_1129198097.htm.

[2] 国家发展和改革委员会，交通运输部，中国铁路总公司. 中长期铁路网规划（2016—2025）：发改基础〔2016〕1536号[EB/OL].（2016-07-20）[2024-05-05]. https://www.gov.cn/xinwen/2016-07/20/content_5093165.htm.

[3] 国务院. 关于印发"十四五"现代综合交通运输体系发展规划的通知：国发〔2021〕27号[EB/OL].（2022-01-18）[2024-05-05]. http://www.gov.cn/zhengce/content/2022-01/18/content_5669049.htm.

[4] 国家发展和改革委员会. 关于印发《长江三角洲地区多层次轨道交通规划》的通知：发改基础〔2021〕811号[EB/OL].（2021-06-07）[2024-05-05]. https://zfxxgk.ndrc.gov.cn/web/iteminfo.jsp?id=18185.

[5] 中共中央，国务院. 国家综合立体交通网规划纲要[EB/OL].（2021-02-24）[2024-05-05]. https://www.gov.cn/zhengce/2021-02/24/content_5588654.htm.

[6] 中国民用航空局，国家发展和改革委员会，交通运输部. 关于印发《"十四五"民用航空发展规划》的通知：民航发〔2021〕56号[EB/OL].（2021-12-14）[2024-05-05]. https://www.caac.gov.cn/XXGK/XXGK/FZGH/202201/t20220107_210798.html.

[7] 国务院办公厅. 关于印发"十四五"现代物流发展规划的通知：国办发〔2022〕17号[EB/OL].（2022-05-17）[2024-05-05]. https://www.gov.cn/gongbao/content/2023/content_5736713.htm.

[8] 广州市人民政府办公厅. 关于印发广州市综合立体交通网规划（2023—2035年）的通知：穗府办〔2024〕10号[EB/OL].（2024-04-30）[2024-05-05]. https://www.gz.gov.cn/zwgk/fggw/sfbgtwj/content/post_9654911.html.

[9] 交通运输部. 关于印发《城市公共交通规划编制指南》的通知：交运发〔2014〕236号[EB/OL].（2014-11-19）[2024-05-05]. https://www.gov.cn/gongbao/content/2015/content_2835276.htm.

[10] 国务院办公厅. 关于进一步加强城市轨道交通规划建设管理的意见：国办发〔2018〕52号[EB/OL].（2018-07-13）[2024-05-05]. https://www.gov.cn/zhengce/content/2018-07/13/content_5306202.htm.

[11] 住房和城乡建设部，国家市场监督管理总局. 城市步行和自行车交通系统规划标准：GB/T 51439—2021[S]. 北京：中国建筑工业出版社，2021.

[12] 赫磊，戴慎志，解子昂，等. 全球城市综合防灾规划中灾害特点及发展趋势研究[J]. 国际城市规划，2019，34（6）：92-99.

[13] 吕悦风，项铭涛，王梦婧，等. 从安全防灾到韧性建设——国土空间治理背景下韧性规划的探索与展望[J]. 自然资源学报，2021，36（9）：2281-2293.

[14] 曾坚，田健，王倩雯，等. 国土空间规划体系中的气候韧性及适灾承洪理论——以闽三角地区为例[J]. 中国科学：技术科学，2023，53（10）：1713-1727.

[15] 戴慎志，刘婷婷，高晓昱，等. 国土空间防灾减灾规划编制体系与实施机制[J]. 城市规划学刊，2023（1）：48-53.

第 10 章

历史保护与城市更新

10.1 历史文化资源分类与评价

10.1.1 历史文化资源类型

1. 世界遗产

世界遗产是在全球范围内具有突出而典型的科学、美学和历史文化价值，对地球环境演变和人类文明发展具有重要的记录、保存、启示和传承作用而被列入联合国教科文组织《世界遗产名录》的自然区域和文化遗存。世界遗产包括文化遗产、自然遗产和文化与自然双遗产三大类。

根据《保护世界文化和自然遗产公约》，世界文化遗产主要包含文物、建筑群、遗址三类。其中，文物是指从历史、艺术或科学角度看具有突出的普遍价值的建筑物、碑雕和碑画、具有考古性质成分或结构、铭文、窟洞以及联合体；建筑群是指从历史、艺术或科学角度看在建筑式样、分布均匀或与环境景色结合方面具有突出的普遍价值的单立或连接的建筑群；遗址是指从历史、审美、人种学或人类学角度看具有突出的普遍价值的人类工程或自然与人联合工程以及考古地址等地方。我国是世界文化遗产数量最多的国家之一。

世界自然遗产同样包含三种类型，分别是从审美或科学角度看具有突出的普遍价值的由物质和生物结构或这类结构群组成的自然面貌；从科学或保护角度看具有突出的普遍价值的地质和自然地理结构以及明确划为受威胁的动物和植物生境区；从科学、保护或自然美角度看具有突出的普遍价值的天然名胜或明确划分的自然区域。

文化与自然双遗产又名复合遗产，是同时具备自然遗产与文化遗产两种条件者。

每年的世界遗产大会上，世界遗产委员会参考国际古迹遗址理事会和世界自然保护联盟的评估意见,将具有突出普遍价值(即符合世界遗产十条标准中的有关标准、具有良好的真实性、完整性和保存状况,并在全球同类遗产或相似遗产的比较中具有唯一性或典型性)的遗产列入《世界遗产名录》。

2. 历史文化名城和历史城区

历史文化名城是指经国务院、省级人民政府批准公布的保存文物特别丰富并且具有重大历史价值或者革命纪念意义的城市。历史文化名城的主要特征是保存文物特别丰富,历史建筑集中成片,保留着传统格局和历史风貌。历史文化名城一般在历史上曾经作为政治、经济、文化、交通中心或者军事要地,或者发生过重要历史事件,或者其传统产业、历史上建设的重大工程对本地区的发展产生过重要影响,或者能够集中反映本地区建筑的文化特色、民族特色。历史文化名城的价值特征是确定保护内容和规划措施的重要依据,应与历史文化的物质和非物质载体相对应。

案例 10-1 佛山历史文化名城价值

佛山是岭南文化的集中代表。地处珠江三角洲核心区的佛山,自古人杰地灵,是岭南文化(特别是广府文化)的中心地之一。西樵山历史文化底蕴深厚,被称为"珠江文明的灯塔""南粤理学名山"。近代佛山形成了"经世致用""创新求变"的优秀文化传统。

佛山是古代特殊职能城镇(陶瓷和冶炼)的代表。佛山明清时期制造业发达,尤其是铸造业和陶瓷业,规模大、品种多、技术先进,是当时全国最重要、规模最大的制造业基地之一,也是佛山发展为繁荣大都会的主要成因。

佛山是工商业城镇的代表。古代佛山是一个工商业重镇,却从未设置过县衙及以上的政权机关。由大魁堂、义仓值事、各铺保正等组成一套完整的民间政治系统,养成了镇事自决的习惯。明清的佛山和广州一道,构成岭南地区的两个中心市场。

佛山是岭南水乡和基塘农业的典型代表。珠江汊道宽阔,沙洲散布,后经围垦和促淤,逐步形成汊道纵横的平原。沿岸市镇街巷河道纵横,桥梁众多,居民房舍,灰墙乌瓦。形成了桑基鱼塘、果基鱼塘、蔗基鱼塘等土地利用方式和文化地理景观。

历史城区是历史文化名城保护的重点，是指城镇中能体现其历史发展过程或某一发展时期风貌的地区，具有范围清晰、格局和风貌保存较为完整，需要整体性保护的建成环境，涵盖一般通称的古城区和老城区。

3. 历史文化街区与历史地段

历史文化街区是指经省、自治区、直辖市人民政府核定公布的保存文物特别丰富、历史建筑集中成片、能够较完整和真实地体现传统格局和历史风貌，并具有一定规模的历史地段。

历史文化名城应有不少于 2 片历史文化街区，每片历史文化街区的核心保护范围面积不小于 1 公顷、50 米以上历史街巷不少于 4 条、历史建筑不少于 10 处。

历史地段指能够真实地反映一定历史时期传统风貌和民族、地方特色的地区。

4. 历史文化名镇、名村

中国历史文化名镇指保存文物特别丰富并且具有重大历史价值或者革命纪念意义的镇，由省、自治区、直辖市人民政府批准公布，并报国务院备案。除此之外，各省、市、自治区可相应评定省级历史文化名镇。

中国历史文化名村指保存文物特别丰富并且具有重大历史价值或者革命纪念意义的村庄，由省、自治区、直辖市人民政府核定公布为历史文化名村，并报国务院备案。除此之外，各省、市、自治区可相应评定省级历史文化名村。

5. 传统村落和民族村寨

传统村落是指始建于民国前，具有一定历史、科学和艺术价值，在整体上保存着历史风貌，当代增减或改动的部分所占比重很小，并至今仍被当地百姓居住的村落。传统村落是巨大的"文化包裹"，既有悠久的历史与深厚文化底蕴，又有丰富的物质文化遗产与非物质文化遗产，还有优美生态的自然景观遗产，是中华民族乃至全人类的宝贵遗产，是我国农耕文明的根基、精粹和各个民族文化的"DNA 博物馆"，也是我国不可再生的文化资源和富有利用价值的旅游资源，更是优秀传统文化的重要载体和中华民族的精神家园。

民族村寨，全称为"少数民族特色村寨"，是指少数民族人口相对聚居，且比例较高，生产生活功能较为完备，少数民族文化特征及其聚落特征明显的自然村或行政村。少数民族特色村寨在产业结构、民居式样、村寨风貌以及风俗习惯等方面都集中体现了少数民族经济社会发展特点和文化特色，集中反映了少数民族聚落在不同时期、不同地域、不同文化类型中形成和演变的历史过程，相对完整地保留了各少数民族的文化基因，凝聚了各少数民族文化的历史结晶，体现了中华文明多样性，是传承民族文化的有效载体，是少数民族和民族地区加快发展的重要资源。

6. 不可移动文物

不可移动文物指具有一定历史、艺术、科学价值的古文化遗址、古墓葬、古建筑、石窟寺、石刻、壁画、近代现代重要史迹和代表性建筑等。

国务院文物行政部门在省、市、县级文物保护单位中，选择具有重大历史、艺术、科学价值的确定为全国重点文物保护单位，或者直接确定为全国重点文物保护单位，报国务院核定公布。

省级文物保护单位由省、自治区、直辖市人民政府核定公布，并报国务院备案。

市级和县级文物保护单位分别由设区的市、自治州和县级人民政府核定公布，并报省、自治区、直辖市人民政府备案。

尚未核定公布为文物保护单位的不可移动文物，由县级人民政府文物行政部门予以登记并公布，在一些地方也被称为登记不可移动文物或一般不可移动文物。需要注意的是，这些同样属于不可移动文物，受到文物保护法的保护。

7. 历史建筑和传统风貌建筑

历史建筑是经市、县人民政府确定公布的具有一定保护价值，能够反映历史风貌和地方特色，未公布为文物保护单位、也未登记为不可移动文物的建筑物、构筑物。

传统风貌建筑指除不可移动文物、历史建筑外，具有一定建成历史，对历史地段整体风貌特征具有价值和意义的建筑物、构筑物。

8. 地下文物埋藏区和水下文物保护区

地下文物埋藏区指由地方政府或行政主管部门依法公布的地下文物集中分布的地区。地下文物包括埋藏在城市地面之下的古文化遗址、古墓葬、古建筑等。

水下文物保护区是由国务院或省、自治区、直辖市人民政府划定公布的水下文物分布较为集中、需要整体保护的水域，可以根据实际情况对其范围进行调整。在水下文物保护区内，禁止进行危及水下文物安全的捕捞、爆破等活动。水下文物保护区涉及两个以上省、自治区、直辖市或者涉及中国领海以外依照中国法律由中国管辖的其他海域的，由国务院文物主管部门划定和调整，报国务院核定公布。

其中，水下文物是指遗存于下列水域的具有历史、艺术和科学价值的人类文化遗产，主要包含三类，分别是：①遗存于中国内水、领海内的一切起源于中国的、起源国不明的和起源于外国的文物；②遗存于中国领海以外依照中国法律由中国管辖的其他海域内的起源于中国的和起源国不明的文物；③遗存于外国领海以外的其他管辖海域以及公海区域内的起源于中国的文物。以上规定内容不包括1911年以后的与重大历史事件、革命运动以及著名人物无关的水下遗存。

9. 其他各类历史文化资源

其他历史文化资源包括工业遗产、重要农业文化遗产、水利工程遗产、军事遗产和非物质文化遗产等。近年来，文化遗产的范畴和内涵不断扩大，也出现了大遗址、海洋文化遗产、文化景观、线性遗产与文化线路、革命根据地旧址等红色文化遗产、社会主义建设不同时期的新中国文化财富等概念，国土空间规划都需要对此予以高度关注，并把以上新型遗产的保护纳入历史文化保护的整体框架，构建"大保护"格局。

10.1.2　历史文化资源评价

1. 数据收集

开展历史文化资源评价的基础是从各部门收集相关数据资料，包括：文物部门的不可移动文物的文物普查数据与保护区划和保护规划等技术文件、世界文化遗产及预备名录遗产的保护区划和保护规划等技术文件、考古遗址公园的保护区划和保护规划等技术文件、地下文物埋藏区边界等技术文件、文化线路资料等；住房城乡建设部门的历史文化名城（含历史城区）、历史文化街区以及名镇、名村、传统村落的保护区划以及历史建筑的数据；自然资源部门的历史遥感影像数据、航拍数据或历史地图；农业农村部门的农业文化遗产的保护区划、保护规划等技术文件；工信部门的工业遗产的保护区划、保护规划等技术文件。

2. 空间识别

历史文化资源评价的目的，是在数据资料分析梳理核实基础上识别出历史文化资源密集、价值重要的空间区域，作为历史文化保护空间，包括法定历史文化保护空间、潜在历史文化保护空间、历史文化资源聚集区。

法定历史文化保护空间的识别是将具有法定身份的保护对象本体与保护区划（包括保护范围及其建设控制地带等）进行空间准确落位。

潜在历史文化保护空间的识别主要是指对建成历史在 50 年以上的人工建构筑片区或者历史交通线路，以及与其密切相关的人工与自然环境，进行空间准确落位。

历史文化资源聚集区一般是由法定历史文化保护空间、潜在历史文化保护空间和保护联系空间共同构成，其中保护联系空间是指用于联系法定历史文化保护空间、潜在历史文化保护空间，有助于完整实施历史保护的空间区域。

3. 重要性等级确定

对上述识别出的历史文化保护空间，依据保护对象的保护级别（世界级、国家级、省级、市县级等）和保护区划的空间等级（保护范围、建设控制地带），对历史文化保护空间包含的各级各类保护要素进行评分赋值，确定其重要性等级。对所有保护要素评分结果中的重叠区域应取其中最大值，依此赋值将历史文化保护空间的重要性等级确定为高、较高、中等、较低、低等级区域。

10.2 历史文化保护传承

10.2.1 目标与原则

1. 目标

全面保护好古代与近现代、城市与乡村、物质与非物质等历史文化遗产，在城乡建设中树立和突出各民族共享的中华文化符号和中华民族形象，弘扬和传承中华优秀传统文化、革命文化、社会主义先进文化。

2. 原则

真实性原则： 真实性是指文物古迹本身的材料、工艺、设计及其环境和它所反映的历史、文化、社会等相关信息的真实性。对文物古迹的保护就是保护这些信息及其来源的真实性。与文物古迹相关的文化传统的延续同样也是对真实性的保护。

完整性原则： 文物古迹的保护是对其价值、价值载体及其环境等体现文物古迹价值的各个要素的完整保护。文物古迹在历史演化过程中形成的包括各个时代特征、具有价值的物质遗存都应得到尊重。在历史文化名城、名镇、名村中，除了对文物古迹各构成要素的保护，还须考虑对整体的城镇历史景观的保护。保护不仅要考虑城市肌理和建筑体量、密度、高度、色彩、材料等因素，同时也应保护、延续仍保持活力的文化传统。从环境景观的角度还需考虑对视线通廊、周围山水环境等体现城镇、村落选址、景观设计意图等要素的保护。

10.2.2　保护策略

严格拆除管理： 在城市更新中禁止大拆大建、拆真建假、以假乱真，不破坏地形地貌，不砍老树，不破坏传统风貌，不随意改变或侵占河湖水系，不随意更改老地名。切实保护能够体现城市特定发展阶段、反映重要历史事件、凝聚社会公众情感记忆的既有建筑，不随意拆除有保护价值的老建筑、古民居。

视线通廊的保护： 历史文化名城应保护重要的视线通廊，保证重要历史地标点之间的通视，并对视线通廊内的建筑高度进行严格控制。有些历史文化名城对于历史城区、历史文化街区实施整体的建筑限高，并对重要文物古迹周边实施更加严格的限高措施，取得了较好的效果。

保护优先的交通策略： 历史城区应优先发展公共交通，提高公交可达性；保护传统街巷的空间尺度和界面风貌，完善步行和自行车交通环境，优化慢行交通体验；历史城区内不应新建高架道路、立交桥，不得设置大型交通换乘枢纽、大型机动车停车场。

统筹协调设施建设改善与风貌保护： 历史城区内不应保留污水处理厂等环境敏感型设施；不应新建大型市政基础设施；不应布置易燃易爆、有毒有害危险品生产和储运设施。防洪堤坝等工程设施应与自然环境和历史环境相协调，重视对有历史价值的堤坝码头等的保护利用。

10.2.3　历史文化保护线

历史文化保护线是对各类历史文化遗存本体及相关环境进行空间管控、保护其真实性和完整性的范围边界，包括文物保护单位保护范围和建设控制地带、城市紫线、水下文物保护区、地下文物埋藏区等由国家法律法规、国际公约认定公布的各类历史文化遗产保护控制范围边界，以及国土空间规划历史文化遗产保护专项规划中确定的管控范围边界。

1）历史文化保护线类型

历史文化保护线包含了文物保护单位保护范围和建设控制地带、水下文物保护区、地下文物埋藏区、城市紫线等各类历史文化资源保护范围在内的历史文化保护线，划定历史文化保护线，主要在于统筹整合包括文物保护单位保护范围和建设控制地带、世界文化遗产的遗产区和缓冲区、水下文物保护区、地下文物埋藏区、城市紫线等在内的各类历史文化资源的保护范围，分类划设，分级管理。主要划定的历史文化线包括以下类型。

（1）历史文化街区保护范围应包括核心保护范围和建设控制地带。其中核心保护范围面积不应小于1公顷，核心保护范围内的文物保护单位、历史建筑、传统风貌建筑的总用地面积不应小于核心保护范围内建筑总用地面积的60%。对未列为历史文化街区的历史地段，可参照历史文化街区的划定方法确定保护范围界线。

（2）文物保护单位保护范围和建设控制地带的界线，应以各级人民政府公布的具体界线为基本依据。历史建筑保护范围线的划定：历史文化街区内历史建筑的保护范围应为历史建筑本身，历史文化街区外历史建筑的保护范围应包括历史建筑本身和必要的建设控制地带。

（3）当历史文化街区的保护范围与文物保护单位的保护范围和建设控制地带出现重叠时，应坚持从严保护的要求，应按更为严格的控制要求执行。

此外，对于纳入历史文化遗产保护名录、但暂不具备历史文化保护线划定基础的，应加强部门协同，及时落实动态补划。省、市级国土空间规划应当重点整合大尺度、跨行政区域的历史文化保护线范围，对该类历史文化遗产进行全面调查评估，确保其得到充分的保护。

2）历史文化保护线相应空间管控措施

按照整体性保护要求，宜从下列方面提出历史文化保护线的相应空间管控措施。

（1）与周边山水环境整体保护。明确历史格局、自然山水环境、重要视线通廊、天际线等历史文化遗产环境的形态管控措施，鼓励细化制定用地及项目准入正负面清单。

（2）与遗产真实性、完整性相关联的空间环境协调。加强与历史文化遗产相关环境的生态保护、修复、监测等空间管控和引导措施。在与历史文化遗产相关的农业空间中，提出传统耕作及水利技术沿用、水土保持、灌区协同等综合治理措施。

（3）与建设活动的空间协调。避免集中建设对历史文化遗产及其环境造成负面影响。分析历史文化保护线与永久基本农田、生态保护红线的重叠情况，在充分评估的基础上明确协调管控要点。

10.3 城乡风貌管控与设计引导

10.3.1 城乡风貌管控体系

城乡风貌作为一种凝聚城乡生态资源保护、历史文化延续、特色形态营造的空间表征，主要指物质层面上体现时代精神与文化内涵的城乡物质环境和空间特征的抽象总结，即指可通过视觉把握和感知的国土空间外在形象。城乡风貌的管控不仅包含了城乡建成环境要素的管控，还包含了自然生态系统、国土空间格局、空间景观系统、城乡特色风貌、历史文化传承、公共环境艺术等多类型风貌管控要素的综合管控，是包含了城市风貌和乡村风貌两大类风貌管控体系在内的国土空间风貌体系。

为加强风貌管控、突出地域特色，留住城市"基因血脉"，在国土空间规划中运用国土空间城市设计手段，推动生态、景观、建筑、文化等多领域设计在国土空间中的综合应用，是城乡风貌管控的重要手段。国土空间城市设计是国土空间规划体系的重要组成和技术支撑，是加强规划、设计一体化的技术工具，贯穿于国土空间规划保护建设管理全过程。

国土空间城市设计是营造美好人居环境和宜人空间场所的重要理念与方法，通过对人居环境多层级空间特征的系统辨识，多尺度要素内容的统筹协调，以及对自然、文化保护与发展的整体认识，运用设计思维，借助形态组织和环境营造方法，依托规划传导和政策推动，实现国土空间整体布局的结构优化，生态系统的健康持续，历史文脉的传承发展，功能组织的活力有序，风貌特色的引导控制，公共空间的系统建设，达成美好人居环境和宜人空间场所的积极塑造。

通过国土空间城市设计实现城乡风貌管控，一般遵循以下原则。

1. 加强整体统筹

从人与山水林田湖草沙生命共同体的整体视角出发，坚持区域协同、陆海统筹、城乡融合，协调生态、生产和生活空间，系统改善人与环境的关系。同时，坚持以人民为中心，协调满足公众对于国土空间的认知、审美、体验和使用需求，不断提升人民群众的安全感、获得感和幸福感。

2. 突出地域特色

地域特色是一个地区在特定的自然和人文环境影响下，在漫长的发展过程中逐渐积淀形成的、区别于其他地区的独特且鲜明的建成环境和地方人文特征。城乡风貌的塑造，应对地域景观、总体格局、空间肌理、建筑风格、公共空间等要素进行指引和导控，营建地域特色鲜明的城乡总体风貌。

3. 传承历史文脉

历史文脉记录着一个地区的文化底蕴与内涵风采，承载着共同记忆和地方精神，是反映城乡发展与演变的文化脉络。城乡风貌的塑造，应深入挖掘地方性文化价值，系统保护各类历史文化遗产以及承载文化内涵的历史环境、生活方式等，注重对物质和非物质文化遗产的综合保护，展现不同历史时期发展积淀形成的空间脉络和城乡风貌。

4. 彰显时代精神

城乡建成环境是一个时代政治、经济、文化和科学技术的综合反映。城乡风貌的塑造，应处理好传承与创新的关系，体现新观念、新思想和公共审美。城乡风貌的导控，并非简单拼贴传统符号，而是吸收传统文化的精髓，积极探索与现代思想、先进技术的结合，合理推进历史文化资源的活化利用，在传承中作出创新，彰显时代精神，实现传统与现代的交融。

5. 保育生态环境

生态环境是为提供生态系统服务并影响人类生产生活活动的自然要素的总和，是人与自然和谐共生的基础。城乡风貌的导控，应以保育自然生态环境为前提，评价并保护山脉、森林、河流、湖泊、草原、沙漠、海域等自然资源要素的特征与生态价值，落实底线管控要求，培育并发掘要素的景观价值与美学内涵，构建城乡景观风貌格局并提出相应的目标及管控措施，营造山水景观和谐、生态环境友好的城乡风貌意象。

10.3.2 城市风貌管控

城市风貌是在特定的自然和人文环境影响下，经过长久的时间积淀，逐步形成与凝结下来的城市形象和面貌。它是有形的物质空间和无形的地方文化共同作用的结果，反映城市区别于其他城市的可感知的特质表征。

1. 空间格局

城市空间格局是城市物质空间构成的总体宏观体现，也是城市风貌特色在宏观整体上的反映，包括自然环境格局与城市总体形态格局。自然环境格局是城市整体风貌的本底性影响要素，包括地形地貌、河流湖泊、植被生态以及气候条件等，是城市选址、布局与发展的先决基础条件，在城市建设发展过程中具有稳定特征。城市总体形态格局是人工建成环境的特征性组织要素，是历史发展过程中延续下来的老城区与现代城市发展过程中拓展出来的新城区的部分与整体之间的形态关系，包括分区、肌理、轮廓、轴线等，体现了人工总体形态与其所处的自然环境的结构性关系，共同构成了城市独特的空间格局，对于城市历史文化底蕴和时代风貌的整体呈现和感知具有关键的作用。

2. 重点片区

重点片区是指能够延续地方文脉、彰显城市特色，对城市风貌有重大影响的区域。包括：对城市空间格局有重要影响作用的区域，如历史城区、城市门户、城市中心、重要轴线、山水视廊等；具有特殊重要属性的功能片区，如各类历史文化区、公共文化区、行政和商务中心区、交通枢纽区等；城市重要公共开敞空间，如山前地区、滨水地区、重要公园与广场等。

3. 廊道空间

廊道空间是城市中具有连续性和完整度的风貌要素，包括滨水廊道、交通廊道和景观廊道等。滨水廊道既是体验城市优质生活的休闲空间，也是重要的蓝绿生态空间。交通廊道包括高快速路、城市门户道路、骨架道路等组成的线性城市体验路径，是动态感知城市风貌的重要走廊。景观廊道包括面向城市地标、山水环境、历史人文等美好景物的视域通廊。城市中的廊道空间，通过空间尺度、界面轮廓、建筑特征、绿化景观等因素表征，通过人的视觉和心理感知进行实景反馈。

4. 标志节点

标志节点是城市景观风貌的视觉焦点要素，具有区位标识、方向识别、意象汇聚、形象代表等功能，包括标志性建筑物，如重要纪念性建筑、大型公共建筑、高层地标建筑等；重要构筑物，如标志性雕塑、大型公共艺术装置等；重要人文景观，如古塔、牌坊、古桥、街巷、名园等。这些标志节点塑造出城市的制高点、天际线和城市最具活力的公共空间系统，共同形成具有特色的城市风貌。

10.3.3 乡村风貌管控

相较于城市，乡村是在人口密度较低、经济活动简单、对自然环境干预相对较小的状态下逐渐形成与发展起来的。乡村风貌是在历史进程中由地域化的自然环境与人文要素共同作用形成的可感知乡村视觉景观特征与意象，既包括反映地域特色的物质环境，也包括反映文化内涵的非物质精神。

乡村风貌的构成主要包含自然环境、农业空间、农房聚落以及服务设施等要素，反映了乡村人与自然和谐共处的生态观念以及农耕与乡土文化发展的人文精神。

1. 自然环境

指由山体、水域、湿地、林地、草地、沙地等要素构成具有自然属性、以提供生态产品与服务价值为主体功能的空间。这些空间形成的景观格局与特色风貌是乡村风貌的生态底色和自然视觉表征。根据地域气候、地形地貌、资源禀赋等特征可将自然环境进行分类，如高山峡谷、平原水乡与戈壁荒漠等。

2. 农业空间

指由农田、果园、基塘、牧场及其附属建筑与设施等要素构成的具有农业属性、以提供生产生活服务与景观价值为主体功能的空间，所形成的农业景观、农耕环境是乡村风貌与人文气息的体现，其形成的景观风貌各具特点，如桑基鱼塘、梯田、草原牧场等。

3. 农房聚落

农房聚落的分布、选址、布局形式、形态特征、山水关系等是乡村风貌的重要载体与地域人文的重要体现。农房是村民的居住空间，包括具有历史价值、艺术价值、文化价值的传统民居和体现现代乡村风土人情的新建筑。根据建筑形式、构件符号、装饰色彩、材料工艺等体现地域性与文化性的特征可将民居进行分类，如合院、干栏式民居、庄廓院等。

4. 服务设施

指在村域范围内具有生产、生活、旅游休闲服务功能与景观价值的空间设施，包括农用设施、公共服务设施、市政基础设施与游憩服务设施等。各类服务设施具有特定的功能导向，应以实际需求和乡土特色作为布局原则，以展示和传承地域文化为导控目标，形成体现乡村环境与人文特点的风貌载体。

10.3.4　国土空间城市设计引导

1. 跨区域层面国土空间城市设计引导

在都市圈、城镇群层面运用城市设计思维，加强对大尺度自然山水、历史文化等方面的研究，协同构建自然与人文并重、生产生活生态空间相融合的国土空间开发保护格局。跨区域层面通过国土空间城市设计的运用加强风貌管控，主要体现在以下方面。

优化重大设施选址及重要管控边界确定。 综合考虑自然地理特征、历史文化要素对重大设施选址、重要管控边界确定的影响，统筹开展选址与边界确定工作。

提出自然山水环境保护开发的整体要求。 结合自然山水环境特征，构建大尺度开放空间系统，提出跨区域山脉、水系等空间类型的框架性导控要求。

提出历史文化要素的保护与发展要求。 识别历史文化要素特征，明确区域历史文化脉络，提出区域历史文化聚集地、历史遗存遗迹、重要景观节点等空间类型的框架性导控要求。

形成共识性的设计规则和协同行动方案。 根据区域空间组织与空间营造特点，拟定需要共同遵守的空间设计规则，汇集各地区的相关诉求，凝聚共识，建立协同行动的机制。

2. 市县域国土空间城市设计引导

在市县域层面运用城市设计方法，强化生态、农业和城镇空间的全域全要素整体统筹，优化市县域的整体空间秩序。在市县域层面通过国土空间城市设计的运用加强风貌管控，主要体现在以下方面。

统筹整体空间格局。 落实宏观规划中自然山水环境与历史文化要素方面的相关要求，协调城镇乡村与山水林田湖草沙的整体空间关系，对优化空间结构和空间形态提出框架性导控建议。

提出大尺度开放空间的导控要求。 梳理并划定市县全域尺度开放空间，结合形态与功能对结构性绿地、水体等提出布局建议，辅助规划形成组织有序、结构清晰、功能完善的绿色开放空间网络。

明确全域全要素的空间特色。 根据市县域自然山水、历史文化、都市发展等资源禀赋，结合规划明确的市县性质、发展定位、功能布局、制约条件，并结合公众意愿等，总结市县域整体特色风貌，提出需重点保护的特色空间、特色要素及其框架性导控要求。

3. 市县中心城区国土空间城市设计引导

在中心城区层面运用城市设计方法，整体统筹、协调各类空间资源的布局与利用，合理组织开放空间体系与特色景观风貌系统，提升城市空间品质与活力，分区分级提出城市形态导控要求。在中心城区层面通过国土空间城市设计的运用加强风貌管控，主要体现在以下方面。

确立城市空间特色。 细化落实宏观规划中关于城市特色的相关要求，明确自然环境、历史人文等特色内容在城市空间中的落位。对城市中心、空间轴带和功能布局等内容分别进行梳理，确定城市特色空间结构并提出城市功能布局优化建议，对城市特色空间提出结构性导控要求。

提出空间秩序的框架。 明确重要视线廊道及其导控要求，对城市高度、街区尺度、城市天际线、城市色彩等内容进行有序组织，并提出结构性导控要求。

明确开放空间与设施品质提升措施。 组织多层级、多类型的开放空间体系及其联系脉络，提出拟采取的规划政策和管控措施，提升公共服务设施及市政基础设施的集约复合性与美观实用性。

划定城市设计重点控制区。 根据城市空间结构、特色风貌等影响因素，划定城市设计一般控制区和重点控制区。在有条件的市县中心城区可对重点控制区进一步进行精细化设计。

市县中心城区城市设计重点控制区的类型和设计引导一般包含以下类型。

（1）历史风貌区。保护自然山水形胜的总体格局，恢复、延续传统山水景观格局和风貌特征；保护旧城的城郭、格局、肌理、轴线等历史形态特征要素；恢复和保护历史河湖水系、历史街巷、历史街区的肌理；分区域控制建筑的高度、体量与风格；保护传统建筑的形态和风貌特色；保护名木古树等历史环境要素。

（2）城市中心区。加强整体空间形态控制，拟定合宜的密度分区，导控建筑高度、形体、色彩和界面的设计，塑造城市标志性风貌片区；构建展示中心区地标形象与风貌特色的景观眺望系统，控制重要视线廊道与主要眺望点；加强核心空间界面的修补，形成优美的天际轮廓线；构建连续、完整的步行系统及绿化系统，强化立体空间的应用，构建以人为本、富有特色的公共空间系统。

（3）城市门户与枢纽地区。建立城市与门户枢纽核心区的地标和公共空间系统；结合重要交通廊道加强城市界面营造；紧凑布局枢纽周边的街区和建筑群体，鼓励功能混合和空间复合利用；对枢纽建筑单体、站前空间界面、站城视线通廊等提出控制引导要求。

（4）山前地区。保护自然山体、合理利用景观资源；宜采用有机松散、分片集中的布局，同时进行水平和垂直双向建设管控；强调建筑天际轮廓线与山脊线的协调、慢行风景道与沿山开敞空间的融合，形成丰富多样、步移景异的山边景观序列。

（5）滨水地区。塑造特色滨江、滨河、滨湖、滨海空间，宜减少对水岸、沙滩、山地、植被等原生地形地貌的破坏；重点管控滨水地段的建筑高度、界面、公共空间、天际线、视线通廊等风貌要素，强化河流交汇处、岸线转折处等特殊地段的景观设计，实现城市空间与滨水景观的融合、渗透。

（6）交通廊道。从风貌感知的动态性和连续性特征出发，强化城市门户道路的景观风貌塑造，导控绿化景观设计，突出地域特色；重点管控城市骨架道路两侧建筑的高度、体量、风格、色彩、界面连续性等风貌要素；注重山麓、滨水、公园等区域中景观性道路设计，强调城市动态景观塑造与固定观景点的视觉联系。

4. 乡村地区国土空间城市设计引导

在乡村层面应体现尊重自然、传承文化、以人为本的理念，保护乡村自然本底，营造富有地域特色的"田水路林村"景观格局，传承空间基因，延续当地空间特色，运用本土化材料，展现独特的村庄建设风貌，忌简单套用城市空间的设计手法。在乡村层面通过国土空间城市设计的运用加强风貌管控，主要体现在以下方面。

自然环境。协调村庄与周边自然要素的联系，构建村庄与自然环境有机融合的共同体。严格遵守生态保护红线，注重保护和修复乡村生态景观特色，整体塑造大地景观。对山体进行生态维育，以低强度、低冲击为原则进行观光游憩等功能的开发。保持乡村水系景观整体性、连通性和自然性，塑造具有地方特色的岸线景观。通过景观视域、视线通廊、观景点的导控，展现生态优美的自然环境景观。

农业空间。结合自然环境进行风貌导控，延续本土田园乡村风貌特色。在保护基本农田的前提下，结合生态修复与清理整治，引导农业空间风貌塑造。平原地区通过整治梳理农田斑块，形成农田集中连片、边界清晰的风貌格局；高原丘陵地带，适度推进农田集中布局与规模化经营，注重营造有机、自由、活泼的农田肌理。景观田的开发利用可引导形成绿色廊道和自然斑块，选择本土特色植物进行栽培，优化景观田风貌，充分考虑观赏性和美学原则。农业设施的设计和风貌导控应与周边的人工环境和自然环境相适应，在色彩、材料选择上体现地域特色和乡土风貌。

农房聚落。聚落的空间形态应与自然环境相协调、充分体现地域人文特色，在村庄建设与改造过程中保护并延续空间布局与肌理。合理布置反映乡村特色和地域文化的公共空间，增强乡村风貌不同于城市风貌的独特性。保护历史文化名村、传统村落以及其他风貌特色村落，注重历史人文和自然环境的整体保护。农房的建设与更新改造，应整体考虑建筑风格、色彩、材质、层数、体量等，形成具有地域特色的新时代乡村民居风格，避免盲目建设仿古建筑和采用外来风格，建材优先选用本地特色材料，鼓励将先进的建筑技术与乡土建材、传统建筑形式相结合。

服务设施。应科学合理布置，尊重乡村地形地貌，与村庄整体相协调。公交站点、公共厕所、垃圾处理站等构筑物应在满足功能需求的基础上，强化风貌协调设计。各类设施的设计应挖掘村庄的特色文化要素，鼓励活化利用乡村历史建筑、乡村工业遗产等闲置空间和特色空间。历史巷道应保护原有的铺装和风貌，对于具有观赏性的田间道路，宜采用具有乡土气息的材质，形成良好景观效果。路灯、垃圾箱、围墙、篱笆等环境小品设施应充分应用乡土材料和建造技艺，体现乡土风貌和地域特色。

10.4 城市更新

10.4.1 目标要求

城市更新应坚持以宜居、韧性、智慧为导向，构建经济可行、社会和谐、服务优质、环境优美的多维目标体系。通过城市功能和空间布局的持续优化，实现生产、生活、生态空间的和谐共存和品质提升，整体提升城市的竞争力和吸引力。

城市更新应着力完善住房和公共服务设施配套体系，改善人居环境品质，提升城市公共服务水平，保障民生；着力加强历史文化保护和活化传承利用，塑造城市特色风貌，持续提升城市文化软实力和城市魅力；着力提高基础设施承载力和韧性，保障城市风险防控和安全运行；着力推进产业转型升级，提高城市能级和核心竞争力；着力优化公共活动中心体系和提升公共空间品质，激发城市活力，增强城市吸引力；着力保护自然生态，绿色低碳发展，推进人与自然的和谐共生。

10.4.2　工作任务

国土空间总体规划应结合城市发展阶段和总体空间布局要求，识别更新对象，提出城市更新的规划目标、实施策略、阶段工作重点以及相关规划管控和引导要求。

在市县域层面，在摸清底图底数的基础上，按照全域全要素管控引导要求，明确更新对象的识别原则，提出城市更新的规划目标和工作重点，制定推进城市更新的时序要求和空间管控引导措施。

在城区层面，根据城市更新的规划目标和工作重点，系统识别更新对象，确定城市更新的重点地区和工作任务。可根据实际需要，拟定城市更新用地的总体规模，划定城市更新规划单元。

在规划近期行动计划中，需明确近期重点推进的更新区域和重大更新项目，拟定近期城市更新任务清单，并纳入总体规划的近期行动计划。

10.4.3　重点区域

城市更新应重点关注城市建成区内功能偏离需求、利用效率低下、环境品质不高、服务设施不足，需要进行功能性改造或再开发的区域，包括老旧小区、老旧厂区、老旧街区、城中村等不同类型。

老旧小区是指建成年代较早、建设标准较低、基础设施老化、配套设施不完善、未建立长效管理机制的住宅小区。其改造一般采用重建、整治或维护等方法，重在改善小区居住条件，完善配套公用设施和公共服务设施。

老旧厂区通常指建成年代较早、落后产能集中、基础设施老化、环境污染严重、安全隐患突出的连片工业厂房、仓储用房及相关工业设施。其改造重在通过转换建设用地用途、转变空间功能等方式，改造为双创空间、新兴产业空间、文化旅游场地或保障性租赁住房。

老旧街区一般指城市中具有一定历史保护价值但失养失修失管、公共服务和配套设施不完善的综合性生活街区。其改造重在推动地方特色街区品质化、业态多元化，着力打造街区经济，发展成为有活力的新型街区。

城中村是指城镇开发边界范围内失去或者基本失去耕地，实行村民自治和农村集体所有制的建成区域，以及集体土地已转为国有、已完成撤村改制，但原农村集体经济组织继受单位及原村民保留使用的低效建设用地范围内的建成区域。其改造重在按照城市标准进行整体重建或修复修缮，成为城市社区或其他空间；同时应注重改造活化既有建筑，防止大拆大建，防止随意拆除老建筑、搬迁居民、砍伐老树。城市更新是国土空间规划的重要工作内容。在国土空间总体规划层面，城市更新规划需要识别与划定城市更新重点区域，即在开展问题分析和资源调查评估的基础上，按照全域全要素管控要求，根据城市发展阶段，围绕城市发展战略与城市总体空间结构与布局，结合城市更新的规划总目标与更新原则，因地制宜地确定城市更新重点区域，并根据更新对象的不同特点，明确老旧小区改造、低效用地再开发、城中村改造等城市更新的工作重点，明确城市更新的空间安排。

10.4.4 实施单元

国土空间总体规划在市县域层面，需要根据城市更新目标与更新原则，在明确更新区域的基础上，在城区层面提出更新实施单元的划定原则，划定城市更新实施单元，进一步针对不同的更新对象提出更新方式等引导性内容。

城市更新实施单元是管理城市更新活动的基本依据，宜划定相对成片的区域，对其更新目标、主导功能、综合开发容量、公共设施配套等设定相应原则。城市更新实施单元可以与详细规划编制单元一致，也可以有所不同，具体划定以实际需求为准，但实施方案不得违反相关详细规划编制单元的强制性内容。

10.4.5 更新策略

更新策略是规划编制的重要内容和城市更新政策制定的重要参考，需根据更新对象与区域的具体情况、综合考虑经济、文化、社会、生态等方面的因素，在规划中合理运用。

1. 促进产业转型升级

老旧厂区、低效园区的更新改造在保持原地类情况下应积极提升原产业能级或转型为新产业，加强低效用地的盘活利用和零星土地的开发利用，同时通过用地用途转换等政策机制创新，鼓励产业与科研用地相互转换和新兴产业用地类型探索，促进产业升级和新兴产业发展。鼓励各类产业用地有条件地兼容和复合利用，强调空间紧凑布局，在保障安全、健康、舒适的前提下合理提高开发强度，通过城市更新合理增加产业建筑容量，提升土地利用效率。合理配置保障性租赁住房和服务设施，推动产城融合。

2. 保护传承历史文化

保护文化遗产。落实历史文化保护紫线，保护城市历史肌理、空间尺度特征及其依存的地形地貌、河湖水系等自然景观所共同构成的历史风貌，保持道路、街巷、广场等传统开放空间格局体系，谨慎处理历史道路的宽度、断面和两侧的空间界面，重点关注新旧风貌的整体协调，延续历史空间格局。通过城市更新将具有历史文化价值的老建筑、古桥、古井、树木等历史遗存以及体现城市特定发展阶段、反映重要历史事件、凝聚社会公众情感记忆等的历史文化场所有机融入公共空间系统，彰显地方特色。

合理活化利用。在不损害历史价值和历史风貌的前提下，结合更新的功能定位对各类历史文化资源提出活化利用的功能导向建议，以用促保，在城市更新中重点加强对建筑和历史环境合理利用的整体谋划和更新模式研究。同时通过引入各类资本和机构共同参与等机制创新，多措并举促进历史文化资源的保护利用和地区价值的整体提升。

3. 提升社区宜居水平

建设"15分钟社区生活圈"。以老年人、儿童、残障人士等人群为关注重点，依据15分钟、10分钟、5分钟三级社区生活圈建设要求，统筹优化社区基础保障型、品质提升型和特色引导型服务要素的类型、体系和布局，积极构建社区慢行系统，建设"宜业、宜居、宜游、宜养、宜学"的"五宜"社区。以住房成套化和内部设施改造为重点改善老旧住房的居住条件，重点关注老旧住区的市政基础设施改造、公共空间改善、风貌整治和公共安全、居民停车等问题。通过功能转型、容量提升、复合利用、品质改善、分时共享等方式，优先盘活存量闲置和低效利用的房屋或用地，同时积极建设保障性租赁住房，提供多元化的住房供给，充分提高社区的包容性。

4. 优化公共空间格局和品质

因地制宜地增加公共空间的数量和规模，着力完善公共空间布局，优化公共空间功能，强化公共空间的慢行可达性，提升公共空间的服务辐射范围和服务品质；重视将城市蓝绿空间等生态系统要素有机纳入城市公共空间体系，在保护并修复生态系统功能的基础上着力提升城市公共空间的环境品质和生态服务功能。

5. 改善生态服务能力

落实生态保护红线及"蓝线""绿线"控制要求，充分考虑与区域生态网络的关系，通过城市更新推进对生态绿地、水系、土壤等生态系统的保护和修复。在城市更新中注重生物多样性、气候适应性等生态韧性指标的提升，改善城市生态空间的综合服务能力。

6. 建设绿色智慧城市

构建绿色基础设施。综合运用清洁能源、雨水综合利用、废弃物再生回用等技术，在城市更新中推进市政与交通基础设施的绿色低碳更新改造。鼓励在城市更新中应用数字技术手段，重点推进市政公用设施及建筑物等物联网应用、智能化改造，推动智慧社区和智慧城市建设。

关键术语

历史文化名城、历史文化保护线、城乡风貌、城市更新

思考题

1. 简述历史文化资源评价需要搜集哪些数据，识别出哪些文化保护空间。
2. 简述如何在国土空间总体规划编制中做好历史文化保护传承。
3. 简述城乡风貌导控的目标，以及其对于新时期我国城乡建设"质"的提升有什么重要意义。
4. 简述城市风貌管控应对哪些要素做出指引，如何进行导控。
5. 简述乡村风貌管控应对哪些要素做出指引，如何进行导控。

6. 简述城市更新的重点区域是什么，包括哪些类型。
7. 简述国土空间总体规划的城市更新策略一般包含哪些内容。

参考文献

[1] 何镜堂. 基于"两观三性"的建筑创作理论与实践[J]. 华南理工大学学报（自然科学版），2012（10）：12-19.
[2] 自然资源部. 国土空间规划城市设计指南：TD/T 1065—2021［S/OL］.（2021-06-24）[2024-05-05]. http://www.nrsis.org.cn/mnr_kfs/file/read/21d2d1d71032b84eed1907868fee560a.
[3] 广东省住房和城乡建设厅，广东省自然资源厅. 关于印发《广东省乡村风貌修复提升指引（试行）》的通知：粤建村〔2021〕32号［EB/OL］.（2021-02-24）[2024-05-05]. http://zfcxjst.gd.gov.cn/cxjs/zcwj/content/post_3230282.html.
[4] 浙江省自然资源厅. 关于印发《浙江省村庄规划编制技术要点（试行）》的通知：浙自然资厅函〔2021〕345号［EB/OL］.（2021-05-21）[2024-05-05]. https://www.zj.gov.cn/art/2021/5/21/art_1229196455_2285318.html.
[5] 全国自然资源与国土空间规划标准化技术委员会. 国家标准《国土空间城市更新规划编制指南》（征求意见稿）公开征求意见［EB/OL］.（2024-01-05）[2024-05-05]. http://www.nrsis.org.cn/seekPublicAdvice/pagePublishAdviceStdList/10002116.

第 11 章

国土综合整治与生态修复

11.1 国土综合整治

国土综合整治是针对国土空间开发利用中产生的问题，遵循山水林田湖草沙生命共同体理念，综合采取工程、技术、生物等多种措施，修复国土空间功能，提升国土空间质量，促进国土空间有序开发的活动，是统筹山水林田湖草沙系统治理、建设美丽生态国土的总平台。

11.1.1 整治目标

国土综合整治承接生态文明建设、乡村振兴、粮食安全等国家战略，目标主要体现在夯实国土安全基础、优化国土空间功能、提升国土空间质量、打造美丽生态国土四个方面。四个方面相互联结、相互补充，以提升国土空间的安全性、适宜度和美丽度，拓展国土空间功能，打造以人为本的高品质国土空间，提升国土承载力和可持续发展能力[1]。

1. 以强化用途管制夯实国土安全基础

强化国土空间用途管控，坚守资源保护底线，增强国土空间安全性。对于生态空间，严格控制各类开发利用活动的占用和扰动，确保生态空间面积不减少、生态功能不降低、生态服务保障能力逐渐提高。对于城镇空间，开展地面沉降、地面塌陷和地裂缝治理，修复地质环境，建设安全韧性城市。针对乡村空间，持续加强耕地数量、质量、生态"三位一体"保护，坚决守住耕地保护红线。同时，以资源环境承载力和国土空间开发适宜性评价为基础，开展基于主体功能导向的国土空间

---

1. 金晓斌，刘晶．国土综合整治原理与方法［M］．北京：科学出版社，2024.

综合整治潜力评价，优先整治具有资源优势和开发潜力的主体功能区，如粮食生产功能区、重要农产品生产保护区、矿产资源集中开发区，以此夯实国土安全的资源基础。

2. 以空间结构调整优化国土空间功能

针对国土空间的不合理利用和生态空间、生产空间、生活空间的矛盾冲突，以结构调整发挥国土空间有利作用，优化国土空间功能。主要包括两部分内容，一是化解国土空间结构布局矛盾，二是调配国土空间结构要素配比。在整治适宜性评价的基础上，确定整治规划，划分重点整治区域，明确整治目标，调配空间自然、非自然要素比重，调整区域范围内生产、生活、生态空间布局。有针对性地实施城乡建设用地增减挂钩、耕地占补平衡；实施退耕还林还草还湿，退养还湖还海；实施低效建设用地再开发，处置城中村、棚户区，搬迁低效工业用地；调整凌乱的居民点布局。

3. 以资源高效利用提升国土空间质量

通过国土综合整治，提高资源供给数量、质量和资源之间的匹配程度，促进资源高效利用，保障资源供给安全。尤其是针对耕地、建设用地、矿山等自然资源和非自然资源的利用不合理、闲置低效等问题，在城市化地区处置闲置建设用地、盘活低效建设用地，促进高度城市化地区土地的集约利用；农村地区整治空心村、改造危旧房，调整农村居民点，提升农村建设区域空间利用效率，同时整理破碎田块，形成粮食生产合力，整治坡耕地、贫瘠耕地、干旱、涝洼等生态脆弱型低等耕地，提升耕地的产量效益；在矿山资源开发集中区复垦再利用矿山废弃地，转变用途，还绿还林；在海岸带海岛地区调整海陆联结区域的土地利用结构，充分利用存量码头港口等闲置用地，提升空间利用效率。

4. 以生态系统保护修复打造美丽生态国土

针对区域流域范围内严重受损、退化、崩溃的生态系统，包括矿藏、水流、森林、山岭、草原、荒地、海域、滩涂等自然资源系统，加强生态恢复和建设、治理环境污染、建设防灾减灾体系，修复受损自然生态系统，美化环境，提高防灾能力，增强生态系统稳定性，营造安全宜居宜业环境。针对轻微受损的自然生态系统，主要通过封山育林、固沙育草、补水保湿封育自然生态系统发挥自身生态恢复力。通过地貌重塑、土壤重构、植被重建、景观重现、生物多样性重组，改善生态系统地貌、土质、植被、景观，打造适宜生物生存繁衍的栖息地，提升区域生物多样性。

11.1.2 重点区域

城市化地区、农村地区、重点生态功能区、矿产资源开发集中区和海岸带以及海岛地区是国土综合整治的重点区域，各区域的综合整治重点如下。

1. 城市化地区

以棚户区和城中村改造、城区老工业区搬迁改造为重点，推进低效建设用地再开发；以城区污染场地无害化再利用为重点，推进城镇建设用地集约利用；以工业用地改造升级和集约利用为重点，依法处置闲置土地、盘活低效用地；以大中城市周边区域为重点，分类开展城中村改造。

2. 农村地区

以"田水路林村"综合整治为重点，开展城乡建设用地增减挂钩；以各类低效农用地整治为重点，调整优化农村居民点用地布局；以"空心村"整治和危旧房改造为重点，完善农村基础设施与公共服务设施；以美丽宜居乡村建设为重点，保护自然人文景观及生态环境；大规模建设高标准农田，适度开发宜耕后备土地，全面改善相关区域农田基础设施条件，提高耕地质量。

3. 重点生态功能区

在重点水源涵养区，严格限制影响水源涵养功能的各类开发活动，重建恢复森林、草原、湿地等生态系统，提高水源涵养功能；实施湿地恢复重大工程，积极推进退耕还湿、退田还湿，采取综合措施，恢复湿地功能；开展水和土壤污染协同防治，综合防治农业面源污染和生产生活用水污染。在坡耕地相对集中区、侵蚀沟及崩岗相对密集区，实施水土流失预防与综合治理专项整治，最大限度地控制水土流失。在石漠化片区实施石漠化综合整治工程，恢复重建岩溶地区生态系统，控制水土流失，遏制石漠化扩展态势。在轻度沙漠化地区，实施退耕还林还草和沙化土地治理；在重度荒漠化地区，实施以构建完整防护体系为重点的综合整治工程；在沙化严重地区，实行生态移民，实施禁牧休牧，促进区域生态恢复。

4. 矿产资源开发集中区

开展矿山地质环境恢复和综合治理，推进历史遗留矿山综合整治，稳步推进工矿废弃地复垦利用，加强矿山废污水和固体废弃物污染治理。在资源相对富集、矿山分布相对集中的地区，全面推进绿色矿山建设，建成一批布局合理、集约高效、生态优良、矿地和谐的绿色矿业发展示范区，引领矿业转型升级，实现资源开发利用与区域经济社会发展相协调。

5. 海岸带和海岛

推进海岸带功能退化地区综合整治，恢复海湾、河口海域生态环境。推进近岸海域生态恢复，整治受损岸线，重点对自然景观受损严重、生态功能退化、防灾能力减弱、利用效率低下的海域海岸带进行修复整治。重点推进有居民海岛整治、拟开发海岛与偏远海岛基础设施改善与整治，保护海岛自然资源和生态环境，治理海岛水土流失和污染。加强领海基点海岛保护工程建设，修复生态受损的领海基点海岛。规范无居民海岛开发利用，保护修复生态环境。

11.1.3 重大工程

1. 土地开发

土地开发，广义上指人类通过采取工程、技术和生物措施，使荒山、荒地、荒滩、荒水等各种未利用土地资源投入经营与使用，或使土地利用由一种利用状态变为另一种状态的活动，例如将农地开发为城市建设用地。狭义上，土地开发主要指对未利用土地进行利用，为了实现耕地总量动态平衡，未利用土地开发是一种有效途径。土地开发实际上是为合理利用土地创造必要条件而进行的经济、技术投入过程。土地开发活动可以有效地扩大土地利用范围，使原来不适于某种用途的土地变为适于该用途的土地，同时可以有效地改善土地利用条件，提高土地利用效率。

2. 土地整理

广义的土地整理是指在一定范围内，按照确定的目标和用途，采取行政、工程、经济、法律等技术手段综合整治、改造土地利用状况，以提高土地的利用率和产出率，改善生产、生活条件和生态环境的过程，包括对当前已利用土地的整理、对未利用土地的开发和对废弃土地的复垦。土地整理的实质是合理组织土地利用，调整土地关系。土地整理范畴较广，从地域表现形态上可分为农地整理和市地整理两方面内容。在我国现阶段，狭义的土地整理主要指农地整理，包括农用地整理和农村建设用地整理两类。

3. 土地复垦

土地复垦是指对因挖损、压占、塌陷等造成破坏的土地采取整治措施，使其恢复到可利用状态的活动。土地复垦的对象包括从事矿产开采、砖瓦烧制、燃煤发电等活动造成破坏和废弃的土地。由于采矿业是破坏土地最严重的行业，因此狭义的土地复垦专指对工矿业用地的再生利用和生态恢复。土地复垦须因地制宜，坚持生态效益、社会效益和经济效益并重的原则，确定复垦的方式和规模，要结合国民经济和社会发展计划确定复垦的目标、方向和方法，以最大限度地发挥综合效益。

4. 土地治理

土地治理是通过生物和工程等多种措施，改变土地的生态环境，使土地资源能够可持续利用，从而提高土地利用率和产出率。土地治理包括防和治两个方面，防是指对可能发生的土地退化现象进行预防，治是指对已发生的土地退化进行消除。土地治理的类型可分为水土流失的土地治理、沙化土地的治理、石漠化土地的治理、盐碱化土地的治理、潜育化土壤的土地治理、红黄土壤综合治理、污染土地的治理、废弃土地的治理、损毁土地的治理等。

11.1.4 主要整治类型

1. 城镇低效用地再开发

城镇低效用地再开发是指通过整治、改善、重建、活化、提升等手段，对布局混乱、利用粗放、用途不合理、建筑物危旧的城镇存量低效用地进行综合整治、提升改造，目的是促进城镇土地节约集约利用、改善城镇人居环境、优化产业结构、完善城市服务功能[1]。

从国家和省（直辖市）层面出台的政策文件和实践情况来看，城镇低效用地主要包括以下四种类型[2]。一是低效城镇产业用地：地处城镇开发边界范围内，属于国家和省规定的禁止类、淘汰类产业用地；不符合安全生产和环保要求的产业用地；不符合规划用途、需要实施"退二进三""退城入园"的产业用地；利用强度、

---

1. 林坚，叶子君，杨红. 存量规划时代城镇低效用地再开发的思考[J]. 中国土地科学，2019，33（9）：1-8.
2. 杨少敏，李资华. 城镇低效用地类型和认定标准探讨[J]. 中国国土资源经济，2021，34（2）：42-48.

投入产出水平明显低于建设用地控制标准的产业用地；根据产业转型升级需要实施"工改工"的产业用地；产业落后、企业经营困难需要退出的产业用地。二是低效城镇生活用地：结合城市建设用地节约集约利用评价、开发区土地集约利用评价等基础调查评价成果，经调查确认、政府决策，城市建成区内需要进行改造的居民点。三是低效村庄用地：城镇空间中的城中村；大量用地被城市工业区、物流园等产业园区占据的园中村；村民须逐步迁出或整体搬迁形成的"空心村"。四是其他低效用地：除以上三类以外，依法或经政府批准可以进行城市更新改造的其他建设用地。

城镇低效用地再开发可以分两个步骤开展。首先，开展城镇低效用地认定，明确再开发范围。一方面，可依据国家或地方设定的集约用地标准，将某种特定类型土地的集约用地现状与标准值进行对比，低于标准值即可认定为低效用地类型。另一方面，可基于地区社会经济发展差异和集约用地需求，从社会、经济、区位、产业、效益、建设等方面选取指标，构建城镇低效用地评价指标体系，利用数学模型选取合适的综合评价方法，计算单宗地或某区域城镇土地利用低效度分值，划分低效用地的等级[1]。其次，确定低效用地再开发的土地用途、利用强度和开发时序。

2. 工矿废弃地复垦利用

工矿废弃地是在工业生产和矿产资源开发利用的过程中，由于压占、塌陷、挖损及污染等破坏形成的闲置和废弃土地，包括露天采场、排土场、废石场、矸石场、尾矿场、废渣堆、塌陷区、地面沉降变形区、重金属污染损毁地，以及交通、水利等基础设施废弃地等。按照损毁类型，可以分为挖掘、压占、塌陷、污染四种类型：挖掘主要包括采矿、烧制砖瓦、挖沙取土等地表挖掘所损毁废弃的土地；压占主要包括堆放采矿剥离物、废石、矿渣、粉煤灰等固体废弃物及交通、水利等基础设施建设、停产倒闭企业压占废弃的土地；塌陷包括地下采矿等工程建设造成的地表塌陷废弃的土地；污染包括铁矿、锰矿、铝矿、钛矿等各种金属矿开采造成的酸性废水、重金属等污染导致的损毁废弃土地。

工矿废弃地复垦工作的重点在于依据整治对象的损毁类型和资源条件，综合考量整治类型并开展适宜性评价，进而采取因地制宜的整治修复模式，促进废弃工矿用地利用效率提升与区域生态环境改善。新时代生态文明背景下，工矿废弃地应基

---

1. 张勇，郑燕凤，朱伟亚. 低效用地认定及处置政策[J]. 中国土地，2018（6）：34-35.

于绿色发展理念，以生态环境保护为前提，遵循"保护优先、自然恢复为主"的基本原则，按照"保证安全、恢复生态、兼顾景观"的先后次序，根据实际情况制定修复策略与方案。根据国家及各部委相关要求，按照工矿废弃地的开发强度差异，复垦利用模式可以分为四类。一是高度利用类：具有较高的人工干预程度，原废弃矿山场地特征少量保留或部分保留，通过精巧建筑、景观设计，对废弃矿山进行城市建设、旅游开发。二是中度利用类：保留一定量的原废弃矿山场地特征，并将其作为设计亮点进行景观打造，可作为城市公园或耕地、园地、林地、牧草地等农林类用地使用。三是低度利用类：基本保留原废弃矿山场地特征，以自然恢复为主，辅以一定量人工干预，适度打造郊区开敞空间。四是生态保护类：通过开展地质环境治理，实现场地复绿，恢复场地生态功能，不进行开发利用。

3. 农村土地综合整治

农村土地综合整治是指通过综合运用相关政策，采取先进工程技术，调整土地利用结构，优化农村土地空间布局，保障土地可持续利用，主要包括农村建设用地整治和农用地整治两部分。

农村建设用地整治是对农村地区散乱、废弃、闲置和低效利用的建设用地进行整治，完善农村基础设施和公共服务设施，改善农村生产生活条件，提高农村建设用地节约集约利用水平的活动。整治重点内容包括农村居民点基底调查、整治适宜性分析、整治潜力测算、整治分区划分、整治模式研判等。农村居民点基底调查旨在查清特定区域农村居民点的自然资源条件、社会经济水平、土地利用现状、基础设施建设等基本情况，摸清居民点权属关系及整治潜力，为农村居民点整治提供基础信息。整治适宜性分析通过综合分析农村居民点用地的利用结构与当地社会经济因素，阐明其存量土地整治潜力及进行村庄改造、人口迁移、基础配套设施建设的限制程度，采用适宜性评价方法分析农村居民点整治适宜性。整治潜力测算采用人均建设用地标准法、户均建设用地标准法、农村居民点内部土地闲置率法、多因素综合潜力测算法、遥感判读法、建筑容积率法、城镇体系规划法等，测算农村居民点整治潜力。整治分区划分基于居民点整治潜力测度结果，采用聚类分析、组合归并等统计方法，对在居民点基底特征、整治潜力等方面具有相似特征的居民点，结合农村实际情况在整治时序、整治重点、关键内容等方面做出统筹安排。根据农户生产和生活可达性，农村居民点整治分区可划分为发展区、优化区、引导区、拆迁区等不同类型。整治模式研判将农村居民点特征指标按评价顺序排列，形成农村居民点整治模式的系统分类方案。

农用地整治是以农用地为对象，通过实施土地平整、灌溉与排水、田间道路、农田防护与生态环境保持等工程，提高土地质量，增加有效耕地面积，改善农业生产条件和生态环境的活动，重点是高标准农田建设。高标准农田是指田块平整、集中连片、设施完善、节水高效、农电配套、宜机作业、土壤肥沃、生态友好、抗灾能力强，与现代农业生产和经营方式相适应的旱涝保收、稳产高产的耕地。高标准农田建设指为减轻或消除主要限制性因素、全面提高农田综合生产能力而开展的田块整治、灌溉与排水、田间道路、农田防护与生态环境保护、农田输配电等农田基础设施建设和土壤改良、障碍土层消除、土壤培肥等农田地力提升活动。

11.2 生态修复

国土空间生态修复，是在系统分析区域内的经济、产业、人口、发展方向和生态现状的基础上，结合各区域的生态系统特征和国家重大战略要求，针对生态系统功能整体不强、生态破坏严重、生态屏障脆弱等现实问题，统筹山水林田湖草沙海冰各生态要素而提出的整体谋划荒漠化防治、天然林资源保护、草原和湿地资源保护修复、防护林体系建设、矿山生态修复、水土保持、海洋生态修复等生态治理行动，具有筑牢国家生态安全屏障的重要作用。

11.2.1 总体要求

各级国土空间总体规划中的生态修复规划，须落实国家或上位规划确定的生态修复重点区域、重大工程，着重对生态功能受损要素进行空间定位，明确规模，以修复对象存在的突出问题为导向，制定相应的修复措施及修复内容。一般而言，需要按照"自然恢复为主、人工介入为辅"的原则，以国土空间开发保护格局为依据，针对规划域内生态功能退化、生态系统受损、生物多样性减少、水土污染、洪涝灾害、用地效率低下、国土空间品质不高等问题区域，将生态单元作为修复范围。一般而言，对于省级国土空间规划，重点明确生态修复的目标、重点区域；对于市县级规划，重点明确生态修复的布局范围和重点工程项目；对于乡镇级规划，重点明确生态修复的具体范围、工程项目和时序安排。

在国土空间总体规划框架下，生态修复规划工作主要围绕国土空间本底调查评价、生态修复分区、重点区域指引、整治修复分类、重大工程布局等路径展开。

11.2.2 目标

1. 要素统筹，区域协调

国土空间生态修复规划统筹山水林田湖草沙海冰全要素体系的管控与指引，拓展传统生态修复类规划的范畴和治理效能，进一步推动国土空间全要素可持续发展。按照生态系统的整体性、系统性及其内在规律，国土空间生态修复规划应突出区域协调，尤其是跨行政区的山上山下、地上地下、陆地海洋及流域上下游，增强生态系统循环能力，有效维护人与自然的生态平衡。

2. 安全底线，品质高线

国土空间生态修复规划需严守生态保护红线、永久基本农田、城镇开发边界三条控制线，按照规划明确的用途分区分类开展生态保护修复，使生态安全的重要生态功能区域和生态系统退化问题突出区域的生态环境质量实现根本好转，成为守住自然生态安全边界的重要支撑。随着社会发展从"生存性需求"向"发展性需求"的升级，人们对国土空间生态有了更多的需求和更高的期望，提供更多优质生态产品成为国土空间生态修复规划的时代责任，因此，应因地制宜地对生态、农业、城镇（及工矿）进行修复，强化农田生态功能，提升城市生态品质，城乡空间融入大自然，提高人民生态幸福感。

3. 规避权衡，强化协同

国土空间是生态系统提供供给、调节、支持等功能的空间载体，国土空间生态修复的目标不仅是生态系统服务供给或者潜在供给的增长，而且还是对生态系统服务之间存在的潜在权衡和协同关系的充分认识，通过改善生态系统的结构及人地关系，规避权衡、强化协同，在自然生态恢复的基础上，基于生态、工程、经济等多维度综合的主动人为干预，维持生态系统的健康与稳定，强调可持续的福祉提升。

11.2.3 格局

国土空间生态修复遵循生态系统演替规律和内在机制，充分考虑自然地理和生态系统的完整性、连通性，坚持"绿水青山就是金山银山"发展理念，统筹经济发展和生态环境保护的关系。规划中，通过国土空间用途管制圈定建设用地规模、通过生态修复恢复绿水青山，促进经济生态化和生态经济化，最大程度减少各项建设对自然生态的占用和干扰，修复全域国土空间退化、受损或遭到彻底破坏的生态系统结构、过程、功能及服务，重建和谐健康的人地关系。

国土空间生态修复重在统筹三类空间，谋划总体布局。具体来看，系统分析自然地理与生态安全格局，结合"三线"划定方案和基础评价结果，综合划定保护修复分区，提出分区保护修复方向，推进解决生态、农业、城镇空间突出生态问题，助力国土空间格局优化。其中，生态空间聚焦生态系统受损区域，筑牢生态安全屏障；农业空间开展乡村全域综合整治，恢复退化土地生态功能；城镇空间注重提高城市韧性和通透力，提升城市人居生态环境品质。生态、农业、城镇三类空间交织衔接的区域，应体现综合治理，突出整体效益。

国土空间生态修复还须落实上级生态修复分区，结合域内地理特征，以生态保护红线、自然保护地、重点生态功能区等为重点，统筹考虑生态系统完整性、地理单元连续性和生态问题相似性，确定平原地区、沿海地区、山地丘陵等基础性生态修复分区。在一级分区下，可根据整治修复需求，以各级流域和地貌单元、生态系统分布为基础进行多级分区，分区划定应全覆盖、不交叉、不重叠。在省、市县、乡镇等不同层级的国土空间总体规划之中，国土空间生态修复的分区布局与组织形式应具有一定差别，纵向上各级规划之间应高度契合并能够覆盖各类生态要素，形成立体化、可传导的多层级综合生态修复格局。

11.2.4 类型

生态修复规划需要遵循山水林田湖草沙是一个生命共同体的保护与治理理念，重点回应区域生态服务功能退化、湖泊湿地等生态空间萎缩、地下水超采、水土污染、洪涝灾害、地质灾害、历史遗留矿山等紧迫问题，统筹陆地海洋、流域上下游、城市乡村、地上地下等维度的整体保护、系统修复、综合治理。

国土空间总体规划中的生态修复要素，主要包括生态空间、农业空间、城镇空间、工矿空间及海岸带等其他要素。

1. 生态空间系统修复

生态空间修复，指的是以重要生态功能区、生态敏感区、生态脆弱区，以及具有典型生态效用的自然遗迹、自然保护区、风景名胜区、森林公园、水源涵养、饮用水源地、自然湿地等为目标单元，对集中连片、破碎化严重、功能退化的生态系统进行修复和综合整治，明确恢复生态系统功能的重点工程布局和措施。

生态空间修复规划须重点调查评价域内（陆域和海域）生态系统面积减少、结构受损、功能退化、脆弱化等问题的分布、程度，分析水质污染、土壤污染、水土流失、石漠化、土地沙化、盐碱化、耕地湖泊森林面积减少、自然灾害频发等问题的分布特征、变化程度、胁迫因素、成因机制及关联性，识别生态保护红线内、河流湖泊周边的矿山生态破坏等生态破坏问题的分布、程度、趋势及区域关联影响，识别生态问题分布聚集或生态问题关联性大的关键区域，诊断水源地、饮用水水源地保护等重要生态功能区的生态问题严重程度和障碍因子。

系统修复方面，须特别注意结合生态系统特征和重大战略要求，统筹山水林田湖草沙海冰各生态要素，整体谋划荒漠化防治、天然林资源保护、草原和湿地资源保护修复、防护林体系建设、水土保持等时序安排，提出生态价值补偿机制和差别化政策建议，筑牢生态安全屏障。提升森林资源质量，提出封山育林、公益林修复、山体综合整治、生态景观林带建设的目标和重点工程。落实上位规划和专项规划确定的重点防护造林、风沙源治理、水土流失等林地生态修复工程，实施绿道绿化、农田林网建设，以及水系堤坝、河渠湖库周边绿化。推进草地生态保护、开发利用，提升防灾减灾能力，提出退耕还草、退牧还草、沙源治理、石漠化治理的目标和重点工程。

案例 11-1　塞罕坝机械林场治沙止漠，筑牢绿色生态屏障

三代塞罕坝人时刻牢记改善自然环境、修复生态的建场初心，在"黄沙遮天日，飞鸟无栖树"的荒漠沙地上艰苦奋斗、甘于奉献，通过培育优质壮苗、攻克技术难关、加强森林抚育、严格资源保护等措施，为京津冀筑起了93 333公顷阻沙源、保水源、拓财源的绿色生态屏障。与建场初期相比，林场有林地面积增加了3.8倍，林木蓄积量增加了30.4倍，森林覆盖率由11.4%提高到82%。年均大风日数由83天减少到53天，年均降水量由不足410毫米增加到479毫米。每年可涵养水源、净化水质2.84亿立方米，固碳86.03万吨，释放氧气59.84万吨。每年带动当地实现社会总收入超过6亿元，带动1 200余户贫困户、1万余贫困人口脱贫致富。"好风景"带来"好光景"，"绿水青山"真正成了脱贫致富的"绿色银行"。

2. 农业空间修复

农业空间修复，指的是综合运用源头控制、隔离缓冲、土壤改良等措施，提出重要生态内沟坡丘壑综合整治、农业污染源治理、土壤污染治理、土地沙化和盐碱化治理、农田生态建设、耕地坡改梯、历史遗留工矿废弃地复垦利用等重点工程布局和措施。

农业空间修复规划需重点调查农用地破碎化和退化、生态过渡带和景观连通性、生境丰富度下降问题，居民点、农用地周边矿山生态破坏、土地损毁问题，以及农村自然风貌破坏、过度放牧樵采和围垦养殖、人居生态恶化和生态基础设施不足等问题，围绕农业面源污染、农田破碎化、小微生态系统、耕地撂荒、乡村景观文化破坏等问题，兼顾农村人居生态环境评价，在农业景观尺度上，评估基本农田生态效益。

3. 城镇空间修复

城镇空间修复指的是连通河湖水系，重塑健康自然的水域岸线，促进水利、市政工程生态化，打通城市内部的水系、绿地和城市之外的河湖、森林、耕地的空间连接，构建蓝绿交织、亲近自然的生态网络，提高城市韧性和通透力，提升城市人居生态品质，以及城乡环境绿化建设、城市防洪、城镇污水处理、生产建设项目土地复垦与水土保持、建设用地土壤污染管控、工业污染防治等[1]。

城镇空间修复规划需重点调查评价城镇建设、水电开发、基础设施建设、工矿布局等与生态破坏的空间关系，分析城镇空间开发建设对生态空间的胁迫，识别各主要城市在生态系统质量、城内外蓝绿网络连通性、人居生态品质等方面问题以及内涝、热岛效应等城市病，识别城镇周边、重要交通干线周边历史遗留、在产矿山生态破坏、水土污染、土地损毁等问题分布及程度。

4. 工矿空间修复

工矿空间修复，包括历史遗留矿山生态修复、绿色矿山建设、城镇存量或低效工矿用地综合开发、修复交通沿线敏感矿山山体、植被破坏恢复、岩坑裸露矿山复绿等，有时也会纳入成片连片改造、棚户区改造、低效用地再开发等关联工作。

工矿空间修复规划需以重要生态区、居民生活区、废弃矿山治理为重点，明确工矿资源综合修复的空间布局、类型和规模，提出矿山废弃地开发利用可能与方

---

1. 尹向东，刘涛. 空间规划语境下国土整治与生态修复的思考［J］. 中国土地，2020（7）：31-33.

向；提出矿山企业改造升级、绿色矿山建设目标与规模，从源头上减轻矿产开发活动对生态环境的负面影响。划分矿山生态环境保护与修复治理分区，实现成区连片治理，将主要交通干线两侧和景区周边可视范围内的矿山作为修复重点，提出生态环境保护与修复治理的主要措施，加大对植物破坏严重、岩坑裸露矿山的修复力度。落实上位规划和专项规划确定矿山生态修复工程，明确矿山生态修复范围，提出提高地质灾害风险防范能力的修复对策和措施。

5. 其他修复类型

根据国土空间总体规划域内水环境、大气环境、土壤环境、自然灾害、生物多样性保护现状等实际情况，除上述四类生态修复要素外，选择其他典型要素开展规划。常见包括水生态修复，海域、海岛和海岸修复，陆海一体化保护修复、废弃地污染修复等主要类型。

（1）水生态修复。系统开展江河、湖泊、湿地等水体生态修复，提出水环境质量提升目标、重点区域污染负荷削减措施、重点区域产业结构、社会经济布局的调整方案。划分湿地与水域生态修复重点区域，采取生物、生态及工程措施，修复受损湿地与水域系统，提出重大工程、规模及时序。以持续改善江河湖泊水质为中心，提出重点水源、岸线修复、流域整治、水系连通、库湖调蓄、农田水利等重点工程。深入分析影响水生态恢复的主要因素，提出不同区域水生生物多样性保护的主要措施等，设置河湖水系的生态缓冲带。实施重要河湖及湿地补水，结合农灌需求和生态水量要求，布局河渠清淤、蓄水节制、水系连通等工程。落实上位规划和专项规划确定的河流水系治理重点工程，确定水环境综合治理目标，明确水体保护等级和要求，对集中连片、破碎化严重、功能退化的湿地进行保护修复。

（2）海域、海岛和海岸修复。以滨海湿地修复、沙滩整治修复、海岸构筑物整治与海岸景观修复、入海口整治、海岛及周边海域环境整治等为重点，划分整治修复分区。加强海岸带和近岸海域整体保护与修复，提出海域、海岛、海岸修复重点工程，明确海洋珍稀、濒危物种资源保护措施。

（3）陆海一体化保护修复。保护山海通廊、入海河流廊道等海陆生态屏障，保护浅海海域生态系统、近海湿地生态系统、海岛生态系统三大海域生态系统，强化对潮间带的整体性保护。落实海洋生态红线划定成果和省级规划约束性指标，严格保护自然岸线，依照相关法规严格控制、禁止开展任何损害自然海岸地形地貌和生态环境的活动。按照整体保护、系统修复和综合治理思路，确定海洋生态修复的目标任务和总体要求。

（4）废弃地污染修复。科学分析废弃地和污染土地的成因、受损程度、场地现状及其周边环境，综合运用多种适宜技术改良土壤，消除场地安全隐患。

11.2.5　重大工程

生态修复重大工程，指在一定时间、区域和投资范围内，为维护生态安全、促进生态系统良性循环、提高国土空间开发利用的效率和质量，对空间格局失衡、资源利用低效、生态功能退化、生态系统受损的重点区域，进行系统修复的工程活动。按照山水林田湖草沙是生命共同体的理念，在保护修复总体目标、分区的基础上，根据生态问题的紧迫性、严重性和生态系统功能重要性、敏感性和恢复力，识别保护修复重点区域，确定重点工程项目，合理安排建设时序。

国土空间总体规划确定的重大工程实施范围，可由一个或多个相对独立又有关联的子项目组成，工程实施范围应明确到对应的省、市县、乡镇乃至村组[1]。省级、市县级、乡镇级国土空间总体规划，均需要依据规划目标和任务，按照工程分布相对集中、整治类型相对综合、基础条件相对较好、综合效益相对较强的原则，对工程目标、建设内容、投资估算、预期效益等提出科学安排和合理布置，并编制"生态修复重大工程安排表"，明确重大工程名称、工程类型、重点任务、实施区域、建设规模、主要技术指标、建设时序等内容，具体如下。

（1）工程类型：山水林田湖草沙海冰生态空间系统修复、农业空间修复、城镇空间修复、工矿空间修复、其他修复等。

（2）重点任务：重大工程需要解决的突出问题，建设内容和目标等。

（3）实施区域：重大工程实施涉及的省、市县、乡镇、村组等。工程范围边界应以该区域基期年生长季最新遥感影像为底图，根据自然地理单元的相对完整性进行划定；应有明确的矢量边界，由若干生态保护修复单元[2]组成。

（4）建设规模：重大工程涉及的建设区域总面积。

（5）建设时序：预计重大工程实施的年限。

---

1. 参见：中华人民共和国自然资源部、中华人民共和国财政部、中华人民共和国生态环境部，《山水林田湖草生态保护修复工程指南（试行）》。
2. 生态保护修复单元，指根据生态问题识别与诊断结果，在相对完整的自然地理单元内，统筹考虑小流域和行政区域、工程组织实施的便利性等划分的生态保护修复工程综合实施片区。生态保护修复单元内的生态保护修复目标一般相对一致。参见：中华人民共和国自然资源部，《国土空间生态保护修复工程实施方案编制规程》（TD/T 1068—2022）。

关键术语

国土综合整治、土地整理、土地治理、国土空间生态修复、生态修复重大工程

思考题

1. 简述国土综合整治重大工程包含哪些类型。
2. 简述如何认定城镇低效用地。
3. 简述国土空间生态修复的规划目标包括哪些方面。

参考文献

[1] 白中科,周伟,王金满,等.试论国土空间整体保护、系统修复与综合治理[J].中国土地科学,2019,33(2):1-11.
[2] 金晓斌,刘晶.国土综合整治原理与方法[M].北京:科学出版社,2024.
[3] 孔凡婕,梁宜,梁梦茵.关于省级国土空间生态修复规划的相关思考[J].自然资源情报,2022(1):21-24+6.
[4] 林坚,叶子君,杨红.存量规划时代城镇低效用地再开发的思考[J].中国土地科学,2019,33(9):1-8.
[5] 刘新平,严金明,王庆日.中国城镇低效用地再开发的现实困境与理性选择[J].中国土地科学,2015,29(1):48-54.
[6] 刘耀林,范建彬,孔雪松,等.基于生产生活可达性的农村居民点整治分区及模式[J].农业工程学报,2015,31(15):247-254+315.
[7] 彭建,李冰,董建权,等.论国土空间生态修复基本逻辑[J].中国土地科学,2020,34(5):18-26.
[8] 彭玉玲,林爱文,王珂,等.资源枯竭型城市的工矿废弃地复垦利用综合效益评价——以黄石市七约山矿区为例[J].国土资源遥感,2015,27(3):161-166.
[9] 严金明,夏方舟.国土综合整治研究[M].北京:中国人民大学出版社,2021.
[10] 叶玉瑶,张虹鸥,任庆昌,等.省级国土空间生态修复规划编制的思路与方法——以广东省为例[J].热带地理,2021,41(4):657-667.
[11] 尹向东,刘涛.空间规划语境下国土整治与生态修复的思考[J].中国土地,2020(7):31-33.
[12] 杨少敏,李资华.城镇低效用地类型和认定标准探讨[J].中国国土资源经济,2021,34(2):42-48.
[13] 张勇,郑燕凤,朱伟亚.低效用地认定及处置政策[J].中国土地,2018(6):34-35.
[14] 国土资源部.土地整治术语:TD/T 1054—2018[S/OL].(2018-03-15)[2024-05-05].http://www.nrsis.org.cn/mnr_kfs/file/read/9ff2ebcdd35f1091c5fde894f2ecd8df.
[15] 国务院.关于印发全国国土规划纲要(2016—2030年)的通知:国发〔2017〕3号[EB/OL].(2017-02-04)[2024-05-05].https://www.gov.cn/zhengce/content/2017-02/04/content_5165309.htm.

第 12 章

区域协同与陆海统筹

12.1 区域协同

12.1.1 作用

1. 区域与区域协同

"区域"(region)是一个相对广泛的概念,不同学科对其存在不同理解。区域的界定大致有两大分类标准,一是地理概念上的相近与相似,二是非地理上的经济一体化、文化相似性与政治同一性。在国土空间规划中,一般认为"区域"是一种空间概念,是地球表面上占有一定空间的、以不同的物质客体为对象的地域结构与形式,其中包含了经济、社会、环境等多个子系统。这些子系统之间存在着相互作用和反馈机制,共同影响着区域的发展和变化。同时,在国土空间总体规划中,区域也是重要的政策载体,是指导保护与开发,并确定城市定位、发展目标和各类功能要素布局的基本单元,也是保障总体空间布局合理的底图。

20世纪70年代,德国物理学家赫尔曼·哈肯(Hermann Haken)提出协同学(Synergetics)理论,着重探讨不同事物共同特征及其协同机理,后被广泛应用于多个学科领域。可将区域协同的关键概括为解决区域中的"不平衡"与合作提升区域整体的竞争力两方面。一方面,区域内部需要通过政策引导合理配置,缩小区域内部发展差距,解决区域发展不平衡,通常涉及国家层面的宏观调控和区域政策,以及地方政府之间的协调合作;另一方面,区域内部需要通过建立合作机制,促进资源共享、优势互补,从而提高区域整体的竞争力,这也是区域协同的核心。

总体来看,区域协同是多维度、多层次、多主体参与的复杂过程,当其作为国土空间总体规划的一部分,需要综合考虑经济、社会、环境等多方面因素,通过合作共同实现区域整体的最优发展。

2. 区域类型

结合规划实践，国土空间总体规划中一般涉及以下区域类型。①行政区域：依照行政管理和政治权力行使的需要划分的区域，如省、市、县、区，以及上述单元与乡村地区共同构成的、具有等级关系的城镇体系等；②功能管制区域：包括上位国土空间规划确定的"三区三线"及需要保护和限制开发的重点生态与农业功能区，如自然保护区、生态修复区与水源涵养区等；③功能紧密组织区域：以行政区划为基础，经济、社会功能紧密组织，要素密切流动的综合新型空间组织单元，如城市群与都市圈等；④主体功能区：根据不同区域的资源环境承载力、开发现状与发展潜力等，将特定区域确定为特定主体功能定位类型的一种空间单元，如优化开发区域、重点开发区域、限制开发区域和禁止开发区域等；⑤其他特定地区：由于特殊的自然地理及经济社会条件，具有特定协同发展目标、需要实施特定规划控制和管理措施的区域，如流域地区、环湖地区、陆海统筹区等。

3. 区域协同的作用

区域协同是实现区域均衡发展、提升区域竞争力促进可持续发展的必然要求，通过打破行政壁垒、建立合作机制、提升治理效能等方式，引导要素合理分布与资源合理配置，其作用体现在经济、社会、生态等多个功能系统的组织当中，并形成相应且高效的区域空间结构。

区域协同是国土空间总体规划中的关键步骤，体现在以下两个方面：针对规划对象，区域协同发展有助于提升区域竞争力并促进区域经济均衡发展；针对规划编制与实施过程，区域协同统筹了新型城镇化、流域治理、空间综合整治、生态保护修复等上位规划要求，是引导空间结构发展、优化部署重大资源、能源、交通、水利等关键性要素与落实用途管制、约束性指标的双重载体，是空间要素合理分布的必然要求。

可以看出，国土空间总体规划中区域协同的作用在于：①落实上位规划的必然需求，保证规划体系衔接的完整性，确保保护、开发、利用等空间管制要求，是规划运行与实施的保障；②优化总体空间格局的必然要求，也是规划对象高质量发展与规划根本目的的要求；③有助于实现重大社会、经济、生态发展重大战略安排，是保障区域协同发展、落实新型城镇化、乡村振兴、国土空间综合整治和生态保护修复等可持续发展理念的空间前提；④区域协同发展战略的实施，是国土空间总体规划学科专业性的体现，促使规划在复杂的社会经济发展需求与有限的自然资源之间找到平衡点，推动形成和谐、高效、可持续的区域发展新格局。在总体规划中融入区域协同的理念和策略，不仅促进区域内部的和谐与繁荣，也为国家的长期稳定和可持续发展提供坚实基础。

12.1.2 类型

1. 基于新型城镇化与城乡关系的区域协同：城镇体系协同

城镇体系规划是对一定区域内城镇的空间布局、功能定位、规模结构以及与周边区域关系等方面的统筹安排，是国土空间总体规划中的重要组成部分。通过形成合理的城镇空间布局，明确各城镇的功能定位，优化城镇规模结构，促进城镇间的互补和协同，促进大中小城镇均衡发展，实现区域内城镇的协调发展和空间优化。同时，城镇体系规划也是新型城镇化背景下统筹农业、生态、城镇三类空间，推动城乡基础设施互联互通、公共服务均等化与落实城乡一体化的重要手段。总体规划中的城镇体系协同包括以下方面。①城镇等级与结构的协同：确定不同等级城镇的规模和数量，形成层次分明的城镇体系，在此基础上，能够合理引导不同规模、位置的大中小城市和小城镇协调发展；②城镇功能定位的协同：根据城镇的资源禀赋、区位条件和发展需求，明确其在区域发展中的角色和功能，避免城镇之间的过度竞争，促进城镇间的合理分工和协作；③各类功能要素和资源配置的空间布局协同：根据经济、社会、生态等功能组织的具体需求，对交通、能源、水利等基础设施合理布局，引导生产要素合理流动，并明确城乡生态空间和农业空间的保护需求，确保可持续发展；④建设发展时序的协同：根据发展战略制定优先建设项目清单，保障规划实施与指标落实。

综上所述，城镇体系协同是推进新型城镇化、促进城乡一体化的重要前提，具有整体性、动态性、协调性与可持续性的特点，需要通盘考虑规划范围内所有城镇的发展水平，合理对中心城市与中心镇进行定位，区分重点城镇的差异，避免资源重复配置和功能同质化；平衡经济发展与资源环境保护的关系，并及时根据城镇发展变化进行动态调整，根据区域发展的变化进行适时更新。城镇体系规划对于促进区域经济协调发展、优化国土空间开发格局、推动新型城镇化具有重要作用。通过科学合理的城镇体系规划，可以有效地引导城镇发展，提高城镇的综合竞争力，实现区域经济社会的可持续发展。

2. 基于功能组织平衡的区域协同：都市圈与城市群协同

现代城市的形成和发展是生产力逐步集聚和高度集中的结果，城市从来都不是孤立、封闭的，它与周边的区域和许多城市（镇）有着密切的社会经济联系。作为社会、经济、生态功能共同构成的复杂巨系统，尽管大多数功能发生并完成于城市内部，但随着经济社会的发展与全球化推进，相当一部分大城市及特大城市所发挥的功能越来越强，辐射范围远远超过了自身的行政辖区，并以此为基础构成了功能联系与组织的紧密区域。

都市圈是城市功能地域（Functional Urban-Region，FUR）概念，是由一个高密度的人口核心地区和围绕这个核心的具有高度经济与社会融合的相邻地域构成，通常以某一个大城市或特大城市为中心，并包括周边与其具有密切功能联系的地域范围。都市圈的主要关注点在于中心城市对周边地域经济、社会、生态等功能的联系和相互作用。

城市群是在特定的地域范围内具有相当数量的不同性质、类型和等级规模的城市，依托一定的自然环境条件，以一两个超大或特大城市作为地区经济的核心，借助于现代化的交通工具和综合运输网的通达性及高度发达的信息网络，城市之间发生并发展联系，共同构成一个相对完整的城市"集合体"。

根据都市圈与城市群的定义，可看出二者地域范围大小、功能联系的发生形式有细微差别，但二者均是城市发展到一定阶段的产物，是城市功能在外溢、并在一定地域内集聚和扩散的空间组织新形式，也是突破行政区划、尺度重组进行空间治理的新单元。

相对地，都市圈国土空间规划和城市群国土空间规划是中国区域发展和国土空间规划体系中的两个重要概念，也是跨行政区域的国土空间专项规划的关键内容，在推动区域一体化、优化空间结构和促进区域经济协调发展中扮演着不可或缺的角色。

都市圈和城市群发展的核心在于促进区域内部的互联互通、产业协同和公共服务均等化，同时，它们也是推动城乡融合发展、实现社会公平和环境可持续发展的重要平台。在全球化和区域一体化的大背景下，都市圈在层级上是城市群的一部分，也是城市群和谐发展不可逾越的阶段；在关注重点上，都市圈侧重于一体化和协同，而城市群则侧重于内部联动和整体优化。二者都旨在通过引导人口分布、优化空间结构、促进产业升级、优化资源配置、改善生态环境，推动区域经济的高质量发展。对于提升区域竞争力和促进经济社会全面进步具有不可替代的作用。

市县级国土空间总体规划与都市圈和城市群的国土空间规划具有呼应关系。一方面，总体规划是都市圈和城市群国土空间规划的协同落实和细化，各规划单元统筹资源，将跨行政区的规划设计转化为要素在空间中的协同布局；另一方面，总体规划的战略方向和政策反作用于都市圈与城市群，转化为下一级都市圈、城市群发展的行动计划和目标，协调各方利益，并利用公共政策属性给予支持。总体而言，国土空间总体规划作为关键性顶层设计，总体规划中城市所处的都市圈与城市群协同既是先决条件，又是规划导向。

3. 基于经济、社会、生态功能及专项规划的区域协同

在国土空间总体规划中，以经济、社会和生态功能为代表的跨域协调也是推动城市进步核心战略的一部分。从传统要素的空间布局来看，单一功能系统的协同可划分为跨域产业协同、跨域基础设施建设协同、城乡公共服务均等化等。

产业的跨域协同旨在通过优化产业结构和布局，促进上下游产业链的有效衔接，并增强区域内部的经济活力和整体竞争力，涉及传统产业的升级转型与高新技术产业的培育，要求明确划分区域内部产业分工，合理引导产业分布，在毗邻区，通过共建产业园区、产业链对接、构建一体化市场等方式，实现资源共享和优势互补。如在长三角产业一体化发展中，以纺织业为例，苏州、江阴等地生产，浙江绍兴、湖州地区做配套，形成了有效的跨区域供应链；上海市嘉定区和温州市依托"科创飞地"以项目化扎实推进两地对接交流，探索建立跨区域产业园区发展合作机制和利益共享机制。此外，随着生产力发展与重点转换，区域创新与高新技术培育的发展与协同不容忽视。长三角"感存算一体化"超级中试中心是由中电海康集团有限公司牵头，长三角地区共建的中试中心，它推动了物联网领域的产业集聚发展，促进了区域内传感、计算、存储产业的协同创新。

交通、能源、信息和水利等基础设施跨域协同与互联互通的关键是打破行政壁垒，这要求各级政府在规划和建设过程中加强沟通与协调，形成统一高效的基础设施网络，提升区域发展的支撑能力。以长三角为例，三省一市交通运输部门始终共同推进跨省市交通基础设施建设，加强区域交通的互联互通；城市群内各城市在编制各自总体规划时，也从区域综合交通协调角度提出设想，进一步落实区域一体化发展目标。

生态环境的跨域保护、修复与治理要求各地始终坚守生态保护红线，共担维护生态安全屏障的责任，在根本上，需要建立跨区域的生态补偿机制和环境治理体系，平衡区域内生态保护与经济发展的关系。跨域生态共保常见于流域整治，如杭州余杭区与湖州德清县针对东苕溪流域的水环境补偿机制签订合作协议，后续还包括生态环境联防共治战略合作协议，设立跨行政区域生态保护补偿机制；此外，"跨界河长"、环境联防联治、监测数据共享等措施也常见于跨域生态共保协同。在规划实践当中,《长三角生态绿色一体化发展示范区国土空间总体规划 2021—2035 年)》明确,须通过各类措施推动跨域生态共建共保。

案例 12-1

长三角生态绿色一体化发展示范区跨域生态协同共治的具体措施包括以下内容。

构建跨域联保共治机制:通过建立跨界水体联保共治机制,实现跨界区域上下游、左右岸、干支流生态环境管控的无缝衔接。

生态环境管理"三统一"制度:即生态环境标准、监测、执法的统一,为生态环境跨域一体化保护提供了基础性、关键性制度支撑。

推进跨域生态环境专项规划:编制出台跨域生态环境、水利、供排水等专项规划,明确生态环境保护的目标和建设路径。

跨域饮用水源联合保护:以太浦河饮用水源联合保护为重点,建立跨界饮用水水源地共同决策、联合保护和一体管控机制。

智慧生态环保平台建设:建设示范区智慧生态环保平台,实现生态环境领域信息数据的共建共享。

公共服务均等化旨在通过提升教育、医疗与文化等公共服务资源的配置效率,缩小城乡、地区之间的公共服务差距。公共服务资源的区域协调主要体现在城乡均等与区域共享两个方面,这不仅提升了居民的生活质量,也是促进社会公平和谐的重要途径。如在《成渝地区双城经济圈建设规划纲要》中[1],表明了两地要在教育、卫生健康、医疗保障等方面进行深入合作,推动基本公共服务标准化便利化、公共产品和服务供给等;长三角地区则通过大数据、互联网、云计算等技术手段,推动了区域内公共服务的共建共享。

此外,还存在一些区域性的专项规划,如区域旅游发展规划、应急管理规划等,这些专题规划通常需要综合考虑区域的自然条件、资源禀赋、环境承载力、社会经济发展水平和国家宏观政策等因素,以实现区域的可持续发展和整体效益的最大化。基于经济、社会、生态功能的系统或专项协同是国土空间总体规划中需要考虑的重点前提,也是因地制宜、制定特殊地区专项报告的基础。

---

1. 中共中央,国务院. 印发《成渝地区双城经济圈建设规划纲要》:国务院公报 2021 年第 31 号[EB/OL].[2024-05-05]. https://www.gov.cn/gongbao/content/2021/content_5649727.htm.

12.1.3　目标

在国土空间总体规划的宏观视角下，规划面临的区域协同问题主要包括空间结构与功能发展两方面挑战。

空间结构维度上：城镇体系功能衔接不够完善，市、县、乡定位模糊，内部发展不均衡，城乡关系缺乏协调，城市空间无序扩张，城乡人口与资源出现错配；行政壁垒与地方保护主义仍然存在，市场分割、生产要素流动不畅、基础设施重复建设等问题屡见不鲜，导致资源浪费和效率低下，易出现发展同质化等问题。

功能发展维度上：经济社会领域，产业同质化与低水平的恶性竞争较为突出，城乡区域基础设施和服务供给不充分，居民收入分配不均，人居环境质量与治理水平差距较大；生态环境领域，区域生态保护、修复的协作机制不够健全，利益难以协调，跨域的生态保护与修复难以有效落实，一些地区对自然资源的开发超过底线，导致资源枯竭。实际上，科学的国土空间规划体系与规划手段可以通过明确城镇定位与发展战略、加强生态保护和环境治理协作，落实空间管制并统筹各类要素布局来促进区域协同。

根据上述挑战，可将国土空间总体规划中关于区域协同的目标概括为以下方面。

（1）落实空间管制与上位规划要求，对接区域发展战略，引导空间合理发展。一方面，总体规划直接落实上位规划的引导与管制要求，统筹底数、底盘、底线和约束性指标；另一方面，总体规划中的区域协同需要与国家、省级发展战略相协调，确保地方规划能够响应并支持更高层次的发展目标。如"一带一路"、长江经济带、新型城镇化等与周边共同发展战略的协同。

（2）合理布局城镇体系，优化国土空间格局，实现区域协调与城乡功能互补。国土空间总体规划中，强调不同城市间的专业化分工和功能互补，促进产业错位布局。重点考虑城镇、农业、生态等不同功能空间的合理布局，并通过交通、产业等手段促进区域内部和跨区域的空间协同发展。

（3）优化部署重大资源、能源、交通、水利等关键性空间要素，促进基础设施的互联互通，服务设施共享均衡。打破行政壁垒，形成统一高效的交通、能源、信息网络，加快5G网络、宽带互联网等新一代信息基础设施建设。优化教育、医疗、文化等公共服务设施布局，推动优质公共服务资源向基层和农村延伸，提高公共服务的覆盖面和均等化水平。

（4）统筹推进区域内部与跨省区的国土空间综合整治和生态保护修复的协同合

作。统筹流域治理、土地整治等关键问题，协调不同区域间的生态共保措施，共同维护区域生态安全和可持续发展。

（5）考虑到地区差异化特征，尊重地方实际，实施差别化政策，以确保每个区域都能根据自身特点实现最佳发展，避免因政策差异导致的规划冲突和资源浪费。

12.1.4 策略

区域协同发展作为宏观战略布局，具体协作需要通过具有落实性的相应策略来实现。根据区域协同策略的覆盖范围，将其分为行政单元尺度下的策略与区域尺度重组视角下的策略。

1. 行政单元中的区域协同与合作策略

基于行政区划的单元合作是区域协同中最为普遍的形式，以单元为主体的协同合作策略涉及经济、社会、生态等多个功能系统，并通过确定一定的合作关系，强化不同城市（镇）之间的专业分工，实现区域单元功能互补与基础设施和公共服务共建共享。

区域产业协同策略，包括调整产业结构与优化空间格局两个方面。 针对区域产业结构调整，应明确比较优势，整合城市分工。根据地区发展基础与价值链关系，形成产业链上下游合作。如在长三角城市群中，上海、苏州、无锡、杭州、嘉兴等城市，通过各自的产业优势，形成了从研发、制造到服务的完整产业链。发展创新合作，推进产业升级转型，通过建立区域性的创新平台，促进技术交流和研发合作，如在京津冀城市群中，北京作为国家科技创新中心与天津、河北等地在高新技术产业方面进行合作，推动了区域科技成果转化和产业升级。针对优化与引导产业空间格局发展上，区域通过构建区域产业协作平台，组建跨区产业园或合作联盟。合作园区模式下，一方贡献土地、空间等资源，另一方提供资金、技术与管理等。如中原城市群鼓励承接沿海地区产业转移，与东部沿海地区合作共建产业园区，优化产业分工协作，构建跨区域交通通道。促进企业跨域、跨行合作与重组，构建"总部—分支机构"的企业体系。如山东半岛城市群鼓励大企业与中小企业通过专业分工、服务外包、订单生产等多种方式展开合作，形成协同创新、合作共赢的产业集群。

区域设施共建与服务共享协同策略，包括设施共建与服务共享两个层面。 针对设施共建，区域应统筹布局重大交通、能源设施，合作建设交通道路、信息传输等基础设施，提高区域互联互通水平并促进要素流动，如珠三角城市群通过高速铁路、城际轨道等交通网络的建设，加强了广州、深圳、珠海等城市之间的联系，促进了人才、资本、信息等要素的自由流动。针对设施管理，可增强区域内基础设施连接性与贯通性，推动取消高速公路省界收费站[1]，打造一体化公路客运网络。针对设施建设技术，统一道路和基础设施建设标准，依托大数据建立跨城市的数据信息共享平台，形成公共数据资源中心，如长三角城市群建立了数据信息共享平台，用以整合现有各类政务信息资源。此外，针对公共服务设施共享，"城—城"之间，推进公共服务同城化、连锁化供给，实现教育、医疗、文化旅游、就业社保和区域治理的同城化发展，如成渝地区双城经济圈内部，已实现95个政务服务事项"一网通办"，重庆中心城区和成都主城实现公交"一卡通"，打破治理壁垒；"城—乡"之间，构建新型社会保障与服务体系，如上海松江区探索"好邻居"服务体系，加快提升农村公共服务水平，增强农村居民的获得感和幸福感。

国土空间综合整治和生态保护修复的协同策略，包括合作机制与治理保障两个层面。合作机制层面，主体通过建立跨区域生态保护与修复的合作关系，建立生态共建环境共治机制，统一生态建设与环境治理标准，推动生态环境信息共享。如在长三角一体化中，上海应与相关城市共建"浙西山地水塔"，保护和修复生物多样性中心，推进区域生态廊道资源的调研、规划和建设。对于交界地区、流域地带等特殊区域，避免一刀切管控，进行分类施策的空间管控，可采用建立补偿机制、明确责任制等手段进行限制。依托区域空间与生态供需关系，明确城市生态服务供给和获取的权利和义务，形成城市间生态合作模式，构建生态网络并进行协同治理。在治理保障层面，注重经济发展与生态保护修复的协调，针对特定区域，提出遵循原则、行为模式与准入标准。如长三角一体化示范区，遵循生态学原理，提出生态规划和设计应遵循的原则，构建生态网络，优化生态用地与其他用途用地分类之间的转换。

2. 区域尺度重组视角下的协同策略
1）行政区划调整

行政区划重组通常发生在快速城市化阶段，随着区域经济、社会发展，国家或区域为了适应新的政治、经济和社会条件而进行的行政区域调整。通过调整行政区划，可快速达到分配资源和整合邻近区域的优势，促进经济一体化，提高政府对地

---

1. 国务院办公厅. 关于印发深化收费公路制度改革取消高速公路省界收费站实施方案的通知：国办发〔2019〕23号[EB/OL].（2019-05-16）[2024-05-05]. https://www.gov.cn/gongbao/content/2019/content_5397704.htm.

区管理效率的目的。如2019年，山东省莱芜撤市设区，将原有行政单元改为莱芜区与钢城区并入济南市，当地钢铁产业的空间布局得到了整合，促进了区域空间整体均衡；又如2002年，佛山撤市设区，形成了"一市辖五区"的格局，更好地融入广州—佛山同城化建设。

然而，行政区划重组涉及大量经济与社会功能的重组，需要耗费大量时间与资金成本，并可能会引起当地居民社会关系整合困难、行政区划利益冲突等问题，虽然可以带来诸多利益，如提高行政效率和促进区域发展，但也需要谨慎处理可能出现的负面效应，已并非是实现区域协同的首选策略。

2）建立区域协作框架，制定发展战略与规划

区域合作协议与协作框架是区域协同的另一重要策略，对于实现空间规划的优化和区域发展的均衡具有重要意义。其制定内容与合作形式相较于行政区划调整更为柔和，诞生于相应的战略发展规划和空间建设引导是当前区域资源整合和布局优化的主流手段。

国际上的区域发展合作规划由来已久，如欧洲空间发展一体化展望（European Spatial Development Perspective，ESDP），是欧盟为了推动成员国之间以及区域和地方机构之间就区域发展进行合作（特别是跨越国界的合作）而制定的一项政策框架。其运作强调规划政策的空间整合，包括欧盟层面、跨国/国家层面、区域/地方层面的空间合作。同时，其并没有强制性，而是作为各成员国空间发展规划的指导框架和现有规划的补充和完善。与之类似的还有欧洲空间规划观察网络（European Spatial Planning Observation Network，ESPON），用于支持跨政府合作并提供有关欧洲空间发展的数据和分析服务，支持政策制定和规划实践，以及欧盟跨边界合作计划INTERREG项目，旨在促进跨国界和跨地区的合作，通过共同的资金支持，解决边界地区的特定问题，促进区域一体化。

我国同样有与之类似的区域协同战略与发展规划，如京津冀协同发展、长江经济带发展、粤港澳大湾区建设等强调区域协调发展的重大战略。相较而言，国家级区域协调战略为发展型政策，更侧重于经济增长、基础设施建设、产业升级和区域经济一体，对空间整合以及生态保护、城乡发展等内容相对较少。在国土空间规划体系下，部分区域对协同发展战略下的空间规划方案进行了探索，如上海大都市圈空间协同规划，构建了"多层次、多中心、多节点"的功能体系和"紧凑型、开放式、网络化"的空间结构，以推动区域一体化发展；又如长三角区域发展一体化协同规划，在更大的区域范围内涵盖了南京、苏锡常、杭州、合肥等都市圈，涉及区域协调发展、生态文明建设、空间治理现代化等多方面内容。

除了科学制定区域发展战略及发展规划的内容，构建协同的空间规划体系同样有利于区域合作的政策体系。如上海大都市圈规划，通过建立多层次协同框架，包括全域协同、战略协同区、协作示范区和跨界城镇圈，以促进区域内的交通、生态、产业和市政基础设施等方面的协同发展；又如南京都市圈规划，形成多层次的协同规划体系，明确不同空间层次的协同重点，通过共同研究编制规划，落实战略协同区的重点任务与行动，强化一体化项目布局。上述规划体现了不同区域在促进基础设施互联互通、公共服务共享、产业协同发展等方面走出了差异化的实践路径，并取得积极进展。

12.1.5 机制

根据协同主体与对象的差异，可将区域协同发展的机制分为区域治理主体协同机制与功能系统协同机制。

1. 区域主体协同：合作、对话与治理

区域一体化的大背景下，区域治理主体间的协同合作日益重要，区域发展不仅需要依靠单个城市或地区的努力，更需要区域内外各主体间的紧密合作与对话。通过有效的治理机制，各区域主体能够在资源共享、优势互补的基础上实现共赢发展。在这一过程中，政府、市场和社会等不同主体的互动与合作是推动区域协同发展的关键因素，在区域规划、资源整合和政策制定中，应当坚持市场主导与政府引导相结合的方式，发挥市场在资源配置中的决定性作用，同时政府在规划政策引领、空间开发管制、公共资源配置、体制机制改革等方面发挥作用，建设市场主导"自下而上"与政府引导"自上而下"的良性互动过程。

有多种理论可以作为区域主体之间的治理合作机制的参考，如政策网络分析框架、协同治理理论等。协同治理理论强调了协调、合作和共享的重要性，并提出了组织之间、区域之间的协同基本原则，其中提到的多中心主义、网络化治理、制度规则构建、多层次治理、动态系统视角、利益协调、信任构建、自主性与监督、适应性管理与长期关系等，在规划协同中均有涉及。以上海大都市圈规划为例，其中的机制涉及区域协调发展理论、空间治理现代化理论以及多中心治理理论等，多元主体在建立合作机制、制定统一规划标准、资源共享与信息交流、协调行动以及监督考核方面共同做出努力。在主体合作形式上，上海大都市圈规划过程中建立了多主体之间的合作和协商机制，构建多层次、多样化的协同平台与机制，如"理事会 +

执委会＋发展公司"的管理架构。

可以看出，区域主体协同的关键在于建立信任、构建规则、畅通沟通渠道、动态监督等。针对主体参与和责任划分，可通过建立区域协调发展委员会或类似的跨区域协调机构专门负责统筹区域发展规划，协调区域的经济、社会、环境政策；搭建共享信息平台，推进协作治理，并加强不同层级主体与同层级主体之间的联络与沟通。针对治理过程及结果的动态调整，应当形成较为稳定可持续的治理模式，如部门型松散管制模式、机构型集中管制模式、多政府型统一规划模式等；建立区域内部各部门评估、监督与风险承担机制，以风险预警、动态监督、定期评估调整为导向，及时调整优化政策与空间规划导向。

2. 区域功能系统协同：要素流动与资源共享

在空间规划的区域协同中，离不开区域内部各功能系统的协同，其映射到空间，即为各类要素流动与资源共享的发生过程与机制。在各类要素的有序流动和资源高效共享的过程中，政策设计、市场机制、社会参与和法治建设共同作用，形成了推动区域一体化和经济集群发展的关键力量。如何通过系统化方法促进各类生产要素与资源合理配置，构成了区域协同机制的另一视角。

一方面是区域功能系统内部的协同，部分机制在上文已有提及，如产业链上下游合作的产业互动机制，基础设施、公共服务、信息、技术等资源与服务共享机制，区域环境联防联治、补偿与共治机制，通过打破行政壁垒、促进要素流动，构建一体化市场的市场机制，以建立人才流动和交流机制，促进人才在区域内自由流动，提高人才资源配置效率等。另一方面是根据功能系统协同的要求，进一步规划空间布局的协同机制，形成与区域协同发展政策及目标相符合的空间发展模式，如常见的都市圈发展模式、单核心辐射模式、双核心联动模式、多核心多极化模式、网络化空间结构模式等。在上述两方面的基础上，形成区域协同的合作规划机制，制定区域合作的发展规划与空间规划，明确合作目标、原则、领域和路径，为区域合作提供指导。

此外，协同过程还涉及到多方利益协调和补偿机制，以及对要素流动、集聚等方面的监测评估与及时引导；同时，鼓励区域内各地区在合理范围内进行政策、互动机制的创新，形成可复制、可推广的经验。

12.2 陆海统筹规划

12.2.1 发展历程和基本理念

1. 国内外陆海统筹的发展历程

我国海域面积辽阔,长期以来,沿海地区各类空间规划受到"陆地思维"的制约,既往空间规划实践往往将陆地与海洋作为两个相对独立的空间各自研究与规划,总体规划中忽视陆海统筹及其协同效应,导致陆海二元分割、资源错配、灾害加剧等问题日趋严重。1996年,《中国海洋21世纪议程》率先提出了"海陆一体化开发"战略,强调"统筹沿海陆地区域和海洋区域的国土开发规划",注重"海岸带陆海相互作用研究",为"陆海统筹"奠定了思想基础。2010年,国家"十二五"规划明确指出"坚持陆海统筹,制定和实施海洋发展战略,提高海洋开发、控制、综合管理能力"。随后,在《全国海洋功能区划(2011—2020年)》中,"陆海统筹"成为规划编制的基本准则,并要求"根据陆地空间与海洋空间的关联性,以及海洋系统的特殊性,统筹协调陆地与海洋的开发利用和环境保护",这意味着"陆海统筹"在空间规划领域开始得到重视。2019年,《中共中央 国务院关于建立国土空间规划体系并监督实施的若干意见》再次明确了"坚持陆海统筹"的要求。随着国土空间规划体系改革的推进,"陆海统筹"已经成为沿海地区国土空间总体规划的关键内容,是沿海地区高质量发展的重要保障。

国外虽然没有明确提出"陆海统筹"的概念,但在"海岸带综合管理"(Integrated Coastal Zone Management,ICZM)、"海岸带陆海交互作用"(Land-Ocean Interactions in the Coastal Zone,LOICZ)等指导思想和科学研究的引领下,开展了诸多富有成效的陆海统筹空间规划实践,具有较大借鉴意义。例如,2002年5月,欧盟在《与海岸带综合管理相关的欧洲议会和欧洲理事会建议》中指出,"推动陆地、海洋相关行政机构间的有效合作,促进陆海两大系统的相互联系和交互作用",体现了对"陆海统筹"思想的重视。

2. 陆海统筹的基本理念

陆海统筹是从陆海兼备的国情出发,将陆地和海洋两大系统视为一个整体,统筹协调经济建设、资源配置、产业布局、生态保护、国家安全等领域,促进陆海之间优势互补、良性互动,是一种系统性的规划思维。海岸带生态系统的整体性、陆海跨系统影响的复杂性，以及陆海空间综合效益的协调性等三个基本理念，是陆海统筹中至关重要的思想基础。

海岸带生态系统的整体性。海岸带是海洋与陆地交会地带，包括海岸线向陆域侧延伸的滨海陆地和向海洋侧延伸的近岸海域，是陆海统筹的主要空间类型。海岸带陆海交互作用显著，其资源要素和陆海空间具有高度的关联性，同时也可能存在跨区域属性，具有陆海统筹的迫切需求。在规划实践中，需将其视为一个动态变化且相对独立的复合生态系统，明确涉及海湾、河口等空间单元的区域统筹要点，尊重陆海生态规律，强化陆域和海域功能的有机联系。同时，应将生态保护摆在首要位置，以生态优先引领空间治理，避免无序扩张和过度开发，并在不同发展情景中对陆海空间资源的开发时序进行科学引导。此外，还需关注陆海空间的整体兼容性，统筹地上地下、海面海底，探索立体分层用海，从平面走向三维。

1）陆海跨系统影响的复杂性

陆海统筹之所以重要，正是因为陆域、海域之间存在跨系统影响且必须进行统筹考虑（图12-1）。跨系统影响是形成海岸带特殊性的根本原因，包括三个方面的内涵[1]。一是陆海生态过程。水流、生物等陆海连接物质的跨系统相互作用决定了陆海生态过程，对于维持生态系统的完整性具有重要意义。二是跨系统威胁和收益。陆域与海域之间的威胁和收益并存，例如，沿海河口地区在堆积作用下而不断获得生存空间，适当密度和类型的渔业养殖，甚至可以有效降低某些海洋污染物的危害。三是社会经济影响因素。对一个系统的生态保护行动可能会对另一个系统产生社会经济影响，特别是在与地方生产生活密切相关的系统内（如禁止渔民捕捞、游客观光等）。

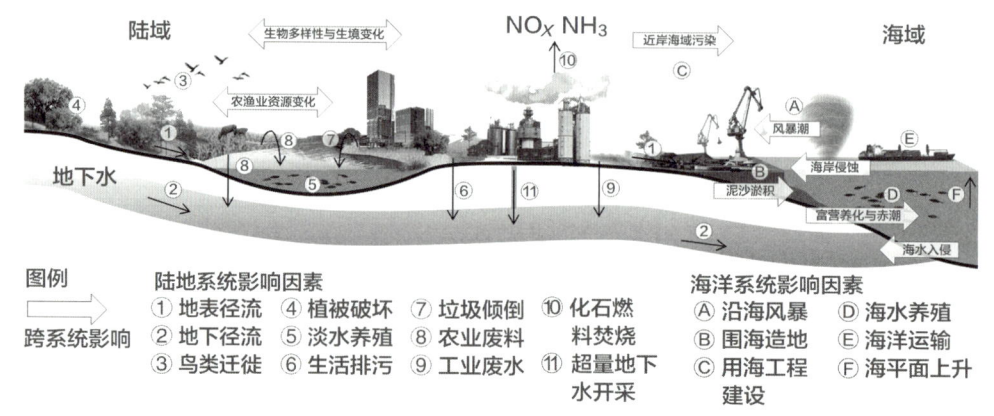

图12-1 陆海跨系统影响示意

---

1. 文超祥，吕一平，林小如，等.跨系统影响视角下海岸带空间规划陆海统筹的内容和方法[J].城市规划学刊，2020（5）：69-75.

2）陆海空间综合效益的协调性

海岸带地区高质量发展的内涵，随着人们对于空间效益的认识深入而不断更新（图12-2），从最初"经济至上"的发展理念，到对陆域或海域的生态—经济—社会"综合效益"的关注，再到跨系统影响下"陆海统筹"的整体考量。第一阶段，不论陆域还是海域，均以经济发展为主要目标，片面追求经济效益最大化，导致资源枯竭、环境恶化等问题日益严重。第二阶段，随着对生态文明和自然资源保护意识的不断提高，人们开始在陆域或海域范围内，关注各自的生态—经济—社会"综合效益"，然而陆海系统二元分割的情况依然存在。第三阶段，在陆海统筹的视角下，科学识别陆海两大系统之间的跨系统影响，包括跨系统威胁和收益，将陆海空间视为一个整体进行协调，从而真正实现陆海统筹综合效益的最佳配置[1]。

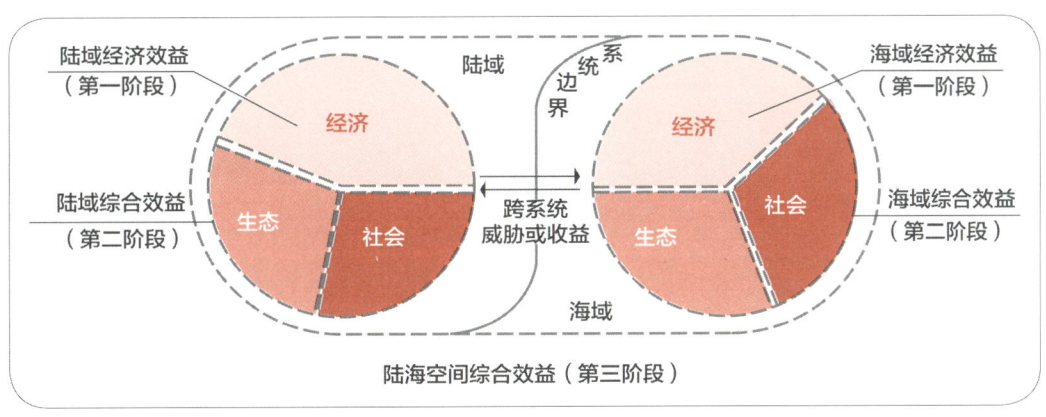

图12-2　陆海空间综合效益的发展阶段

3. 陆海统筹的主要方法

目前主要存在两种陆海统筹规划方法。一是基于陆海要素的统筹而将陆域规划和海域规划进行整合，将陆域、海域视为独立系统各自开展规划，然后在海岸带这一特殊地域进行统筹。二是基于海岸带生态系统的整体性建立陆海一体化规划，将海岸带的海域和陆域作为一个整体，基于海岸带生态系统整体性和陆海交互作用过程，形成陆海一体的空间规划。

两种规划方法决定了对陆海统筹的不同理解。前者通过分析陆域、海域规划的冲突，进而确定陆海统筹的空间范围和关键内容，在陆海统筹的早期阶段往往采用这一方法。从生态系统的整体性而言，后者将陆域、海域作为一个整体，以实现陆

---

1. 阙权鸿，文超祥. 面向高质量发展的海岸带资源型城市空间治理——基于跨系统影响的视角[J]. 自然资源学报，2023，38（1）：255-268.

域、海域国土空间保护与开发利用的最大综合效益为基本目标，代表了陆海统筹的发展方向。基于以上分析，图12-3梳理了国土空间总体规划中陆海统筹规划的思路、内容和方法，围绕保护与开发利用的关键议题，提出陆海统筹空间格局与规划管控，以及海岸带与海洋生态修复的陆海一体化空间规划方法。

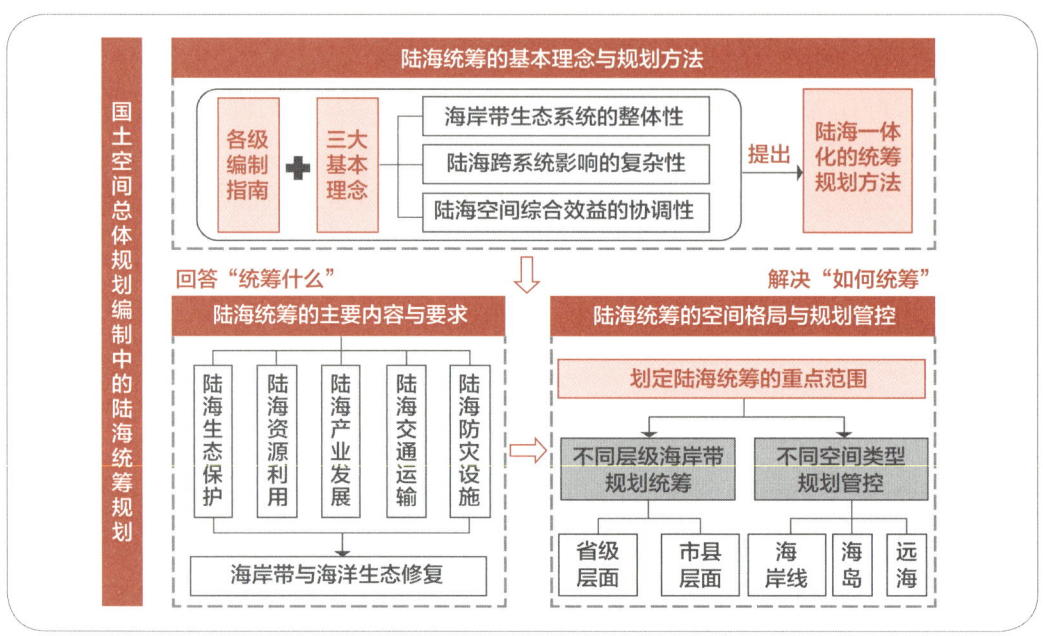

图12-3 陆海统筹规划的思路、内容和方法

12.2.2 主要内容和基本要求

1. 当前国土空间总体规划中的陆海统筹内容

陆海统筹作为一个新生事物，现阶段编制指南的相关内容还具有一定的探索性质，不同层级所需要统筹的内容和要求也各有侧重。在国土空间总体规划编制实践中，应该从生态系统的完整性、时空动态性、地域特殊性等方面，因地制宜不断完善对陆海统筹的指引。

1）省级、市级国土空间总体规划中的陆海统筹

2020年，自然资源部制定了省级、市级国土空间总体规划的编制指南，并提出了陆海统筹的有关要求。在省级层面，陆海统筹的核心内容是确定主体功能区和三条控制线，并进一步明确了原陆域、海洋主体功能定位与国土空间主体功能区的衔接和协调原则。此外，还对资源保护利用、防灾减灾、生态修复等方面作出了相应规定。在市级层面，陆海统筹作为规划分区的重要原则，提出要加强海岸带两侧陆

海功能衔接的要求，制定陆域和海域功能相互协调的规划对策。同时，在总体空间格局、总体城市设计、防灾减灾等方面明确了陆海统筹的引导要求，以及生态保护红线面积、大陆自然海岸线保有率等规划指标。

2）县级、乡镇级国土空间总体规划中的陆海统筹

浙江、福建、广东等沿海省份的县级、乡镇级国土空间总体规划编制指南提出了包括陆海统筹的有关内容。在县级层面，陆海统筹作为重要原则贯穿规划编制全过程，一些省份还制定了陆海统筹专项规划的编制指引。福建省充分考虑陆海相邻区域功能的协调，结合渔港、陆岛交通码头、养殖等用海需求，进一步将县级规划分区细化至三级分区。广东省对各级陆海统筹的内容深度进行了区分，并提出了陆海统筹相关的必选指标（如大陆自然海岸线保有率）和自选指标（如近岸海域水质优良面积比例）。在乡镇层面，则重在落实上位规划的陆海统筹要求。福建省针对滨水港口型、现代农林型等不同资源禀赋的乡镇，提出了陆海统筹的具体指引，并在多镇联编、历史文化、生态修复等方面阐明了相应要求。鉴于我国海域行政管理边界的最小单元是县级，乡镇级国土空间总体规划如何体现陆海统筹，确实存在行政管理制度层面的冲突，例如，浙江省明确提出沿海乡镇的规划范围不包括海域。

2. 陆海统筹的基本要求

在国土空间总体规划编制中，不同层级、不同地域陆海统筹的侧重点有所差异，一般而言，以下几个方面是陆海统筹的基本要求。由于目前国土空间总体规划的行政层级属性，在陆海统筹规划实践中，还需要考虑基于陆海生态系统整体性的跨区域统筹。例如，在跨省级层面的长三角、粤港澳等地区，以及省内跨地市层面的厦漳泉等地区，可通过国土空间专项规划等途径，探索陆海统筹中跨区域协调的重点内容。

1）统筹陆海生态保护

基于陆海生态系统的整体性与规律性，实施"陆海一盘棋"的生态保护策略，同时，探索以海湾、河口、流域等陆海生态系统单元作为陆海统筹空间单元，建立"陆域—流域—海域"一体化的全域生态保护治理体系[1]。在国土空间总体规划的编制中，一般通过规划分区和规划指标对陆海生态进行保护与管控。需要注意的是，规划分区的范围划定，在符合客观生态规律的同时，也要统筹社会经济协调发展，过度的保护或错误的分区可能会适得其反。例如，片面强调海洋生态保护而限制深水良港的建设，可能会严重制约临港工业的发展。再如，全域禁止渔业养殖导致渔民

---

1. 林小如，王荻，文超祥，等.陆海统筹导向下区级海岸带规划路径方法探索——以厦门市翔安区海岸带为例[J].城市规划，2022，46（9）：20-29.

转而开发其他生态更脆弱的陆海空间，可能造成更大的生态风险。因此，应当避免僵化的线性思维而诱发其他系统或更大范围的生态破坏。针对海洋生态系统碳汇能力的提升、多元生态产品价值的实现等内容，在总体规划层面应做出原则性安排，具体内容可以在专项规划中予以明确。

2）统筹陆海资源保护与开发利用

陆海资源主要包括物质资源、动力资源，以及海岸线、近陆海域等空间资源，资源保护与开发利用是陆海统筹规划的关键。物质资源可基本划分为生物资源和非生物资源。其中，生物资源主要包括植物和动物两大类。植物资源既包括藻类植物，也包括海草、红树林、沿海防护林等，具有维护海岸带生境等多方面的功能。动物资源种类繁多，包括鱼类、鸟类、哺乳类等脊椎动物，以及虾蟹螺贝等无脊椎动物。非生物资源主要由海水、海盐以及海砂、石油、天然气等资源组成。动力资源则包括潮汐能、潮流能、波浪能、风能、温差能、盐差能等。海岸线是最重要的空间资源，其保护与开发利用偏向陆域一侧，根据自然特征与经济属性，可归类为自然海岸线和人工海岸线两类。近陆海域是侧重向海一侧保护与开发利用的空间资源，根据海域空间属性的差异，可将其划分为生产性、生活性和生态性等空间类型。此外，近陆海域资源还具有一定的空间兼容性，即具备功能复合和立体分层用海的潜力。

3）统筹陆海产业发展与空间布局

依据《海洋及相关产业分类》(GB/T 20794—2021)，海洋产业可分为海洋渔业、海洋工程建筑业、海洋交通运输业、海洋旅游业等类型，还包括涉海设备与材料制造等上游相关产业，以及海产品再加工、海洋产品批发零售等下游相关产业。不同产业的空间需求和建设条件存在区别，国土空间总体规划需对涉海产业的全产业链进行统筹考虑，构建陆海一体化的产业体系，加强陆海产业功能的匹配度和协调性，提高沿海空间的涉海产业布局比重，优化近中远期的弹性规划时序，发挥陆海空间最佳综合效益。从区域的视角来看，陆海产业发展的统筹，还应避免产业水平"低级化"、产业发展"分散化"、产业结构"同构化"等现象。为此，可以结合市域、省域等行政单元，以及海湾、河口等生态单元作为区域统筹单元，对陆海产业的资源配置进行宏观统筹与分工优化。

4）统筹陆海交通运输

陆海交通运输的统筹也属于产业发展统筹的范畴，考虑到其重要性予以单独阐述。沿海地区经济发达，既可以通过陆域交通运输联系广阔腹地，也可以通过海洋交通运输通达其他沿海地区和世界各地。因此，构建陆海联运的综合交通运输网络，对建设海洋强国具有重要意义。不同层级的国土空间总体规划，陆海交通运输统筹的重点有所不同。省级层面应充分发挥综合交通运输网络对"陆海内外联动、东西双向互济"开放格局和"双循环"的支撑作用，拓展重点湾区或沿海城市群的辐射范围，推动区域经济高质量发展。党的二十大报告中明确提出要"加快建设西部陆海新通道"，强化重庆至广西北部湾港、海南洋浦港的联系，有机衔接丝绸之路经济带和21世纪海上丝绸之路。在市级及以下层面，除统筹区域陆海交通外，还应优化港口布局，谋划海岸带地区公路、铁路、水路"多式联运"，重视陆域交通基础设施与港口"最后一公里"的衔接，推动"港产城"融合发展[1]。

5）统筹陆海防灾空间和设施

沿海地区受风暴潮、海水入侵、海平面上升等海洋灾害的影响，防灾空间和设施的统筹布局具有重要意义。在科学识别不同灾害的风险特征、影响范围、作用强度、发生频率的基础上，国土空间总体规划应当明确主要灾害类型的防灾减灾目标和设防标准。具体而言，应结合现有的防灾避难场所，综合城市基础设施网络，提出海堤、避风港、防浪墙等灾害抵御设施的空间布局策略。同时，统筹"陆域—流域—海域"的灾害风险治理，协同上下游、近远海，从区域层面提出陆海防灾空间和设施的布局要求。此外，还应当秉持"低成本、高效益"和"基于自然的解决方案"的理念，从工程式的"刚性"防灾思维转向自然生态的"柔性"防治模式，从面向灾害的"应急救援"转向适应灾害的"源头防御"。针对自然灾害防范、海岸生态化建设、海平面上升应对等具体措施，可在专项规划中予以进一步明确。

12.2.3 空间格局与规划管控

空间格局的优化与规划管控是统筹陆海生态保护、资源开发的重要方式，具体可按照"明确范围—分类优化—高效管控"的路径展开。首先，根据不同层级国土空间总体规划的要求划定陆海统筹的重点范围。其次，明确海岸带、近远海[2]空间、海岸线与海岛是陆海统筹涉及的主要空间类型，特别是海岸带这一陆海统筹的关键对象。最后，针对不同空间类型，制定有序传导、有效保护、高效利用的管控准则。

1. 陆海统筹的重点范围

按照各级编制指南的要求，结合沿海地区面临的主要问题，以陆海跨系统影响

---

1. 李彦平，刘大海，罗添.国土空间规划中陆海统筹的内在逻辑和深化方向——基于复合系统论视角[J].地理研究，2021，40（7）：1902-1916.
2. 近远海范围：有关近远海范围的界定，目前尚无统一的认识观点。在国土空间总体规划中，可以考虑将海岸带范围内的海域空间确定为近海，海岸带海域范围线外的海域空间确定为远海。

最为显著的区域作为范围界定的依据。省级以下尺度的陆海统筹重点范围边界一般以县级行政单元为基准，国家乃至跨国尺度的陆海统筹，还需要综合考虑沿海地区的影响能级、区域本底和发展定位，将更大的范围纳入，从而对接国家级城市群与经济走廊，综合统筹海洋经济发展、近远海空间的开发保护与国际竞合关系。在当前开展的国土空间总体规划编制实践中，陆海统筹重点范围划定的基本情况如下。

1）省级国土空间总体规划的陆海统筹重点范围

陆域一般将沿海县级行政区管辖陆域和沿海大中城市的集中连片地区纳入统筹范围；海域以省级人民政府管辖的海域和海岛作为统筹范围。近海区域可以采用主要的流域—河口/海湾作为统筹单元，优化省域海岸带生态保护与开发利用格局；远海空间需对接国家区域发展战略，挖掘海洋资源开发利用潜力，统筹近远海产业发展与资源保护利用。

2）市级与县级国土空间总体规划的陆海统筹重点范围

陆域以滨海乡镇行政边界为基准，并将沿海大中城市的集中连片地区纳入统筹范围，海域包括市县行政边界范围内的管辖海域。同时，可以结合自然地理格局（如山脊线、湿地、潟湖、防护林等地理边界）和保护开发的实际需求进一步修正重点统筹范围。

3）跨区域国土空间规划陆海统筹重点范围的探索

不同层级的国土空间总体规划还应结合跨区域陆海统筹的需求，确定合理的重点统筹范围。国家层面需考虑长三角、珠三角、环渤海等城市群与内陆区域，乃至与其他国家之间的陆海统筹需求。省级层面需根据自然条件和区位特征，综合考虑市县之间的跨区域统筹，如福建省厦漳泉地区，就涉及基于厦门湾的跨区域陆海统筹。确有必要的情况下，可以组织编制跨区域国土空间专项规划，为实现陆海统筹等事项的跨区域协调提供规划指导。

2. 海岸带空间格局优化

海岸带是陆海交互作用最为显著、陆海统筹需求最为迫切的空间类型。海岸带空间格局优化是沿海地区国土空间总体规划的重点内容，以下从省级与市县级两个尺度简要介绍。

1）省级国土空间总体规划统筹海岸带空间格局

首先，省级层面落实《全国国土空间规划纲要》确定的主体功能区，协调确定沿海县（市、区）的主体功能区定位，并根据《省级国土空间规划编制指南（试行）》要求，结合海洋空间格局，划定生态保护区、生态控制区、海洋发展区，将海洋发展区细分至二级功能区[1]进行分区管控与发展指引。其次，根据陆海生态系统整体性和开发利用关联性，识别陆海统筹核心单元，并优化省域海岸带空间格局。通过划定流域—河口/海湾等陆海统筹单元，推进跨市县海岸带的主体功能协调发展与空间格局优化，实现层级有序、特色鲜明的省域海岸带空间格局。例如，《广东省国土空间规划（2021—2035年）》中划分了环珠江口湾区、环大亚湾区、雷州半岛等七个陆海统筹单元，并围绕"六湾区—半岛五岛群"的海洋空间格局，跨行政区整合优化陆海资源。

2）市级与县级国土空间总体规划明确陆海空间用途管制

一是陆海一体化协同保护与发展。基于空间现状功能和发展定位，分类明确海岸带重点范围的陆海一体化保护空间和开发利用空间，强化海岸带空间保护与利用的整体性与协同性。二是完善陆海空间功能准入管理制度。针对功能区类型、自然和社会经济条件、保护与开发利用现状，明确不同陆海功能区在空间用途准入、开发利用方式、产业布局调整、生态保护修复，以及防灾减灾等方面的差异化要求。此外，还需探索立体分层用海规划设计准则，推进海洋空间资源多功能复合利用，形成"分区管理+功能准入"的管控模式[2]。

3. 海岸线保护与利用

海岸线的保护与利用是实现微观尺度陆海功能区高质量发展与高水平保护的关键。《海洋学术语 海洋地质学》（GB/T 18190—2017）中明确：多年大潮平均高潮位时海陆分界痕迹线是确定海岸线的依据。在国土空间总体规划编制中，应当以最新修测数据为准，围绕海岸线的自然资源条件和开发利用程度，通过科学评估对海岸线进行分类管控。

1）海岸线保护与利用评估

首先，以海洋综合调查数据、海岸线修测数据和相关专项调查数据为基础，明确砂质岸线、淤泥质岸线、基岩岸线、生物岸线等自然海岸线的分布与开发利用现状；识别养殖岸线、港口码头岸线、城镇与工业岸线、防护岸线等人工岸线的类型和分布特征。其次，结合陆海生态保护区要求，采用海岸线人工化指数、生态系统服务功能、海岸线开发利用强度标准等评估因子，构建海岸线开发利用评价体系，对海岸线自然资源条件和开发利用程度进行评估，将海岸线分为严格保护、限制开发和优化利用等三个类型。

---

1. 三类一级区：生态保护区、生态控制区、海洋发展区；海洋发展区的六类二级区：渔业用海区、交通运输用海区、工矿通信用海区、游憩用海区、特殊用海区和海洋预留区。
2. 李修颉，林坚，楚建群，等.国土空间规划的陆海统筹方法探析[J].中国土地科学，2020，34（5）：60-68.

2）海岸线分类管控

省级国土空间总体规划参照《海岸线保护与利用管理办法》，按生态保护红线的有关要求，明确省域内严格保护岸线名录及保护边界。限制开发和优化利用岸线需围绕属性管控、自然岸线管控、开发利用强度管控等方面进行指引。市级与县级国土空间总体规划，针对严格保护岸线提出分类型的保护与修复方案；针对优化利用岸线，科学分析陆海跨系统影响的作用方式和范围，统筹实现岸线陆海两侧功能的兼容发展。此外，须进一步提高海岸线利用的准入门槛，提出海岸建筑退缩线的要求，加强自然岸线保护，探索多样化岸线占补模式。

4. 海岛保护与利用

国土空间总体规划中的海岛保护与利用，主要关注的对象是无居民海岛。海岛保护与利用的主要任务是衔接国土空间总体规划用海分区，明确海岛保护利用目标与底线要求。在专项调查的基础上，分析海岛资源的数量与质量、空间分布与开发利用潜力等基本情况，分区划定海岛类型与主导功能。并根据海岛资源、环境、生态系统特点，确定海岛保护需要开展的重点工程。

省级国土空间总体规划明确无居民海岛类型并提出管控要求。省级层面对无居民海岛采取清单式管理，基于生态保护区、生态控制区、海洋发展区的主体功能定位，将无居民海岛划分为生态保护类、生态控制类、发展类三种类型，并提出相应的管控要求、保护措施和生态修复计划。

市级与县级国土空间总体规划明确发展类无居民海岛功能定位。市级与县级层面在落实上位规划确定的无居民海岛类型基础上，将发展类无居民海岛细分为农林牧渔用岛、工矿通信用岛、交通运输用岛、游憩用岛、特殊用岛和预留用岛等六种主导功能定位，并采用"名录+详细规划+规划许可"的方式进行管理，探索多功能兼容用岛模式，提出完善公共服务配置、改善人居环境、提高资源循环利用水平等措施。

5. 深远海空间预控

以大陆架和专属经济区为主导的深远海具有独特的海洋生态系统和资源禀赋，同时也面临复杂的国际合作与竞争关系，深远海空间规划主要是国家级、省级国土空间总体规划需要考虑的内容。

国家级国土空间总体规划围绕海洋经济发展与国防安全保障对深远海空间进行预控。面向海洋强国战略需求，积极响应国际局势和全球气候变化，对深远海空间进行生物资源利用、海底能源开发、海洋科学研究等方面的战略性谋划。例如，在全球气候变化的背景下，我国加大对深远海空间开发海洋油气资源和海洋新能源的空间预留，加强对深远海矿产资源的勘探和开发，同时积极考虑对沿海省市参与深远海空间开发利用的授权和合作机制进行探索。国外在远海开发利用方面开展了多样化的探索。例如日本支持深海勘探技术创新，资助深远海调查项目，引导企业开发远海资源；挪威重视新型养殖技术和设备研发，优化许可与配额等制度，提高远海养殖的效率和可持续性。

省级国土空间总体规划系统谋划深远海资源开发与利用。沿海省份在持续提升海岸带存量资源利用效益的同时，可基于产业发展需求积极考虑远海增量资源开发。例如，广东省提出在海洋渔业领域探索深远海大型智能化养殖渔场建设；在海洋能源领域探索远海风电，以及深海油气、矿产等资源的开发利用；在海洋科考领域积极开展海洋资源调查与合作开发。

12.2.4 海岸带与海洋生态修复

生态修复能够有效缓解海岸带高强度开发所引起的环境污染加剧、自然栖息地丧失、生物多样性降低等生态负面影响，鉴于海岸带与海洋生态环境的特殊性，在各层级国土空间总体规划中，还应包括海岸带与海洋生态修复的相关内容。

1. 海岸带与海洋生态修复面临的主要问题

当前，海岸带与海洋生态修复主要面临两个方面的突出问题。一是聚焦局部生态单元修复，缺乏区域统筹。例如，仅针对红树林、珊瑚礁等局部受损的典型生境开展生态保护与修复，尚未基于生态系统整体性对陆海生态安全格局进行跨区域协同治理，开展流域整治修复、河口海湾保护。二是陆海分治，管控约束不足。生态环境、自然资源、水务等多个涉海部门的管理目标和技术标准存在差异，缺乏陆海联动与部门协同，制约了海岸带与海洋生态修复的效益提升。

2. 海岸带与海洋生态修复的基本要求

针对当前海岸带与海洋生态修复面临的突出问题，在陆海统筹理念的指导下，聚焦陆海交互作用与多尺度生态单元，探索生态—社会协同的海岸带与海洋生态修复路径。一方面，遵循生态系统的整体性。生态修复不只是基于典型生境对生态要素与功能的修复，更需要基于陆海生态系统的完整性，在空间上形成多尺度的陆—城—海宏观生态安全格局。另一方面，重视生态系统的自然恢复能力，针对多类型自然生境，探索自然—人工耦合的修复模式与路径，强调"以自然恢复为主，以生态修复为辅"，促进生态—社会系统耦合，形成自然—人工二元的良性循环[1]。

3. 海岸带与海洋生态修复的技术路径

建立陆海生态系统全要素统筹保护格局。基于海岸带自然地理格局，结合生态系统服务功能评价、生态敏感性评估、生态阻力分析，识别陆域与海域生态源地、廊道、节点。通过整合碎片化生态斑块，串联高价值生态节点，拓展陆海生态廊道，形成"核—带—廊"全域生态安全格局。

识别陆海空间生态修复的重点区域。一方面，明确环境污染严重、生物多样性降低、生态功能退化的问题区域，基于陆海作用关系提出生态修复模式，尤其是针对存在围填海历史遗留问题的区域。另一方面，精准辨识国土空间生态保护重要、极重要区域，基于生态安全格局强化陆海生态管控，重点包括海岸带陆源污染防治，以及海洋生态廊道的保护和修复。

明确海岸带与海洋生态修复的重点任务。以海岸线整治修复、滨海湿地保护修复、海洋资源养护修复等重点任务为抓手，落实上级国土空间总体规划的相关要求，衔接海岸带专项规划。设置自然海岸线保有率、海洋生态修复面积、海岸线修复长度、滨海湿地修复治理面积、沙滩养护修复面积、海堤生态化建设长度等修复指标[2]，指导近岸农田、防护林、滨海湿地、河口海湾、浅海、海岛等典型生态系统的生态修复。

以单元管理为抓手推动多部门协同治理。海岸带生态修复不能局限于行政边界，而应遵循生态系统的完整性，科学划定陆海生态单元，构建跨行政边界的协调机制，制定统一的管理标准，实现海岸带与海洋生态修复的协同治理[3]。

关键术语

区域、区域协同、主体功能区、城镇体系规划、陆海统筹、海岸带、陆海跨系统影响

---

1. 袁涵蒙，唐豪，许植桐，等.陆海统筹视角下滨海地区国土空间生态修复路径与实践［J］.规划师，2024，40（2）：89-97.
2. 汪雪，王志文，俞蔚，等.海洋生态修复规划转型策略——以浙江省三门县海洋生态修复实践为例［J］.规划师，2023，39（12）：115-120.
3. 刘大海，王春娟，许春霞，等.多要素统筹的海岸带生态修复路径［J］.中国土地，2023，（12）：18-21.

思考题

1. 简述区域协同在国土空间总体规划编制中的意义。
2. 结合具体案例概述国土空间总体规划中的区域协同类型。
3. 简述国土空间总体规划中的陆海统筹的基本理念和基本要求。
4. 简述陆海统筹的两种不同规划方法的主要区别。
5. 简述省级和市县国土空间总体规划中海岸带空间格局优化的重点内容分别是什么。

参考文献

[1] 郝寿义.区域经济学原理[M].上海：格致出版社，2016.
[2] 魏后凯.现代区域经济学[M].北京：经济管理出版社，2006.
[3] 哈肯.高等协同学[M].北京：科学出版社，1989.
[4] 林坚，赵晔.国家治理、国土空间规划与"央地"协同：兼论国土空间规划体系演变中的央地关系发展及趋向[J].城市规划，2019，43（9）：20-23.
[5] 陆大道.京津冀城市群功能定位及协同发展[J].地理科学进展，2015，34（3）：265-270.
[6] FUJITA M，KRUGMAN P，Venables A J.The Spatial Economy：Cities，Regions，and International Trade[M].Cambridge，Mass：MIT Press，2001.
[7] SCOTT A J.A World in Emergence.Cities and Regions in the 21st Century[M].Cheltenham UK：Edward Elga Publishing，Inc.，2012.
[8] 孟贵，王开泳，王甫园，等.中国行政区划研究30年：进展、启示与展望[J].地理科学进展，2023，42（5）：982-997.
[9] 张京祥，范朝礼，沈建法.试论行政区划调整与推进城市化[J].城市规划汇刊，2002（5）：25-28+79.
[10] 刘君德.中国转型期"行政区经济"现象透视——兼论中国特色人文—经济地理学的发展[J].经济地理，2006（6）：897-901.
[11] 殷洁，罗小龙.从撤县设区到区界重组：我国区县级行政区划调整的新趋势[J].城市规划，2013，37（6）：9-15.
[12] 李郇，徐现祥.中国撤县（市）设区对城市经济增长的影响分析[J].地理学报，2015，70（8）：1202-1214.
[13] 田粤皖，田德文.从"差异性一体化"到"差异性去一体化"——欧洲一体化理论的新探索[J].当代世界与社会主义，2020（6）：40-51.
[14] 刘慧，樊杰，王传胜.欧盟空间规划研究进展及启示[J].地理研究，2008（6）：1381-1389.
[15] 田培杰.协同治理：理论研究框架与分析模型[D].上海：上海交通大学，2013.
[16] 刘伟忠.我国协同治理理论研究的现状与趋向[J].城市问题，2012（5）：81-85.
[17] 文超祥，吕一平，林小如，等.跨系统影响视角下海岸带空间规划陆海统筹的内容和方法[J].城市规划学刊，2020（5）：69-75.
[18] ALVAREZ-ROMERO J G，PRESSEY R L，BAN N C，et al. Integrated land-sea conservation planning：the missing links[J]. Annual Review of Ecology，Evolution，and Systematics，2011（42）：381-409.
[19] 阙权鸿，文超祥.面向高质量发展的海岸带资源型城市空间治理——基于跨系统影响的视角[J].自然资源学报，2023，38（1）：255-268.
[20] 林小如，王荻，文超祥，等.陆海统筹导向下区级海岸带规划路径方法探索——以厦门市翔安区海岸带为例[J].城市规划，2022，46（9）：20-29.
[21] 李彦平，刘大海，罗茜.国土空间规划中陆海统筹的内在逻辑和深化方向——基于复合系统论视角[J].地理研究，2021，40（7）：1902-1916.
[22] 李修颉，林坚，楚建群，等.国土空间规划的陆海统筹方法探析[J].中国土地科学，2020，34（5）：60-68.
[23] 袁涵蒙，唐豪，许植桐，等.陆海统筹视角下滨海地区国土空间生态修复路径与实践[J].规划师，2024，40（2）：89-97.
[24] 汪雪，王志文，俞蔚，等.海洋生态修复规划转型策略：以浙江省三门县海洋生态修复实践为例[J].规划师，2023，39（12）：115-120.
[25] 刘大海，王春娟，许春霞，等.多要素统筹的海岸带生态修复路径[J].中国土地，2023（12）：18-21.
[26] 国务院办公厅.关于印发深化收费公路制度改革 取消高速公路省界收费站实施方案的通知：国办发〔2019〕23号[EB/OL].（2019-05-16）[2024-05-05].https://www.gov.cn/gongbao/content/2019/content_5397704.htm.

第 13 章

规划实施与保障

13.1 规划审批

规划编制审批体系是国土空间规划体系"四梁八柱"中的统领性要件，是规划编制和实施及发挥作用的重要环节。国土空间总体规划的编制和审批采用分级分事权模式。《中共中央 国务院关于建立国土空间规划体系并监督实施的若干意见》（以下简称《若干意见》）和《自然资源部关于全面开展国土空间规划工作的通知》（（自然资发〔2019〕87号），以下简称《通知》）指出"改进规划审批，按照谁审批、谁监管的原则，分级建立国土空间规划审查备案制度"。

与2019年改革前的城市总体规划、土地利用总体规划审批制度相比，国土空间总体规划的审批制度主要有以下不同[1]。一是减少国务院审批的城市数量，提高行政效能。原来的城市总体规划和土地利用总体规划由国务院审批的城市数量分别有108个和106个，国土空间规划体系改革后，由国务院审批国土空间总体规划的城市数量将减少到一半左右。二是精简规划审批内容，按照"管什么就批什么"的原则，对省级和市县国土空间规划进行实质性审查和程序性审查；简化报批流程，压缩审查时间，严格控制征求部门意见时间，自审批机关交办之日起，在限定时间内完成审查工作，提出审查意见，上报国务院审批。三是简政放权，对地方的国土空间规划审批预留弹性空间，对乡镇国土空间规划编制审批作更灵活规定。四是强调省级和国务院审批城市的国土空间规划报批前需经同级人大常委会审议的要求。

13.1.1 市级国土空间总体规划审批

《若干意见》指出，需报国务院审批的城市国土空间总体规划，由市人民政府

---

1. 自然资源部.《中共中央 国务院关于建立国土空间规划体系并监督实施的若干意见》解读（下）：将国土空间规划一张蓝图绘到底 [EB/OL]. (2019-05-29) [2024-05-10]. https://www.mnr.gov.cn/dt/ywbb/201905/t20190529_2425485.html.

组织编制，经同级人大常委会审议后，由省级政府报国务院审批。其他市县国土空间规划由省级政府根据当地实际，明确规划编制审批内容和程序要求。

根据自然资源部发布的《市级国土空间总体规划编制指南（试行）》（自然资办发〔2020〕46号）要求，在方案论证阶段和成果报批之前，审查机关应组织专家参与论证和进行审查，审查要件包括市级总体规划相关成果。报国务院审批城市的审查要点依据《通知》，其他城市的审查要点各省（区）可结合实际参照执行。

根据《通知》要求，国务院审批的市级国土空间总体规划审查要点，除对省级国土空间规划审查要点的深化细化外，还包括：①市域国土空间规划分区和用途管制规则；②重大交通枢纽、重要线性工程网络、城市安全与综合防灾体系、地下空间、邻避设施等设施布局，城镇政策性住房和教育、卫生、养老、文化体育等城乡公共服务设施布局原则和标准；③城镇开发边界内，城市结构性绿地、水体等开敞空间的控制范围和均衡分布要求，各类历史文化遗存的保护范围和要求，通风廊道的格局和控制要求，城镇开发强度分区及容积率、密度等控制指标，高度、风貌等空间形态控制要求；④中心城区城市功能布局和用地结构等。

13.1.2　县级国土空间总体规划审批

在国土空间规划"五级三类"体系下，县级国土空间总体规划审批方式在各地发布的相关政策中略有不同（表13-1）。对于大多数省（区）而言，市辖区以及开发区在内的行政管理单元，不单独编制国土空间规划，并入所在市（地、州）级国土空间总体规划一并编制，报省、自治区人民政府审批。确需单独编制分区规划的，云南省、河北省等地要求报市人民政府审批，部分省要求逐级上报至省人民政府审批。对于县（市），大多省、自治区要求逐级上报至省、自治区政府审批，但云南省、河北省等地将多数一般县（市）的总体规划审批权下放至市（州）人民政府，仅少数重点县（市）需要上报省人民政府审批。

规划的组织编制机关报送审批国土空间总体规划，应当将本级人民代表大会常务委员会组成人员的审议意见和根据审议意见修改规划的情况一并报送。

对市县级国土空间规划审批而言，审批主体主要从目标定位、空间格局、底线约束、要素配置、实施传导机制、技术标准、信息平台等方面进行实质性审查，从程序及成果的合法合规性等方面进行程序性审查。结合各地已经发布的市县国土空间总体规划审查要点政策文件来看，成果审查要点主要包括：①现状基础分析与问

第13章 规划实施与保障

表13-1 部分省、自治区县级国土空间总体规划编制审批要求

	区		县（市）
	市政府所在区	一般区	
云南	可与市（州）合并编制，也可单独编制，都报省政府审批	可与市合并编制，报省政府审批；可单独编区总规或分区规划，报市政府审批	州（市）人民政府审批；与昆明市合编的，由省政府一并报国务院审批
河北	市辖区、开发区、国有农场等县级行政单元可开展国土空间规划研究，纳入市级总体规划，一并报批；也可以行政区或功能区为单元编制分区规划，报市政府审批		设区市人民政府审批；省政府指定的重点县（市）经设区市人民政府审查同意后报省政府审批
安徽	市辖区不单独编制国土空间规划，由市通过制定分区规划，落实总体规划		报设区的市政府审批，并报省自然资源厅备案
浙江	设区市根据市级总体规划确定的市辖区分区单元，编制分区国土空间总体规划，与市一并报批		逐级上报省政府审批
江苏	设区市可以组织编制区国土空间总体规划或市国土空间总体规划的分区规划		设区市政府审查同意后报省政府审批
湖南	市辖区原则上纳入市级统一编制，县级管理区与所在地级市合并编制；上报省政府审批		报市州人民政府审查，由市人民政府上报省人民政府审批
河南	原则上纳入市级统一编制，确需单独编制的，逐级报省政府审批		逐级报省政府审批
山东	—		报省政府审批
山西	—		由市政府报省政府审批
四川	—		逐级上报省政府审批
江西	单独编制的，逐级审查报省政府审批		逐级审查报省政府审批
吉林	—		逐级审查报省政府审批
黑龙江	—		由市（地）政府（行署）报省政府审批

来源：作者整理

题风险识别；②规划定位、目标与空间战略；③主体功能区落实（针对市级国土空间总体规划）；④国土空间开发保护总体格局，包括"三区三线"及其他重要控制线、国土空间规划分区、国土空间利用结构优化；⑤资源统筹保护与利用；⑥镇村体系、公共服务设施体系和社区生活圈布局；⑦支撑体系，水利、能源、新型基础设施、综合交通、市政基础设施、综合防灾减灾设施等空间布局；⑧中心城区规划，包括规划范围、规划目标，各类控制线、用地结构、规划分区、空间形态以及基础设施、公共服务设施体系和布局、蓝绿网络和开敞空间、城市交通、市政基础设施布局、综合防灾减灾设施布局、历史文化保护、城市更新、地下空间开发利用、城市设计等内容；⑨历史文化资源保护利用；⑩城乡风貌和魅力空间；⑪规划实施保障；⑫各类附录附表等。成果规范性审查主要包括对成果内容、底图底数、数据库质量、成果一致性、上报材料等的审查。

案例 13-1 各地县级国土空间总体规划审查要点相关政策

《安徽省自然资源厅关于印发安徽省市县级国土空间总体规划审查要点的通知》（皖自然资规划〔2022〕4号）

广西壮族自治区自然资源厅办公室关于印发《广西壮族自治区市县级国土空间总体规划技术性审查工作要点（试行）》的通知

内蒙古自治区人民政府办公厅关于印发《盟市、旗县（市、区）国土空间总体规划审查报批办法》的通知

关于印发《宁夏回族自治区市县国土空间总体规划成果审查技术细则》的通知

浙江省自然资源厅关于印发《浙江省市、县、乡级国土空间总体规划审查办法》的通知

13.1.3　乡镇国土空间规划审批

《若干意见》指出，乡镇国土空间规划由省级人民政府根据当地实际，明确规划编制审批内容和程序要求；考虑到我国各地差异大，对乡镇国土空间规划编制审批作了灵活规定，各地可以因地制宜，将市县与乡镇国土空间规划合并编制，也可以几个乡镇为单元编制乡镇级国土空间规划。安徽、内蒙古、四川、贵州等省、自治区在编制技术标准、指南或相关政策中明确提出，可以几个乡镇为单元联合编制乡镇级国土空间（总体）规划。安徽省提出可因地制宜将市县与乡镇国土空间规划合并编制，河南省将可与市县国土空间规划合并编制的乡镇对象限定在市县中心城区城镇开发边界内的乡镇。一般而言，单独编制国土空间（总体）规划的乡镇，由乡镇人民政府组织编制，但湖南省明确提出乡镇国土空间规划由市州、县市区人民政府组织编制。县级及以上自然资源主管部门具体负责业务指导和编制协调工作。

四川省探索了连片编制乡镇国土空间总体规划的模式。以经济片区为单元、若干镇乡连片编制的乡镇级国土空间总体规划，由县级人民政府自然资源主管部门牵头，会同相应乡镇人民政府联合组织编制。跨县级行政区连片编制的镇乡级国土空间总体规划，由市级人民政府自然资源主管部门牵头，会同相应县级人民政府自然资源主管部门和镇乡人民政府联合组织编制。跨市级行政区连片编制的镇乡级国土空间总体规划，由相应市级、县级人民政府自然资源主管部门和镇乡人民政府联合组织编制。

从各省、自治区的规划编制审批要求来看（表13-2），县人民政府所在地的镇一般与县级国土空间总体规划合并编制一并报批，多数省将一般乡镇国土空间规划的审批权上收至市（州）政府，也有少部分省将审批权保留在县（市）人民政府，如云南省、河北省。

此外，湖南、安徽、河北、四川、云南等省提出在乡镇国土空间规划中镇政府驻地应（可）编制至详细规划深度，湖南省还提出乡国土空间规划中乡人民政府所在地编制村庄规划。《若干意见》中规定，在城镇开发边界内的详细规划，由市县自然资源主管部门组织编制，报同级政府审批。

根据《通知》要求，乡镇级国土空间规划的审查要点，由各省（自治区、直辖市）根据本地实际，参照市县审查要点制定。以四川省为例，依据其乡镇级国土空间总体规划连片编制的实际情况，在《四川省乡镇级国土空间总体规划备案程序及审查要点（征求意见稿）》中提出了审查重点，包括数据格式、底图底数、产业布局、设施配套、品质提升、场镇建设等方面内容。

表13-2 部分省、自治区乡镇级国土空间（总体）规划编制审批要求

	乡镇级国土空间（总体）规划审批		乡镇国土空间规划是否包含详细规划内容
	县人民政府所在地的镇	一般乡镇	
云南	与县（市、区）合并编制，一并报州（市）政府审批	县（市、区）政府审批	鼓励有条件地区同步编制中心镇区内详细规划，可将详细规划与乡镇规划合并编制乡镇国土空间规划暨详细规划
浙江	中心城区范围内的，逐级上报省政府审批	省政府授权市政府	—
湖南	涉中心城区所有乡镇（含街道办事处、城关镇）与县级合并编制	报市州人民政府审批	规划包含镇域、镇开发边界内两个层次，镇开发边界内编制详细规划，乡国土空间规划中乡政府所在地编制村庄规划
河北	市县中心城区城镇开发边界内的乡镇区域，纳入市县规划统筹编制	设区市的市辖区内，报市政府或由市政府授权的县级政府批准；其他的由县政府审批	乡镇政府驻地应在乡镇规划指导下编制详细规划

续表

	乡镇级国土空间（总体）规划审批		乡镇国土空间规划是否包含详细规划内容
	县人民政府所在地的镇	一般乡镇	
山东	开发边界内的乡镇纳入中心城区	市、县（市）政府审批	—
四川	市县中心城区城镇开发边界内的乡镇纳入市县统一编制	上一级人民政府审批	鼓励规划建设用地总规模较小的场镇，以及其他有条件的场镇或场镇的重点地段进一步深化规划，达到修建性详细规划深度
安徽	报县（市）政府审批；市辖区乡镇报市级政府审批，并逐级报省自然资源厅备案		—
河南	逐级报市级政府审批；济源示范区各乡镇报省政府审批		—

来源：作者整理

13.2 实施监督

《若干意见》要求，监督规划实施。依托国土空间基础信息平台，建立健全国土空间规划动态监测评估预警和实施监管机制。上级自然资源主管部门要会同有关部门组织对下级国土空间规划中各类管控边界、约束性指标等管控要求的落实情况进行监督检查，将国土空间规划执行情况纳入自然资源执法督察内容。健全资源环境承载能力监测预警长效机制，建立国土空间规划定期评估制度，结合国民经济社会发展实际和规划定期评估结果，对国土空间规划进行动态调整完善。

《通知》指出，同步构建国土空间规划"一张图"实施监督信息系统。基于国土空间基础信息平台，整合各类空间关联数据，着手搭建从国家到市县级的国土空间规划"一张图"实施监督信息系统，形成覆盖全国、动态更新、权威统一的国土空间规划"一张图"。

《自然资源部关于进一步加强国土空间规划编制和实施管理的通知》（自然资发〔2022〕186号）提出，要实施规划全生命周期管理。依托国土空间规划"一张图"实施监督系统和监测网络，实现各级规划编制、审批、修改、实施全过程在线管理。建立定期体检、五年评估的常态化规划实施监督机制，将国土空间规划体检评估结果作为编制、审批、修改规划和审计、执法、督察的重要参考。

国土空间总体规划监测评估预警的重点内容包括：约束性指标（耕地保有量、永久基本农田保护面积、生态保护红线面积等）、重要控制线（"三条控制线"、自然灾害风险控制线等）、目标格局（发展目标、主体功能区战略格局等）、设施支撑（基础设施、公共服务设施等）等内容的实施及向下位规划传导落实情况。

国土空间基础数据的质量和分析的准确性是规划监督、评估科学性的保障。综合运用卫星遥感监测等技术手段，有助于国土空间基础信息平台、国土空间规划实施监测网络、国土空间用途管制监管系统的有效运作，便于加强国土空间规划实施情况的监督检查。

13.2.1　监测[1]

国土空间规划监测是对国土空间规划管控内容实施过程的持续观测与监督。针对国土空间规划的传导及实施过程，进行持续动态跟踪，实现长期的、全程的、实时性的观测，重点贯穿规划编制审查及实施管理等日常工作环节，聚焦规划在传导及实施过程中的执行落实情况、国土空间开发保护问题及风险识别等现象性问题。

国土空间总体规划监测包括常规监测、专题监测和应急监测。

常规监测。围绕国土空间总体规划实施重点内容开展常规监测。常规监测可尽量实时动态监测，根据监测的内容和数据获取的频率可以进行月度监测和年度监测等。

专题监测。围绕重大战略区域、重点领域和重点工程等开展专题监测。专题监测可根据实际工作情况确定周期，如月度监测、季度监测、年度监测等。

应急监测。针对自然灾害、重特大突发环境事件等社会关注的焦点和难点问题开展应急监测，可结合实际按需开展。

通过"天—空—地—人—网"协同感知网、系统互联互通、多网络协同等在线或离线方式，多途径获取国土空间现状、规划管理、时空大数据和社会经济等数据，采用空间分析、人工智能（AI）识别、知识图谱、大数据分析、深度学习等方法，开展数量、质量、结构、空间分布等变化的监测。

---

1. 本节正文摘自自然资源部《国土空间规划监测评估预警技术指南》草案，以最终发布为准。

案例 13-2 监测技术手段

上海强化了数据采集技术，为实施监督提供了指标体系支撑。在国土空间规划体系建构的同时，建立了城市发展战略数据库（SDD）及数据信息采集获取机制，依托数据库及时跟踪、评估规划目标实现情况，并通过明确统一信息采集更新、数据标准等要求，推动部门间信息资源的共建共享，支撑形成开放多源的数据平台，为规划年度监测、定期评估和动态维护提供了坚实的技术支撑。上海将指标作为衔接目标、策略和实施机制的关键环节与管控核心要素，服务不同事权主体与管控目标，构建了"核心指标—监测指标—系统指标"逐级扩展的指标体系框架。

武汉提出了国土空间用途管制时序图谱的构建方法，探索了国土空间用途管制时序图谱在信息融合、知识推理和时空分析等方面的应用。将国土空间用途管制实体分为行政审批、技术服务、监管处罚、行政管理四大类，以项目审批为主线、行政许可为内核、空间为载体、时序为参考，划分科学可行的知识粒度，采用空间分析和语义匹配方法形成用途管制各阶段、各节点及其相关管理环节的多链路图谱，服务于国土空间用途管制全周期管理。实现了项目全过程"一条龙"审批与服务，即图形成果"一条龙"监测管理、指标数据"一条龙"引用和自动计算预警、成果资料"一条龙"关联共用。推动了"五全"审批服务模式创新，即全业务口径网上办理，各类事项全市域"同标准、无差别"实施，项目全链条统一调度监管，项目"图、文、数"全电子化、精细化管理，项目相关政务资源全内容信息服务。但其具体应用仍在探索之中。[1]

13.2.2 评估

做好国土空间开发保护现状评估是科学编制国土空间规划和有效实施监督的重要前提，是规划从静态的蓝图规划向动态的政策规划转变的重要环节，是针对国土空间规划的运行状态的全面分析评价，须在国土空间规划编制、实施和动态维护等不同阶段，针对国土空间开发保护状况、规划确定的约束性指标、重要控制线、目

---

1. 刘瞻，付饶，鲁俊杰，等 . 武汉市国土空间用途管制时序图谱构建与应用研究［J］. 地理空间信息，2023，21（11）：52-55.

标格局、设施支撑等内容的实施情况开展定期或不定期综合评价和评估分析。

国土空间开发保护现状评估流程包括制定评估方案、构建指标体系、资料收集调查、监测分析评价、编制评估报告、汇交评估成果和评估成果应用等七个部分[1]，应以安全、创新、协调、绿色、开放、共享的新发展理念构建的指标体系为标准，以核心评估指标为重点，结合推荐指标，建立符合当地实际，反映当地特点的指标体系。以指标体系为核心，从数量、质量、布局、结构、效率等角度，结合基础调查、专题研究、实地踏勘、社会调查等方法，切实摸清现状，在底线管控、空间结构和效率、品质宜居等方面，找出一定区域国土空间开发保护现状与高质量发展要求之间存在的差距和问题所在，并提出相应的对策。

按照《自然资源部办公厅关于开展国土空间规划"一张图"建设和现状评估工作的通知》要求，现状评估工作自2019年起每年开展，完成当年度国土空间开发保护现状评估报告，逐级汇入国家级系统。国土空间规划城市体检评估（以下简称"体检评估"）按照"一年一体检、五年一评估"的方式，对城市发展阶段特征及国土空间总体规划实施效果定期进行分析和评价，有助于及时揭示国土空间治理、城市功能布局中存在的问题和短板，是促进城市高质量发展[2]、提高国土空间规划实施有效性的重要工具，分为年度体检和五年评估。年度体检指聚焦当年度规划实施的关键变量和核心任务，对国土空间总体规划实施情况的年度监测和评价。五年评估指对照国土空间总体规划确定的总体目标、阶段任务和任务措施等，系统分析城市发展趋势，对规划实施情况的阶段性综合评估。

体检评估要坚持目标导向、问题导向、注重可操作性和全过程应用。体检评估的工作流程包括制定工作方案、构建指标体系、收集资料、分析评价、编制成果、汇交成果和成果应用。体检评估的内容包括战略定位、底线管控、规模结构、空间布局、支撑体系和实施保障六个方面，同时要统筹规模、速度、质量、效益、结构和安全六个方面的辩证关系。技术上可以采取全局数据与典型案例结合、纵向比较与横向比较结合、客观评估与主观评价结合等分析方法，对各项指标现状年与基期年、目标年或未来预期进行比照，分析规划实施率等进展情况。同时结合政府重点工作实施情况、自然资源保护和开发利用、相关政策执行和实施效果、外部发展环境及对规划实施影响等，开展成效、问题、原因和对策分析。此外，规划评估还包括实时评估工作，主要针对国土空间规划实施中的重大事项、重点领域、重点地区等，视需要不定期开展实时评估。当前自然资源部在北京、上海、重庆、南京、武

---

1. 自然资源部《市县国土空间开发保护现状评估技术指南（试行）》。
2. 摘自国家行业标准《国土空间规划城市体检评估规程》（2021）。

汉、广州、成都、西安、大连、青岛、厦门、深圳等城市开展了城市"实时体检评估"试点工作。

此外，五年评估工作还应关注当前城市发展对国家或者区域战略的承载落实情况。国家和区域的战略和政策要求会随着发展环境的变化而适时调整，很难完全按照五年前的既定要求一成不变。因此，针对当前的国家和区域发展目标要求，还须分析评价城市发展和规划存在的短板和不足，寻找差距，为下一步规划的动态维护或者规划编制提供支撑。

13.2.3 预警[1]

国土空间规划预警是国土空间规划监测及国土空间规划评估的反馈响应环节。重点围绕监测评估发现的国土空间规划的底线约束条件执行情况、国土空间开发保护活动相关的重大安全风险，以及反映国土空间规划运行体征的现状及趋势性问题进行协同提醒，溯源反馈到规划编制、管理相关环节。应面向项目策划生成、土地管理、审批许可、实施运行等规划实施全周期环节建立规划预警的核心体系[2]。

预警可分为长期预警、短期预警和应急预警。基于监测、评估及其他途径获得的相关数据和内容，通过阈值突破预警、趋势变化预警、状态变化预警等方法开展预警工作。以通过预设不同预警等级用来衡量预警结果的严重程度，从而判断与总体规划管控要求的符合程度。可以区分是否突破国土空间总体规划中的约束性指标或各类重要控制线（例如在生态保护红线、永久基本农田范围内出现违法建设），是否已经临近国土空间总体规划中的约束性指标或各类重要控制线等阈值（例如城乡建设用地面积接近规划目标约束值）。

13.2.4 督察

《自然资源部办公厅关于加强国土空间规划监督管理的通知》（自然资办发〔2020〕27号）要求加强规划实施监测评估预警，省级自然资源主管部门要严格履行监督检查责任。要求将国土空间规划执行情况纳入自然资源执法督察内容，加强日常巡查和台账检查，做好批后监管。对新增违法违规建设"零容忍"，一经发现，

---

1. 本节正文摘自自然资源部《国土空间规划监测评估预警技术指南》草案，以最终发布为准。
2. 曹春华，卢涛，李鹏，等．国土空间规划监测评估预警：内涵、任务与技术框架［J］．城市规划学刊，2022（6）：88-94．

及时严肃查处；对历史遗留问题全面梳理，依法依规分类加快处置。

《自然资源部关于进一步加强国土空间规划编制和实施管理的通知》（自然资发〔2022〕186号）要求严格规划实施监督检查。经批准的国土空间规划是各类开发、保护、建设活动的基本依据，不符合国土空间规划的工程建设项目，不得办理用地用海审批和土地供应等手续，不予确权登记。严肃查处违法违规编制、修改和审批国土空间规划、发放规划许可、违反法定规划设置规划条件和"未批先建"等问题。国家自然资源督察机构将按照职责，适时对地方政府国土空间规划实施情况开展督察。

《自然资源部关于加强和规范规划实施监督管理工作的通知》（自然资发〔2023〕237号）要求加强监测评估和监督检查，地方各级自然资源主管部门要依托国土空间基础信息平台、国土空间规划实施监测网络、国土空间用途管制监管系统，结合国土调查监测和国土空间规划定期体检等工作，综合运用卫星遥感监测等技术手段，加强国土空间规划实施情况的监督检查，通过"双随机、一公开"等方式对违法违规许可行为实施预警纠错，对建设项目未经许可或未按许可要求建设进行严格监管，确保实施与规划、审批、许可内容的一致性。

13.3 动态维护

总体规划的实施是一个动态的过程，对规划成果要结合情势变更进行维护更新。在新的国土空间规划体系下，总体规划的修改是动态维护的日常性工作，但修改不是随意的修改，而是针对情况变化对规划成果的不断优化。总体规划的修改大体分为两类情况。一类是上级人民政府制定的国土空间规划发生变更，提出对下位总体规划修改要求的，或者行政区划调整确需修改规划的，以及因国务院批准重大建设工程确需修改规划的，等等情形。这一类情形属于较大修改，组织编制机关应当对原规划的实施情况进行总结，并向原审批机关报告；修改涉及总体规划强制性内容的，应当先向原审批机关提出专题报告，经同意后，方可编制修改方案；修改后的国土空间总体规划，应当依照规定的审批程序报批。另一类是总体规划在实施过程中因发展情势发生变化或者详细规划和专项规划在实施过程中得到需更加精细化的优化反馈等。这一类情形属于较小的修改，如不涉及强制性内容的变更和三线的调整，可以根据地方政府的制度安排采取简易的动态维护程序，并报审批机关备案。

13.4 实施保障

13.4.1 近期安排

近期规划是国土空间规划实施的重要环节，一般期限为5年。近期规划要与地方人民政府经济社会发展五年规划充分协同，应当以重要基础设施、公共服务设施、住房建设、道路交通以及生态修复和国土整治等为重点内容。市县乡级国土空间总体规划的近期规划要有明确的重大项目清单，包括城市更新、土地整治、生态修复、基础设施、公共服务设施和防洪排涝工程等。

13.4.2 "一张图"建设[1]

建设完善省、市、县各级国土空间基础信息平台，以此为基础，整合叠加各级各类国土空间规划成果，实现各类空间管控要素精准落地，形成覆盖全国、动态更新、权威统一的全国国土空间规划"一张图"，为统一国土空间用途管制、强化规划实施监督提供法定依据。基于平台，同步推动省、市、县各级国土空间规划"一张图"实施监督信息系统建设，为建立健全国土空间规划动态监测评估预警和实施监管机制提供信息化支撑。

县以上地方各级人民政府对本级平台和系统建设发挥领导统筹作用；县以上地方各级自然资源主管部门是本级平台和系统建设的责任主体，负责具体建设和运行管理，协调各相关职能部门根据分工参与建设；省级自然资源主管部门对市、县级平台和系统建设统筹指导。

省级国土空间规划现状数据及规划数据应纳入省级国土空间基础信息平台，并汇总市县基础数据和规划数据。市县国土空间总体规划、乡镇国土空间规划要形成数据库，作为市县总体规划、乡镇国土空间规划的成果组成部分同步上报。建立各部门共建共享共用联动的国土空间基础信息平台，并做好与国家级平台对接，积极推进与其他信息平台的横向联通和数据共享。基于国土空间基础信息平台同步建设国土空间规划"一张图"实施监督信息系统，为城市体检评估和规划全生命周期管理奠定基础。基于国土空间基础信息平台，探索建立城市信息模型（CIM）和城市

---

1. 具体内容参见自然资源部发布的《国土空间规划"一张图"建设指南（试行）》。

时空感知系统，促进智慧规划和智慧城市建设，提高国土空间精治、共治、法治水平。

13.4.3 配套政策

加强国土空间规划实施的技术标准保障。贯穿规划编制和实施全流程，通过构建统一技术标准，促使各方采用同一语言体系沟通交流。通过完善信息平台建立，打破技术部门沟通的屏障，实现资源共享、信息互通。例如，上海总规实施评估中引入手机信令评价、交通模型构建、职住平衡分析等新技术手段。武汉建造了"城市仿真实验室"，对城市进行量化仿真与动态感知，分析数据为规划评估和监测预警提供服务。

加强国土空间规划实施的法律规章保障。建立健全国土空间规划法规制度体系。在国土空间总体规划框架基础上，进一步制定完善国土空间开发保护相关地方法规、部门规章、操作指南和标准规范，确保将国土空间规划实施管理全面纳入法治轨道。推进原有不适用的相关法规政策的立改废释工作，保障规划实施管理工作平稳有序过渡。

加强国土空间规划实施的相关政策保障。重点围绕土地要素保障与流转、空间用途管制、自然资源保值增值、生态修复、国土综合整治、低效用地再开发、住房保障等重点领域的空间治理政策，以及生态补偿、环境保护、文化传承、人口发展、交通管理、产业转型、财税金融等其他重点领域的配套政策，深入推进改革创新探索。例如，北京在城市总体规划获批复后，陆续出台了《关于加快科技创新构建高精尖经济结构用地政策的意见》《关于促进集体建设用地减量和集约集中利用的有关意见》《建设项目规划使用性质正面和负面清单》《关于加强新时代街道工作的意见》等一系列配套政策，有力支撑了总体规划的实施。

加强国土空间规划实施机制保障。通过制度制定，从鼓励和制约两方面为规划实施提供保障。地方自然资源主管部门应制定机动指标流量制度、建设用地交易制度、高质量发展奖励制度、规划实施评估制度、规划监测预警制度、规划师责任制度和规划编制单位负责制度等相关制度[1]。

---

1. 谈超，秦雅静，张林，等. 新形势下县级国土空间规划实施保障机制探析[J]. 国土资源导刊，2021，18（3）：6-11.

关键术语

国土空间规划监测、国土空间规划评估、国土空间规划预警、国土空间规划"一张图"实施监督信息系统

思考题

1. 简述各级国土空间总体规划的审批层级。
2. 简述国土空间总体规划监测的要点。
3. 简述国土空间总体规划评估的要点。
4. 简述国土空间总体规划预警的要点。

参考文献

[1] 王新哲, 钱慧, 刘振宇. 治理视角下县级国土空间总体规划定位研究 [J]. 城市规划学刊, 2020 (3): 65–72.
[2] 徐毅松, 熊健, 范宇, 等. 关于上海建立国土空间规划体系并监督实施的实践和思考 [J]. 城市规划学刊, 2020 (3): 57–64.
[3] 曹春华, 卢涛, 李鹏, 等. 国土空间规划监测评估预警: 内涵、任务与技术框架 [J]. 城市规划学刊, 2022 (6): 88–94.
[4] 谈超, 秦雅静, 张林, 等. 新形势下县级国土空间规划实施保障机制探析 [J]. 国土资源导刊, 2021, 18 (3): 6–11.
[5] 自然资源部.《中共中央 国务院关于建立国土空间规划体系并监督实施的若干意见》解读（下）将国土空间规划一张蓝图绘到底 [EB/OL].（2019-05-29）[2024-05-10]. https://www.mnr.gov.cn/dt/ywbb/201905/t20190529_2425485.html.
[6] 湖南省自然资源厅. 关于印发《湖南省乡镇国土空间规划编制指南（试行）》的通知: 湘自然资办发〔2020〕144号 [EB/OL].（2020-08-17）[2024-05-10]. http://www.cnll.gov.cn/llqgtzyj/0500/202012/5e944178a62746a09e8a5247d291c61a/files/1fdb40a633af4fbba9c0f4aa0551ced9.pdf.
[7] 自然资源部办公厅. 关于开展国土空间规划"一张图"建设和现状评估工作的通知: 自然资发〔2019〕38号 [EB/OL].（2019-07-18）[2024-05-05]. https://gi.mnr.gov.cn/202111/t20211129_2708446.html.
[8] 自然资源部. 国土空间规划城市体检评估规程: TD/T 1063–2021 [S/OL].（2021-06-18）[2024-05-05]. http://www.nrsis.org.cn/mnr_kfs/file/read/21d2d1d71032b84ea772e1ad0dcbe127.

第 14 章

规划组织工作与成果表达

14.1 规划组织工作

14.1.1 制定工作方案

为有序推进国土空间总体规划编制，应建立完善的工作方案，省级层面一般包括总体要求、重点任务、进度安排、组织保障等，对于规划编制组织做出统筹布局。

由于总体规划是所在地域在空间方面的综合性规划，事关区域的方面，组织保障对于规划编制至关重要。以《湖南省自然资源厅关于全面开展国土空间规划编制工作的通知》要求为例。①加强组织领导。市州、县市人民政府要切实履行国土空间规划编制主体责任，主要负责人要亲自抓，建立健全议事协调机制，高位谋划区域空间发展战略，统筹协调国土空间规划编制中有关重大问题，明确责任分工，加强经费保障，做好监督考核和宣传培训。②强化协同配合。各地各有关部门要加强配合协调，上下联动、部门协作，共同做好国土空间规划编制工作。省自然资源厅作为牵头部门，要加强组织协调，制定工作方案和年度计划，强化督促指导和宣传培训，有序推进全省各级各类国土空间规划编制工作。各有关部门要依据职责分工，加大对本行业本领域涉及空间布局相关专项规划的指导、协调和管理，制定有利于国土空间规划编制和实施的政策，形成工作合力。③加强行业管理。各地要选择高水平技术团队和资质队伍承担规划编制技术工作，鼓励熟悉本地自然地理和经济社会发展情况、有长期工作积累和后续跟进服务的规划编制机构参与编制。④加强督促调度。建立工作情况季度通报制度，省自然资源厅要及时调度掌握各地规划编制进展情况，对编制进度严重滞后地区进行全省通报。

市县级的编制方案侧重于工作落实，除指导思想、目标任务、编制要求外，对于编制原则、工作内容可做具体的部署。如《芜湖市国土空间规划编制工作方案》对于现状评估、"双评价"和专题研究做出了具体的部署。

14.1.2　多元主体协同参与

国土空间规划是所在区域空间发展的指南、可持续发展的空间蓝图，是各类开发保护建设活动的基本依据。国土空间总体规划编制是政府的职责，一般由空间规划主管部门具体操作，但总体规划是综合性、战略性的规划，要组织多元主体参与，不能成为一个部门的专业规划。

在工作组织上，一般要成立编制领导小组，由市县主要领导牵头，各委办局共同参与，还要注重公众的参与，发挥全社会的力量助力规划编制。如《芜湖市国土空间规划编制工作方案》要求成立芜湖市国土空间总体规划编制工作领导小组，市政府主要负责同志担任组长，市政府相关负责同志担任副组长，县（市）区政府、开发区管委会、市直相关部门主要负责同志担任领导小组成员。领导小组下设办公室，由市自然资源和规划局主要负责同志担任办公室主任，分管负责同志担任副主任。并建立了《国土空间总体规划工作组议事机制》，有力保障了国土空间规划的推进。

14.1.3　编制团队组织

规划编制是一个复杂的系统工程，同步编制是一个统筹解决问题的方案，2019年起全国同步开展的国土空间总体规划编制促进了规划的"上下贯通"，形成"一张图"，但考虑到规划的层级性，可错时编制，同步开展研究。

应选择有资质的规划设计单位进行总体规划的编制，考虑到规划的综合性，鼓励吸收不同专业的研究院机构形成联合编制团队。

要积极发挥各领域专家在规划编制、信息系统建设、政策制定、咨询论证等方面的技术支撑作用；要突出政府主导，防止委托了事；要充分发挥学会等社团组织作用，既落实"放管服"要求，又依法依规严格监管，加强规划编制队伍建设和行业规范管理，强化质量管理，建立信用管理机制。

14.1.4　技术准备与前期研究

国土空间规划编制的前期工作包括做好底图底数的统一；按照《资源环

境承载能力和国土空间开发适宜性评价指南（试行）》要求开展"双评价"工作；开展现行城市总体规划、土地利用总体规划、市级海洋功能区划等空间类规划及相关政策实施情况的评估；开展灾害和风险评估；开展总体城市设计研究。

做好重大专题研究。各地应结合国土空间总体规划编制，在对国土空间开发保护现状评估和未来风险评估的基础上，根据实际同步开展国土空间发展战略、城镇化与人口变化趋势等重大专题研究，为规划编制提供基础支撑。

14.1.5　全过程的沟通咨询

国土空间总体规划作为城市法定的纲领性文件和城市发展的顶层设计，面临复杂的利益协调，也更受城市公众的关注。因此，规划的公众参与全过程的沟通咨询机制越来越受重视。

贯彻落实"人民城市人民建，人民城市为人民"理念，坚持开门编规划，建立全流程、多渠道的公众参与和社会协同机制。在规划编制阶段，广泛调研社会各界意见和需求，深入了解人民群众所需所急所盼；充分调动和整合各方力量，鼓励各类相关机构参与规划编制；健全专家咨询机制，组建包括各相关领域专家的综合性咨询团队；完善部门协作机制，共同推进规划编制工作。在方案论证阶段，要形成通俗易懂可视化的中间成果，充分征求有关部门、社会各界意见。规划获批后，应在符合国家保密管理和地图管理等有关规定的基础上及时公开，并接受社会公众监督。

"上海2035"适应"互联网+"的时代特征，搭建有效的沟通平台和协调机制，促使各方主体全过程有效参与，在沟通协商的过程中取得共识。为此，上海市城市总体规划编制工作领导小组办公室作为主要的组织方，下设7个工作小组负责每一项具体工作的组织推进。累计举办论坛讲座、座谈会、意见征询会等40余场会议，推送微博、微信880余条，收集问卷16 000余份、书面意见3 200余条，并针对意见逐条进行研究分析。通过搭建线上线下多样化的沟通平台畅通各方参与的渠道，并立足总体规划的特点，建立意见收集—决策—反馈的循环机制，形成了良性互动格局。[1]

---

1. 庄少勤，徐毅松，熊健，等. 上海2040：以规划组织编制方式转型探索提升城市治理水平 [J]. 城市规划学刊，2017（S1）：11-19.

14.1.6　规划方案公示

总体规划报批前,公示是必备环节,一般要求公示不少于 30 天。本轮国土空间总体规划编制在公开公示方面有了明显改进,各省市均制作了精美的方案公示材料,从形式上改变了政府文件严肃的形象,以艺术感的方式吸引市民的关注;公示稿在内容上除必须公示的内容外还选择了市民感受度较高的内容;传播上注重新媒体的使用,提高了公示方案的传播度。

对于公示意见应进行专项研究,及时将采纳情况向社会公布,并将公示收到的意见及采纳情况报告收入上报成果的附件中。

14.1.7　规划报批

国土空间总体规划编制完成后,要报上级审批。全国国土空间规划由自然资源部门会同有关部门组织编制,由党中央、国务院批准后印发;省级国土空间规划由省级政府组织编制,经同级人大常委会审议后报国务院审批;需报国务院审批的城市国土空间总体规划,由市政府组织编制,经同级人大常委会审议后,由省级政府报国务院审批;其他市县及乡镇国土空间规划由省级政府根据当地实际,明确规划编制审批内容和程序要求。

国土空间总体规划在报上级审批前,必须提请同级人民代表大会或常委会审议通过。一般在初步编制完成后,要召开规划的评审会,邀请有关技术人员与相关城市空间规划主管部门和专家参加,进行审核讨论,根据评审的意见进行补充与修改,然后报相应部门审批。

14.1.8　规划公布与宣传

在审批通过之后,应将规划内容公布,批后公布内容应符合国家保密管理和地图管理的有关规定。考虑到总体规划的专业性,"上海 2035"制作了面向公众的读本,以通俗易懂的语言表达、生动的图文排版,降低市民理解规划的专业门槛,提高社会的关注度、理解度,得到了广泛传播、全社会的广泛参与和高度认同。[1]

---

1. 庄少勤,徐毅松,熊健,等. 上海 2040:以规划组织编制方式转型探索提升城市治理水平[J]. 城市规划学刊,2017(S1):11–19.

14.2 规划成果

14.2.1 成果的构成

国土空间总体规划成果包括文本、图纸及相应的数据库，上报成果还应包括程序性文件和其他必要的文件，国批城市和各个省市根据管理的要求有所差异。2022年《自然资源部关于进一步加强国土空间规划编制和实施管理的通知》要求上报国务院审批规划的成果应包括规划文本、图集、说明、专家评审和人大审议意见、国土空间规划"一张图"系统建设成果报告及矢量数据库等。部分省市也制定了相关文件，如安徽省市县级国土空间总体规划审查要点规定总体规划上报审批的材料包含规划文本、图集、说明、人大审议意见、专家论证与相关部门意见、专题研究报告、矢量数据库及国土空间规划城市体检评估报告等。

2024年正式实施的国家标准《省级国土空间规划编制技术规程》明确了省级规划的成果构成、各部分的主要内容及相关要求，本章不再赘述。

14.2.2 规划文本

规划文本是以条文的形式，根据规划内容确定规定性要求的文件。根据相应的编制要求，市、县总体规划要求的内容略有不同，自然资源部、各省市管理部门均以不同形式对规划文本的内容、体例做出要求，应根据城市的具体情况，按照相应主管部门的要求制定规划文本。市、县国土空间总体规划文本一般包括规划基础、目标定位、空间格局、重点专项、区域协同和规划实施，其中空间格局中的三类空间、中心城区应分别表述（图14-1）。各省、市可以根据自身的实际情况，确定规划文本的内容，如江苏省统一要求增加了市辖区的规划层级。

14.2.3 规划图

市、县国土空间总体规划图纸的内容要求、深度不尽相同，应根据具体情况及地方标准确定。

自然资源部2021年发布《市级国土空间总体规划制图规范（试行）》明确了市级国土空间总体规划的必选图纸目录、图纸控制要素要求及色彩表达引导。市级国土空间总体规划图纸包括：

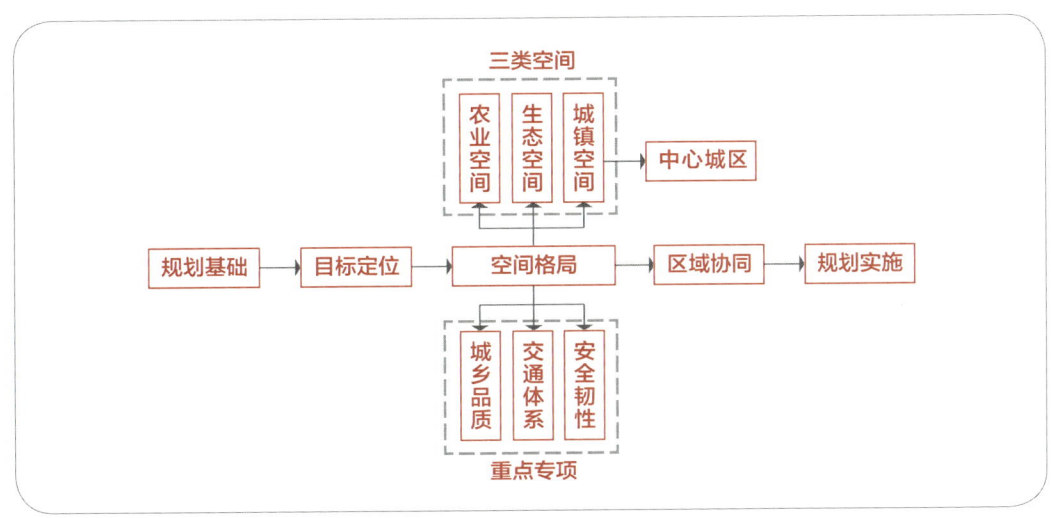

图 14-1　国土空间总体规划文本逻辑结构

①市域国土空间用地用海现状图；
②市域自然保护地分布图；
③市域历史文化遗存分布图；
④市域自然灾害风险分布图；
⑤市域国土空间控制线规划图；
⑥市域生态系统保护规划图；
⑦市域农（牧）业空间规划图；
⑧市域历史文化保护规划图；
⑨市域综合交通规划图；
⑩市域基础设施规划图；
⑪市域国土空间规划分区图；
⑫市域生态修复和综合整治规划图；
⑬市域矿产资源规划图；
⑭市域主体功能分区图；
⑮市域国土空间总体格局规划图；
⑯市域城镇体系规划图；
⑰市域城乡生活圈和公共服务设施规划图；
⑱中心城区用地用海现状图；
⑲中心城区土地使用规划图；
⑳中心城区国土空间规划分区图；
㉑中心城区开发强度分区规划图；
㉒中心城区控制线规划图；
㉓中心城区绿地系统和开敞空间规划图；
㉔中心城区公共服务体系规划图；
㉕中心城区历史文化保护规划图；
㉖中心城区道路交通规划图；
㉗中心城区市政基础设施规划图；
㉘中心城区综合防灾减灾规划图；
㉙中心城区地下空间规划图；
㉚中心城区城市更新规划图。

《市级国土空间总体规划制图规范（试行）》规定了管控型图纸的内容要求，其他层级的规划可以参照，但应注意不同层级的表达深度应有所不同。

14.2.4 数据库

2021年3月，自然资源部发布《市级国土空间总体规划数据库规范（试行）》，规范规定了市级国土空间总体规划数据库的内容、要素分类代码、数学基础、数据分层、属性数据结构、属性值代码等。规范适用于市级国土空间总体规划数据库建设。各省（区、市）可根据地方实际，补充、细化市级国土空间总体规划数据库要素，提高针对性和可操作性。县级国土空间总体规划数据库建设可参照此规范执行。

14.3 规划成果表达

14.3.1 文本表达要求

1. 聚焦空间语境

规划文本应重点从空间约束管控、空间支撑保障角度表达规划内容。政策表述应当科学、简明、可操作。

2. 构建目标、问题导向的规划文本逻辑结构

尽管由于统一编制要求，各市县规划文本结构有趋同的趋势，但规划文本应注重自身的逻辑结构和特点，要素间简明的逐层递进式逻辑不但有助于实现各要素之间的功能联系，也符合人们的阅读习惯，有利于城市规划政策的表达。[1] 目前国土空间总体规划普遍采用了基础事实、目标陈述、空间政策、实施工具四项基本要素。

3. 准确把握问题，提出针对性方案

本轮国土空间规划要求坚持目标导向、问题导向、实施导向相结合。目标导向要体现立足新时代新阶段，着力构建新发展格局的新要求，对规划区域国土空间优化做出空间安排；问题导向的首要条件，就是要找准问题、切中要害、有的放矢；实施导向就是要求提出的规划策略和空间政策应具有针对性和可实施性。

---

1. 张昊哲，宋彦，陈燕萍，等.城市总体规划的内在有效性评估探讨——兼谈美国城市总体规划的成果表达[J].规划师，2010（6）：59-64.

要充分消化和梳理规划前期研究成果。 将规划编制前期研究成果，特别是其中涉及现状研判、问题甄别及未来挑战等内容，进行系统梳理、分门别类。这些素材属于现状的应在现状描述中体现，属于问题的或者属于挑战的，应归入相应的要点。需要注意的是，要高度重视对"双评价"专题分析相关结论的应用，侧重于对资源环境本底条件的描述，找准未来发展中的限制性要素。

要聚焦国土空间关注的重点内容找准问题。 国土空间规划体系庞大、涉及内容广，这就需要在问题甄别过程中既要全面系统，不遗漏重大空间问题，也要避免无限扩大，把空间规划所无法解决的问题作为问题来写。

要从时间线的角度区分问题和挑战。 问题与挑战容易混淆，有时也难以绝对区分清楚。一般说来，问题应属于回望，挑战应属于展望，即：过去没做好的是问题，与未来新的更高标准相比存在差距的，应属于挑战。

4. 规范表达引领与管控

规范语言表达，相关术语表述应准确、规范，减少套话。表示很严格，非这样做不可的用词：正面词采用"必须"，反面词采用"严禁"；表示严格，在正常情况下应这样做的用词：正面词采用"应当"，反面词采用"不得"；表示允许稍有选择，在条件许可时首先应这样做的用词：正面词采用"宜"，反面词采用"不宜"。对于规划内容，宜建立分类表达的体系。如"落实"表示必须严格遵守的内容；"深化"表示应遵守并进一步深化与完善的内容；"优化"表示应原则上遵守的内容，可适当作出优化与调整；"明确"表示应在本指引的基础上进一步增加与补充的内容；"研究"表示应在本指引的引导下重点研究的内容。

在表达句式上，政策性文件等多用倡导型语言，多用无主句。无主句指不带主语或不必交代以至根本说不出主语的句子。由于法律、公文具有定向表述的特点，一些意愿（禁止、希望等）的发出者和情况问题的发现者是不言自明的，因此，一旦需由其作主语时，往往可不必交代。规划是国土空间保护与利用的"共同纲领"，主语较难准确界定，宜采用无主句的句式。

5. 突显政策要点

条标是设在篇章节条的标题，分为主旨型标题和归类型标题，主旨型标题揭示文字的内涵。这种形式的标题，高度概括全文内容，往往就是文章的中心论点。它具有高度的明确性，便于读者把握全文内容的核心；归类型标题交代文字的外延，这种形式的标题，从其本身的角度看，看不出作者所指的观点，只是对文章内容的范围做出限定。政策性文件多用主旨型条标，这类条标揭示文字的内涵，高度概括全文内容。它具有高度的明确性，这种倡导型的表达更有利于政策内容的表达与传播。[1]

规划编制中做好政策设计需要注意几点。第一，要全面系统梳理规划涉及的各项政策，做到全面了解并掌握其精髓，熟悉政策的适用范围、一般性要求，了解政策的来龙去脉及可能的改革探索方向等，为提高规划文本中政策机制内容的精准性打下基础。第二，从内容上看，规划文本中政策机制应至少包括两个部分：一部分是按照国家相关法律法规及上位规划的要求，应在规划区域内予以落实的政策，当然在表述上不能照搬上位规划，而是要从本级政府贯彻落实上位要求的角度来表述；另一部分是按照本级政府事权需要实施的相关政策，写好这部分内容，需要对各项政策有深度理解，吃透政策红利所在。第三，本级政府需要实施的政策，应符合本级政府的事权范围。特别是在涉及制度改革和探索这些属于中央政府事权的政策，必须拿捏好分寸，做出恰当表述。第四，政策机制要明确、可分解、有抓手、有责任主体，确保政策措施的落地见效。

6. 明确可考核、可操作的指标体系

总体规划中的指标体系具有定量评价、动态监测、预警响应和决策支撑的重要作用，是世界各大城市进行规划管理和日常监测的有力工具。国土空间规划建立指标体系，成为衡量城市发展水平的核心表征；成为实现城市动态监测的关键方法；成为促进社会响应与市民关注的有力抓手。

14.3.2 图纸表达要求

国土空间规划制图是按照一定制图精度，集成运用各类图形要素呈现现状信息或表达规划意图的技术工作过程，应遵循"准确、清晰、美观"的一般性规定。

1. 坚持规范准确

国土空间规划制图中各类要素表达内容和方式的确定，应坚持规范性、准确性、必要性和灵活性相结合的原则，确保在图件中真实、规范、准确表达各规划相关要素，以进一步加强国土空间规划编制实施的可操作性，保障规划的相关要求和

---

1. 王新哲. 新时期城市总体规划编制变革的实践特征与思考［J］. 城市规划学刊，2018（3）：65-70.

管控措施在空间层面予以落实。

2. 贯通多介质表达和数字生态

国土空间规划制图依托国土空间规划"一张图"实施监督信息系统，强化图件成果对国土空间规划编制、审批、成果入库、实施管理等全程管控的支撑作用。服务于自然资源主管部门与相关政府部门之间的数据共享，推动政府与社会之间的信息交互。同时考虑多种介质的使用场景，各类图形要素的形态、色彩、层次区分清晰，能够有效表达各类图形要素之间的关系。

3. 提升可视化表达水平

国土空间规划制图应淡雅和谐，清新明快。重点把握图纸的色彩主基调，图底关系清晰，主要表达要素突出。市域图件和中心城区图件配色协调，自然生态保护要素和开发建设控制要素表达和谐，全套图件整体明快淡雅。

整体色彩配比建议采取"淡雅低饱和度基色色系 + 近似色大色块 + 高饱和度小色块"的配色组合方案，应避免大面积的对比色的临近使用。城镇空间以暖色系表示，生态空间（生态保护区、生态控制区）以绿色冷色系表示，农业空间以黄色或绿色偏冷色系表示，海洋空间（海洋发展区）以蓝色冷色系表达。

14.3.3 数据质量检查

市县级自然资源部门对提交的国土空间总体规划成果数据进行质量检查，检查合格后方可汇交上报。省级将对市县级国土空间总体规划电子成果数据采用统一的质量检查软件进行检查。数据质量检查主要包含数据完整性检查、空间数据基本检查、空间属性数据标准性检查、表格数据检查、数据一致性检查等方面（图 14-2）。

国土空间规划体系下，规划数据库成为规划成果的重要组成部分，数据库不仅要满足规划图纸可视化的需求，还要满足规划信息化管理的需求，对规划建库、制图提出了更高的要求，在规划质检程序中，除因数据库管理而对文件组织、图层设置的要求外，制图本身的质量要求和图数一致的要求是对规划设计与表达的基本要求，应加强关注（表 14-1）。

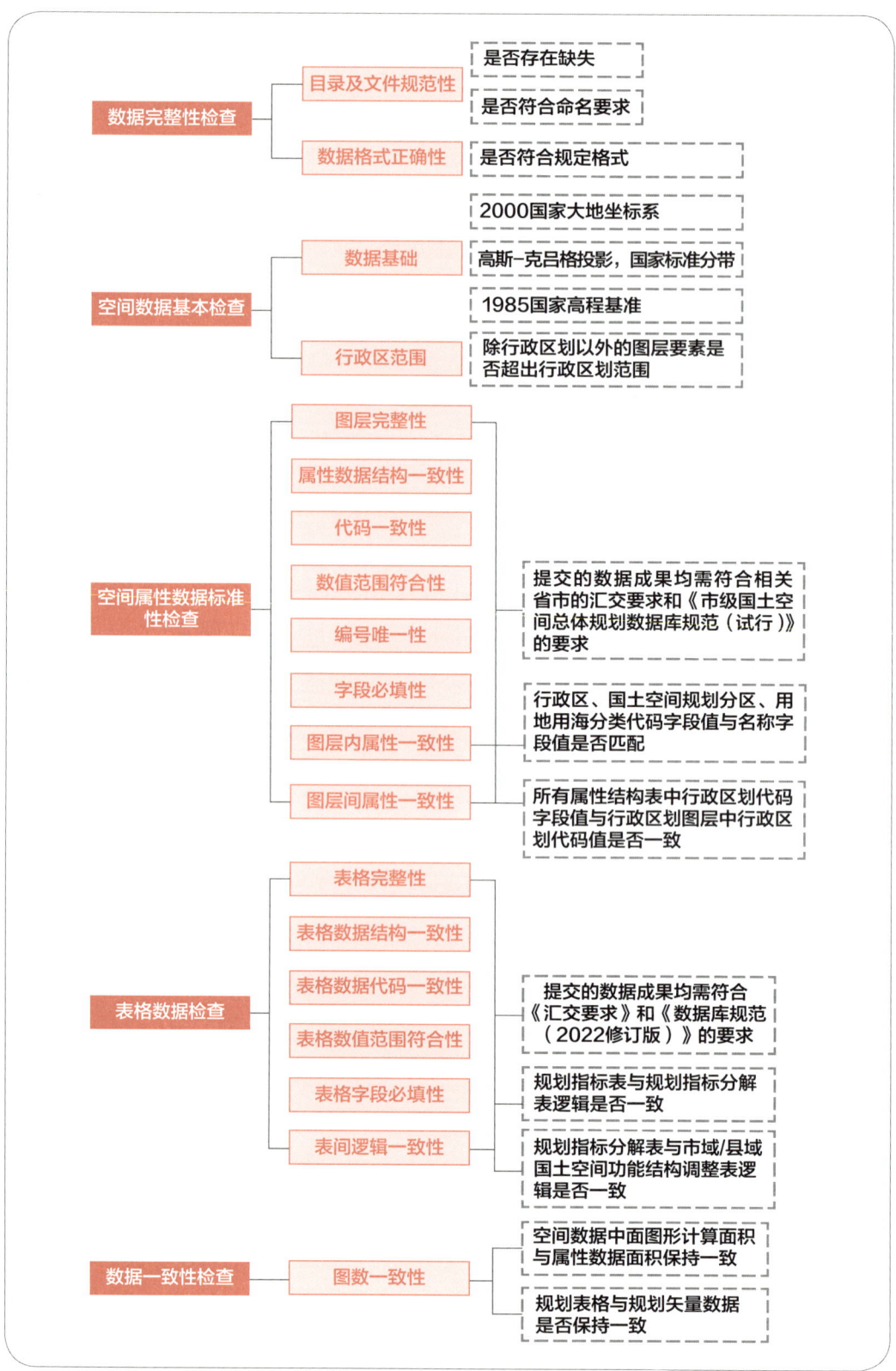

图 14-2　国土空间总体规划数据质检

表 14-1　市县国土空间总体规划数据库要求

项目	要求	对象	备注
点层内拓扑关系	要素不重叠	所有点图层	适用于全域（除双评价图层外，以下同）、中心城区
线层内拓扑关系	层内要素不重叠	所有线图层	适用于全域、中心城区
	层内要素不自重叠	所有线图层	适用于全域、中心城区
	层内要素不自相交	所有线图层	适用于全域、中心城区
面层内拓扑关系	层内要素不重叠	所有面图层	1. 适用于全域、中心城区；2. 合理的重叠可标注例外并简要备注情况
	层内要素无缝隙	规划分区、中心城区规划分区、现状用地用海、中心城区现状用地用海、中心城区规划用地用海	适用于全域、中心城区
面层间拓扑关系	规划分区必须覆盖行政区范围	规划分区、市级行政区	
	中心城区规划用地用海、中心城区规划分区必须覆盖中心城区范围	中心城区规划用地用海、中心城区规划分区、中心城区范围	
	中心城区的有关图层不能超出中心城区范围	所有中心城区图层	
碎线、碎面	无小于 0.2m 的碎线	所有线图层	适用于全域、中心城区
	无小于 200m² 的碎面	所有面图层	适用于全域、中心城区，面层不能存在实地小于 200 平方米的碎面〔用地用海图层除 0601（农村道路）、1201（铁路）、1202（公路）、1205（管道），1206（城市轨道交通）、1207（城镇村道路）、1705（沟渠）、13（公用设施用地）等线状地物〕最小上图面积可为 50m²，确实存在的需地方自然资源主管部门出具例外说明
几何错误	无几何错误	所有线、面图层	适用于全域、中心城区。包含空几何、自相交、多部件等检查
线段类型	线图层、面图层不存在弧段、曲线	所有线、面图层	适用于全域、中心城区
图形	无狭长（不规则）图斑	所有面图层	除 0601（农村道路）、1201（铁路）、1202（公路）、1205（管道），1206（城市轨道交通）、1207（城镇村道路）、1705（沟渠）、13（公用设施用地）外，其余地类面积/周长不小于 0.2，无小于 20°的角度
	无尖锐角	所有面图层	除现状、双评价图层外，不允许存在一个角度小于 10°

资料来源：作者根据 2022 年《云南省州（市）国土空间总体规划数据库标准（试行）》改编

关键术语

规划审查、规划审议、规划公示、公众参与

思考题

1. 简述制订推进总体规划编制工作方案包括哪些方面。
2. 简述国土空间总体规划的成果的主要构成。
3. 简述国土空间总体规划的文本表达要注意哪些方面。
4. 简述国土空间总体规划数据成果质量检查包括哪些方面。

参考文献

[1] 中共中央，国务院.关于建立国土空间规划体系并监督实施的若干意见：中发〔2019〕18号[EB/OL].（2019-05-23）[2024-05-05]. https://www.gov.cn/gongbao/content/2019/content_5397679.htm.

[2] 自然资源部办公厅.关于印发《市级国土空间总体规划编制指南（试行）》的通知：自然资办发〔2020〕46号[EB/OL].（2020-09-22）[2024-05-05]. https: //gi.mnr.gov.cn/202009/t20200924_2561550.html.

[3] 自然资源部办公厅.关于印发《市级国土空间总体规划制图规范（试行）》和《市级国土空间总体规划数据库规范（试行）》的通知：自然资办发〔2021〕31号[EB/OL].（2021-03-29）[2024-05-05]. https://www.gov.cn/zhengce/zhengceku/2021-04/07/content_5598163.htm.

[4] 王新哲.国土空间总体规划编制研究与实践探索[M].上海：同济大学出版社，2024.

[5] 张昊哲，宋彦，陈燕萍，等.城市总体规划的内在有效性评估探讨：兼谈美国城市总体规划的成果表达[J].规划师，2010（6）：59-64.

[6] 庄少勤，徐毅松，熊健，等.上海2040：以规划组织编制方式转型探索提升城市治理水平[J].城市规划学刊，2017（S1）：11-19.

[7] 湖南省自然资源厅.湖南省自然资源厅关于全面开展国土空间规划编制工作的通知[EB/OL].（2020-09-02）[2024-05-05]. https://zrzyt.hunan.gov.cn/zrzyt/xxgk/tzgg/202009/t20200917_13737374.html.

[8] 芜湖市人民政府办公室.芜湖市人民政府办公室关于印发芜湖市国土空间规划编制工作方案的通知：芜政办〔2020〕2号[EB/OL].（2020-02-17）[2024-05-05]. https: //www.wuhu.gov.cn/openness/public/6596211/35816411.html.

[9] 张晓玲.国土空间总体规划编制实践问题的思考[EB/OL].（2023-04-11）[2024-05-05]https: //mp.weixin.qq.com/s/sHrCdw0PmiCl-xKeX-hHqQ.

[10] 王新哲.新时期城市总体规划编制变革的实践特征与思考[J].城市规划学刊，2018（3）：65-70.

后　记

　　战略性新兴领域教材建设是一项对我国高校战略性新兴领域卓越人才培养有着极其重要意义的工作，但对长期耕耘在三尺讲台的教授们来说，也是一项极具挑战的工作。各高校参与编写本教材的领衔教授们都在城市总体规划的理论、教学与实践方面有着丰富的经验，并在近年来我国建立国土空间规划体系的过程中率先开展了国土空间总体规划理论、实践与教学的探索，这些成果都已经充分地体现在本教材中。同时，本教材编写团队始终认为，相比于传统教材，新兴领域教材建设应该是一个开放的体系，这不仅体现在教材形式的多样化、教材内容体现时代精神和相应的更新迭代速度、凸显数字赋能等方面，还应体现于各高校在使用本教材开展国土空间总体规划编制教学过程中，通过各种途径对本教材的不断充实完善。

　　今后，我们也将紧扣新质生产力发展对新时代高等教育提出的新任务、新要求，通过深入探索数智化的教育教学，不断完善本教材的更新迭代，为国土空间规划战略性新兴领域的发展提供卓越人才培养的重要支撑保障。

　　本教材各章节的编写人员：

　　第1章　彭震伟　高　璟　陆　嘉（同济大学）

　　第2章　张　立　张龄之　赵雪琪（同济大学）

　　第3章　彭震伟　高　璟　向晓琴（同济大学）

　　第4章　单卓然　卢有朋　黄亚平（华中科技大学）

　　第5章　颜文涛　黄钰婷　李子豪（同济大学）

　　第6章　张尚武　钱　慧　宗　立（同济大学）

　　第7章　李和平　李云燕　肖　竞　方辰昊（重庆大学）

　　第8章　王新哲　张　立（同济大学）

　　第9章　9.1—9.2节刘　冰　曹娟娟　徐　雷；9.3—9.4节赫　磊　范亭君　孙彩瑞　张长椿　张鑫宇（同济大学）

　　第10章　王世福　刘　晖　陶　金　周可斌（华南理工大学）

　　第11章　曾　鹏　叶亚乐　李晋轩（天津大学）

　　第12章　12.1节程　遥　严宇辉（同济大学）；12.2节文超祥　林小如　阙权鸿　徐铭晖　朱查松（厦门大学）

第 13 章　张　立　赵雪琪　谭　添（同济大学）

第 14 章　王新哲（同济大学）

线上资源　张　立　陈　晨　赵雪琪　周　琳（同济大学）

编者

2024 年 8 月 31 日